COLEÇÃO
ABERTURA
CULTURAL

Copyright © 2010 Julian Philip Scott, Literary Executor of the State of Christopher Dawson
Copyright da edição brasileira © 2015 É Realizações
Título original: *The Dividing of Christendom*

Editor
Edson Manoel de Oliveira Filho

Produção editorial, capa e projeto gráfico
É Realizações Editora

Revisão técnica, preparação de texto e elaboração do índice remissivo
Alex Catharino

Revisão
Geisa Mathias de Oliveira

Reservados todos os direitos desta obra. Proibida toda e qualquer reprodução desta edição por qualquer meio ou forma, seja ela eletrônica ou mecânica, fotocópia, gravação ou qualquer outro meio de reprodução, sem permissão expressa do editor.

CIP-Brasil. Catalogação na Publicação
Sindicato Nacional dos Editores de Livros, RJ

D313d

Dawson, Christopher, 1889-1970
A divisão da cristandade / Christopher Dawson ; tradução Márcia Xavier de Brito – 1. ed. – São Paulo : É Realizações Ed., 2014.
368 p. : il. ; 23 cm. (Abertura Cultural)

Tradução de: The Dividing of Christendom
Apêndice
Inclui índice
ISBN 978-85-8033-167-7

1. Cristianismo - História. 2. Igreja Católica - História.
I. Título. II. Série.

14-12990   CDD: 282.09
                                                              CDU: 282(09)

04/06/2014   09/06/2014

É Realizações Editora, Livraria e Distribuidora Ltda.
Rua França Pinto, 498 · São Paulo SP · 04016-002
Tel.: (5511) 5572 5363
atendimento@erealizacoes.com.br · www.erealizacoes.com.br

Este livro foi reimpresso pela Paym Gráfica e Editora em agosto de 2021. Os tipos são da família Sabon Light Std e Frutiger Light. O papel do miolo é o Avena 80 g, e o da capa, cartão Supremo AA 250 g.

A DIVISÃO DA CRISTANDADE

Da Reforma Protestante à Era do Iluminismo

Christopher Dawson

TRADUÇÃO DE **MÁRCIA XAVIER DE BRITO**
APRESENTAÇÃO À EDIÇÃO BRASILEIRA DE **RICARDO DA COSTA**
PREFÁCIO DE **JAMES HITCHCOCK**
INTRODUÇÃO DE **DAVID KNOWLES, O.S.B.**
POSFÁCIO À EDIÇÃO BRASILEIRA DE **ALEX CATHARINO**

4ª impressão

Para
Chauncey Stillman

Sumário

Apresentação à Edição Brasileira: A Dinâmica do Fio de Ariadne 9
  Ricardo da Costa

Prefácio à Edição Norte-Americana de 2009 17
  James Hitchcock

Introdução 29
  David Knowles, O.S.B

Nota sobre a Tradução 35
  Márcia Xavier de Brito

Nota do Editor 39

Capítulo 1 | As Consequências Culturais da
              Quebra da Unidade Cristã 43

Capítulo 2 | O Declínio da Unidade da Cristandade Medieval 59

Capítulo 3 | A Renascença 79
              1 - A Renascença na Itália 81
              2 - A Renascença do Norte: Erasmo de Roterdã 89
              3 - A Itália e a Ciência Renascentista 98

Capítulo 4 | Martinho Lutero e o Chamado à Revolta 107

Capítulo 5 | A Revolução dos Príncipes 125

Capítulo 6 | A Reforma da Inglaterra 141

Capítulo 7 | A Reforma na França..157

Capítulo 8 | O Concílio de Trento e a Ascensão dos Jesuítas 175

Capítulo 9 | Os Puritanos e a Formação da Nova Inglaterra 195

Capítulo 10 | As Divisões Nacionais da Cristandade Dividida..............205

Capítulo 11 | O Renascimento Católico e a Cultura Barroca................221

Capítulo 12 | A Cultura da Cristandade Dividida..................................233

Capítulo 13 | A Era de Luís XIV e a Formação da
 Cultura Francesa Clássica 245

Capítulo 14 | O Movimento Wesleyano nos Estados Unidos 255

Capítulo 15 | A Secularização da Cultura Moderna 275

Capítulo 16 | A Era do Iluminismo..287

Posfácio à Edição Brasileira: Em Busca da Cristandade Perdida 297
 Alex Catharino

Índice remissivo...347

Apresentação à Edição Brasileira

A DINÂMICA DO FIO DE ARIADNE
RICARDO DA COSTA

Uma das mais notáveis funções do historiador é vislumbrar uma coerência na miríade de informações fatuais que a História apresenta, um *fio condutor* que dê sentido à ininterrupta sucessão da vida no tempo. Notável, porém difícil qualidade. Ainda por cima, com a crise das Humanidades e a fragmentação da História nas décadas de 60 e 70 do século passado, essa importante prerrogativa cedeu cada vez mais espaço aos textos do *especialista especialíssimo*, repetitivo e maçante investigador que passa o resto de sua vida a pesquisar um tema, um personagem, uma corrente de pensamento. Como a História está sujeita a modismos acadêmicos! Como que por um passe de mágica, em duas gerações – e com raras exceções – as grandes narrativas históricas praticamente desapareceram da pena da intelectualidade internacional. Para cada década acrescentada à narrativa, cada vez mais passou-se a exigir do historiador o conhecimento de um volume inalcançável de conferências, artigos, livros, um peso opressor de textos que, em boa parte, em poucos anos cairão no esquecimento. A perenidade, vitória da narrativa sobre o tempo, é dádiva concedida a poucos.

O sentido da História, que se encontra sempre além da espuma das ondas, nas grandes e silenciosas vagas das marés profundas – bela metáfora de Fernand Braudel (1902-1985), outro esquecido –, foi perdido. Em que pese alguns belíssimos trabalhos da *micro-história*, como os de Emmanuel Le Roy Ladurie (1929-) e Carlo Ginzburg (1939-), urge sair do intrincado e obscuro labirinto em que nos encontramos, urge devolver à História sua inteligibilidade, urge renascer a visão global do processo histórico. Especialmente as que têm *em si* um fio condutor. Como a de Christopher Dawson (1889-1970).

E por quê? Por que devemos ler, por exemplo, *A Divisão da Cristandade* (*The Dividing of Christendom*), obra originalmente publicada em 1965 e só agora à disposição do público de língua portuguesa nessa notável iniciativa da É Realizações?

Há vários motivos. Intelectuais e históricos. Circunstanciais. Motivos que dizem respeito ao atual e funesto ambiente acadêmico brasileiro, por exemplo (refiro-me especialmente aos últimos vinte anos). Sim, pois nesses tempos noturnos em que todos os gatos são pardos, tempos soturnos, tempos de uma atroz rudeza intelectual aliada a uma desagradável e constante militância política professoral de cunho materialista, a leveza da narrativa de Dawson e a facilidade com que sua erudição transita por tantos séculos conturbados – séculos de cisão da Cristandade e da formação do mundo moderno – faz-nos lembrar que, certa vez, em um tempo não muito distante, a História já foi compreensível, já foi prazerosa, já foi agraciada com textos simples e claros, textos escritos tanto para o grande público quanto para o mais empedernido *scholar*. Essa tradição historiográfica já teve seus estelares, todos consciente ou inconscientemente esquecidos: Bernhard Kugler (1837-1898), Charles William Previté-Orton (1877-1947), Will Durant (1885-1981), Ricardo García-Villoslada (1900-1991), Steven Runciman (1903-2000). Barbara Tuchman (1912-1989), vencedora do prêmio *Pulitzer*. Todos lidos e apreciadíssimos na solidão dos aposentos, longe da universidade.

Seja como for, talvez essa seja uma das características anglo-saxãs mais notáveis. *Clareza*. Trata-se de uma especificidade cara ao pensamento clássico grego. Neste lado de baixo do Equador, onde não há pecado, escrever belamente *é* pecado – ou, como dizia Tom Jobim (1927-1994), "sucesso no Brasil é ofensa pessoal" –; escrever de modo simples e direto é, por mais paradoxal que possa parecer, passaporte de detração. Nesse aspecto, Dawson certamente será difamado pelos obscuros historiadores tupiniquins hodiernos, pois é um pecador mais do que reincidente, *pecador dos pecadores*, já que de sua lavra emerge uma narrativa que deixaria os filósofos clássicos gregos recompensados: até nossa mãe pode entender!

Mas não é só pela clareza que devemos recuperar os claríssimos textos do historiador galês. A *claritas*, uma das características da *Beleza*, em Dawson está aliada à sua perspectiva cultural (e aqui entenda-se especialmente a religião, mas também as tradições, os costumes, a arte, a literatura, a filosofia, etc.). Isso oferece ao leitor de língua portuguesa o *fio de Ariadne* para acompanhar as transformações políticas dos séculos observados. Sua perspectiva é bastante pessoal e talvez o leitor sinta uma estranheza ao se deparar com tantos personagens históricos, mas isso *é* História. História viva, história feita de carne e ossos, de pessoas que imprimiram a marca de seu pensamento em seu tempo. Pelo contrário, os textos que os estudantes de História no Brasil hoje estão acostumados a ler é que, muitas vezes, pouca História contêm. Na verdade, são mais Sociologia que História, desafortunadamente.

Por isso também Dawson deve ser lido: é um historiador que dialoga com historiadores.

Sua narrativa inicia com as consequências (culturais) da ruptura da unidade cristã, para ele, fator preponderante da longa crise que se seguiu. Seu objetivo é analisar o desenvolvimento das culturas protestante e católica no período moderno. A *cultura* como importante aspecto social a ser compreendido na sucessão temporal da Humanidade. Poderíamos definir sua narrativa como uma *história europeia das religiões*, difícil campo de estudo, pois eivado de visões partidaristas e autocentradas. Por isso, Dawson abre mão da análise das teologias, pois considera que essa particularidade de sua perspectiva contribui mais para aprofundar o fosso da ruptura do que para compreendê-la em sua dimensão histórica – em que pese o fato de os historiadores, tradicionalmente, nunca terem sido bons em interpretações de temas teológicos – Jacques Le Goff (1924-2014) que o diga.

Assim, o *fio de Ariadne dawsoniano* percorre a longa crise europeia desde o declínio da unidade e o alvorecer da Renascença até a explosão do Barroco, passando pelas especificidades das reformas inglesa e francesa (e os nacionalismos daí decorrentes) até chegar à secularização moderna. Nessa miríade de erudição, narrativa fluente e considerações judicativas, salta-me aos olhos o tema do Barroco de volta a um trabalho histórico. Isso porque a progressiva ascendência das narrativas materialistas nos estudos históricos causou, entre outros problemas, o exílio da Arte no desenvolvimento das sociedades humanas. Na ponta do iceberg bárbaro que congela o ensino das Humanidades no Brasil, inserir as expressões artísticas nos estudos históricos é, para muitos, dar voz a uma *visão burguesa de História*: "história do bidê", já escutei um aluno visigodo de História grunhir.

Nada mais distante das pesquisas históricas de ponta. De Georges Duby (1919-1996) a Carlo Ginzburg, de Umberto Eco (1932-) e Peter Burke (1937-) a John Lewis Gaddis (1941-), de Simon Schama (1945-) a José Enrique Ruiz-Domènec (1948-) – e, no Brasil, Guilherme Pereira das Neves (1950-), Ronaldo Vainfas (1956-) e Lilia Moritz Schwarcz (1957-), para citar uma trilogia nacional que em primeiro lugar me vem à mente – *todos*, literalmente, em maior ou menor grau, trabalham na interseção da Arte com as narrativas históricas ou, no mínimo, com uma visão artística do processo histórico, além da importância das religiões para as sociedades analisadas (modestamente, também este que vos escreve).

Nada mais anacrônico e distante do passado real, portanto, esse desterro da Arte da História, nessa pobre história materialista que insistem em nos passar goela abaixo. Pelo contrário, Dawson, por exemplo, recupera a importância do Concílio de Trento (1545-1563) e o que chama de "cultura barroca", a meu ver, capítulo que é um dos pontos altos do livro. Aqui reside outro ponto louvável de sua perspectiva aos olhos desse historiador latino-americano que vos escreve, cansado de, por motivos editoriais delineados no final da década de 1960 pelo *Partidão*, ser obrigado a ler, quando estudante, obras como a de Eric Hobsbawm (1917-2012), calcadas nas pressuposições marxistas da cultura como uma derivação da perspectiva de classe. Pensar o passado na visão dos atores da época é uma das obrigações primeiras do historiador, e Dawson não deixa de levar isso em conta ao elaborar sua narrativa e seus juízos *a posteriori*.

Curiosamente, *A Divisão da Cristandade* ganha um tom mais ensaístico em seus dois capítulos finais, um deles uma excelente contribuição ao estudo da religiosidade norte-americana (como o Brasil desconhece a historiografia e a história do *Império*!).

***

Em contrapartida, Dawson não é um desconhecido do público brasileiro. A editora É Realizações lançou, em 2010 e em 2012, *Dinâmicas da História do Mundo* e *Progresso e Religião*, respectivamente. Além de *A Divisão da Cristandade*, outro lançamento, *A Formação da Cristandade*, faz com que seja, de fato, estabelecida uma verdadeira *tetralogia dawsoniana*. Isso porque *Progresso e Religião* e *Dinâmicas da História do Mundo* formam a sólida e erudita base conceitual na qual as narrativas de *A Formação da Cristandade* e *A Divisão da Cristandade* se desenrolam. No caso desta obra, para apreciá-la devidamente, tanto em sua construção temática quanto no encadeamento dos temas apresentados, é importante ter no horizonte o fato de ela ser uma espécie de *pá de cal* que finaliza uma consideração histórica de longa duração, sempre com o *fio de Ariadne cultural* como norteador do olhar do historiador galês. Ideal é, portanto, ler as quatro obras para se ter a ampla perspectiva proporcionada por sua erudição.

Por isso, ler uma obra de Christopher Dawson hoje é relevante por uma série de motivos. Elenco apenas três: 1) para matizar a pobre hegemonia que vigora hoje nas publicações históricas, 2) para conhecer outra perspectiva, rica, do passado – e, com isso, comparar diferentes construções, distintas metodologias e teorias subjacentes da História, e 3) para reconsiderar o retorno das narrativas históricas que dialoguem com o grande público, com um texto leve, mas erudito, claro e preciso, ou, em uma única palavra, agradável.

Last but not least, é necessário destacar o precioso trabalho crítico realizado pela tradutora Márcia Xavier de Brito: transpor a força da concisão da língua inglesa para nossa língua nunca é fácil, especialmente quando se trata de um autor com a riqueza de matizes como é o caso de Dawson. O texto em português imprime um estilo objetivo e enxuto – quase ao molde fleumático britânico. A tradução, também, atualiza a obra com notas de rodapé eruditas. Como uma gota de anglo-pragmatismo cairia bem em nosso rebuscamento barroco, por vezes redundante e inconcluso!

Em suma, o *fio de Ariadne* pode ser recuperado, atualizado, renovado com as últimas perspectivas metodológicas. Não necessitamos mais de um herói como Teseu para enfrentar o Minotauro das rupturas e crises do pós-modernismo. Basta, em primeiro lugar, reconstruir o edifício esquecido dessa bela tradição narrativa historiográfica à qual Christopher Dawson pertenceu. Certa vez, em sua (hoje clássica) obra O *Domingo de Bouvines* (1973), Georges Duby reconheceu a importância dos positivistas do século XIX na organização dos arquivos e estruturação das narrativas históricas – disse ainda que não poderia contar uma história melhor do que eles o fizeram.

Nesse sentido, trazer pela primeira vez Dawson para o âmbito dos leitores de língua portuguesa não é só uma louvável iniciativa da É Realizações como também uma bela oportunidade de apresentar às novas gerações de estudantes de História uma interpretação distinta da qual estão acostumados. Diria Dawson que é do confronto da pluralidade de ideias que nasce a riqueza da unidade sintética de pensamento. Que a simplicidade da cultura histórica galesa tenha boa ventura em terras tropicais ibéricas.

Ricardo da Costa

Professor efetivo do Departamento de Teoria da Arte e Música (DTAM) da Universidade Federal do Espírito Santo (UFES), professor do Programa de Doctorado Internacional a Distancia del Institut Superior d'Investigación Cooperativa IVITRA [ISIC-2012-022] *Transferencias Interculturales e Históricas en la Europa Medieval Mediterránea* (Universitat d'Alacant, UA), professor dos Programas de Pós-Graduação em Artes (PPGA) e em Filosofia (PPGGFIL) da UFES, e membro do Conselho Editorial de *COMMUNIO: Revista Internacional de Teologia e Cultura*. Cursou o bacharelado e a licenciatura em História na Universidade Santa Úrsula (USU) e na Universidade Estácio de Sá (UNESA), o mestrado e o doutorado em História Social na Universidade Federal Fluminense (UFF), e dois pós-doutorados em História Medieval e em Filosofia Medieval na Universitat Internacional de Catalunya (UIC). Traduz textos de autores medievais catalães e já organizou coletâneas de documentos históricos. É autor de artigos acadêmicos e dos livros *A Guerra na Idade Média: Um Estudo da Mentalidade de Cruzada na Península Ibérica* (Edições Paratodos, 1998), *Las Definiciones de las Siete Artes Liberales y Mecánicas en la Obra de Ramón Llull* (Mandruvá, 2005) e *Ensaios de História Medieval* (Angelicvm, 2009). Mantém a seguinte página de divulgação científica: http://www.ricardocosta.com.

Prefácio à Edição Norte-Americana de 2009

JAMES HITCHCOCK

A Divisão da Cristandade de 1965 e *A Formação da Cristandade* de 1967 foram as últimas obras de Christopher Dawson (1889-1970) publicadas em vida. O livro *The Gods of Revolution*[1] [Os Deuses da Revolução] foi lançado postumamente, em 1972.

Nascido e educado como anglicano praticante, e convertido ao catolicismo após um longo período de estudo, Dawson nutriu um interesse profundo e pessoal pelas divisões religiosas. A primeira apologia de sua conversão estava no livro de 1933, *The Spirit of the Oxford Movement*[2] [O Espírito do Movimento de Oxford], em que ratificava o julgamento de John Henry Newman (1801-1890) de que a questão crucial não era protestantismo *versus* catolicismo, mas crença *versus* descrença. Newman constatou que o protestantismo era incapaz de enfrentar a descrença por conta da confiança no juízo privado e não em um magistério.

O próprio Dawson descobriu ser a ausência de princípios teológicos a natureza mesma do anglicanismo, que utilizava as práticas litúrgicas anglo-católicas para dissimular o modernismo teológico, um estado de coisas que exigia que os anglicanos de princípios se convertessem a Roma.

Apesar desses juízos severos, Dawson foi um dos primeiros ecumenistas, lamentando, muitas vezes, o "escândalo" da quebra da unidade

---

[1] Christopher Dawson, *The Gods of Revolution*. Intr. Arnold Toynbee. London, Sidgwick & Jackson, 1972.

[2] Idem, *The Spirit of the Oxford Movement*. London, Sheed and Ward, 1933.

cristã e advertindo que, por a Igreja ter perdido a capacidade de "moldar e inspirar", os homens buscariam orientação em qualquer outro lugar. Tal situação exige esforços no sentido de um retorno à união religiosa.

Dawson, contudo, nunca pôde aceitar a transigência doutrinária como o preço da união e, para evitar isso, constantemente afirmava que "obstáculos sociais" e o "choque inconsciente de civilizações" tinham mais relação com as divisões religiosas que as crenças. Sustentava que a maioria dos cismas e heresias estavam enraizados em antipatias sociais ou nacionais, e, caso os teólogos tivessem, de fato, compreendido a história da Igreja, teria sido muito diferente. Ao promover as virtudes da fé, esperança e caridade, os cristãos poderiam, talvez, remover tais obstáculos ocultos.

O historiador jesuíta James Brodrick (1891-1973), certa vez, acusou as abordagens de Dawson de parecerem "marxistas" e perguntou: "Será que a Teologia tem tão pouca influência?". Dawson respondeu que era um "elogio duvidoso" à Teologia considerá-la responsável pela heresia e pelo cisma, mas admitiu que as divisões religiosas continham verdadeiros problemas teológicos. A ilusão de uma reconciliação fácil pecou pela indiferença para com as questões teológicas; mas a rigidez das crenças teológicas, de ambos os lados, impediu que as pessoas vissem o que tinham em comum.

Durante a Segunda Guerra Mundial, Dawson serviu como vice-presidente do grupo ecumênico *The Sword of the Spirit* [A Espada do Espírito], formado para trabalhar pela revitalização espiritual da Grã-Bretanha. Editou o boletim informativo e definiu o propósito do grupo como "a coordenação de forças espirituais", numa tentativa de "preencher a lacuna entre a Igreja e o governo secular", servindo para "criar uma estrutura de cooperação internacional", "uma cruzada contra o totalitarismo no plano espiritual, não no político".

Alguns teólogos católicos opuseram-se à união de católicos e protestantes, até mesmo para proferir a oração do "Pai-Nosso", mas Dawson advertiu que tal postura faria parecer que os católicos não consideravam os protestantes como cristãos. Explicou que empregara a expressão "oração comum e sacramentos" apenas no sentido de que formas semelhantes eram utilizadas por quase todos os grupos cristãos. Não insinuou haver equivalência dentre tais formas, mas simplesmente afirmou um fato objetivo.

Não era admissível supor que as crenças e práticas protestantes nada significavam, já que eram, em potencial, vias preferenciais de "retorno ao sobrenatural". Esse retorno poderia ser alcançado, primeiramente, pela "reconversão de hereges e cismáticos" e, depois, pela conversão de todo o mundo. Havia um fundamento teológico para a fé comum, embora não estivesse muito claro qual, exatamente, seria o fundamento. O Espírito Santo e o Reino de Cristo eram maiores que a Igreja Católica, e a própria Igreja condenara a interpretação exclusivista de que "fora da Igreja não há salvação".

Após a guerra, Dawson advertiu que as relações com os não católicos eram ainda mais necessárias, e era necessário que nos movêssemos para um "campo mais elevado de fé e Revelação" e para o "mistério da unidade da Igreja". A era da desunião estava chegando ao fim. Controvérsias teológicas eram, sobretudo, uma herança do passado e não eram relevantes para o futuro, uma vez que, historicamente, a Teologia muitas vezes fora um pretexto para outras questões. A unidade não seria obtida por ceder em pontos doutrinários, mas, melhor, por "concordar com a vontade de Deus".

O ecumenismo de Dawson tinha por base a fé em Cristo, que impedia uma tomada de posição ecumênica para com as religiões não cristãs. Definiu sua posição ao dialogar, ao longo da década de 1950, com o monge beneditino inglês Bede Griffiths (1906-1993), que se mudara para a Índia e era profundamente simpático ao hinduísmo.[3]

---

[3] Dentre as inúmeras obras do autor, o único livro disponível em língua portuguesa é o seguinte: Bede Griffiths, *Rio de Compaixão: Um Comentário Cristão ao Bhagavad Gita*. Trad. Roldano Giuntoli. São Paulo, É Realizações, 2011. (N. T.)

Os dois concordavam que o hinduísmo poderia ser uma "preparação para Cristo", no entanto, discordavam a respeito da teoria de Griffiths sobre "revelação primitiva" – a ideia de que Deus comunicara o conhecimento de si mesmo para vários povos antes mesmo da Bíblia e de outros livros sagrados serem escritos. Dawson argumentava que essa não seria uma revelação divina, mas simplesmente uma "religião natural", percepções religiosas subjetivas da humanidade. As religiões orientais carecem de verdade teológica, embora pudessem possuir uma teologia natural e uma lei natural, que sustentam todas as culturas primitivas.

N'*A Divisão da Cristandade*, Dawson elaborou a tese de que diferenças culturais e sociais podem ser o fundamento último da aparente discórdia religiosa. Para compreender plenamente seu ponto de vista, o presente livro deve ser lido juntamente com *The Movement of World Revolution*[4] [O Movimento da Revolução Mundial], de 1959.

Ao lecionar em Harvard às vésperas do Concílio Vaticano II, rejubilou-se por "Deus estar desfazendo as consequências sociais da Reforma Protestante", ao colocar católicos e protestantes juntos nas mesmas terras.

A reconciliação não era iminente, mas o cisma era o pior dos males, pois frustrava o plano de Deus pela unidade. O verdadeiro diálogo estava ocorrendo e existiam novas tendências rumo a uma unidade protestante, que embora fosse pouco provável que cobrissem o hiato protestante-católico, poderiam culminar em duas comunidades religiosas mundiais – católicos e protestantes – organizadas, não uma contra a outra, mas contra um "mundo sem Deus".

Ao atribuir as divisões religiosas, primariamente, a fatores não religiosos, Dawson tornou possível promover a cooperação ecumênica, ainda que provavelmente admitisse que o ecumenismo, em última análise, significava o retorno à Igreja Católica.

---

[4] Christopher Dawson, *The Movement of World Revolution*. London, Sheed and Ward, 1959.

Assim, a Reforma Luterana poderia ser entendida, em parte, pela personalidade de Martinho Lutero (1483-1546). A Europa estava pronta para uma explosão, e Lutero acendeu o pavio, sua eficácia está na força das emoções. Foi um homem de fé profunda, mas igualmente violento e movido pelas paixões; viu determinadas coisas com profunda clareza e mostrou-se completamente cego para outras.

A política também teve uma grande parcela de responsabilidade. O crescimento do Estado Nacional, se não foi a causa da Reforma, ao menos foi o motivo, visto que a Igreja Católica, como instituição universal, figurava como um obstáculo às emergentes monarquias nacionais. Ainda que Lutero possa ter sido motivado por verdadeiros interesses religiosos, os príncipes alemães determinaram as formas que o luteranismo assumiria.

A dissolução dos monastérios foi a mudança mais revolucionária efetuada pelo protestantismo, pois deu rédeas à negação do ascetismo, valorizou a ação em detrimento da contemplação, subordinou o espiritual à autoridade temporal, e tornou a fé individual e Deus, arbitrário. O amor pelo dinheiro não era mais a raiz de todo o mal, e a tradicional postura cristã para com o pobre foi abandonada em consequência de uma doutrina mais severa.

A Igreja Católica fez forte oposição ao ávido capitalismo, do mesmo modo que a verdadeira batalha por ideais econômicos cristãos havia chegado ao fim. As antigas instituições foram consideradas incompatíveis com as novas realidades econômicas, e o espírito burguês somente foi capaz de triunfar quando a Reforma destruíra o poder da Igreja.

O puritanismo impôs o ascetismo a todos, tornando-o, assim, repulsivo. No entanto, esse também foi o poder espiritual por trás da ordem econômica que transformou a Europa, forjando uma nova sociedade de mercadores perspicazes, diligentes e piedosos, prontos a fazer oposição a qualquer interferência à religião e aos negócios, enfrentando o mundo cruel com a determinação do cumprimento do dever. Esses mercadores viam a saúde como um sinal do favorecimento divino. Não viviam para desfrutar a vida.

O espírito aquisitivo era contrário ao espírito evangélico de permanecer "em abertura" e não fazer cálculos. Assim, de certa maneira, o conflito católico-protestante do século XVI foi entre duas culturas diferentes, como exemplificado pela revolta dos holandeses, que possuíam o "espírito mecânico do relógio", em contraste com a apaixonada Espanha, economicamente estagnada. A independência dos Países Baixos foi crucial para a emergência do sectarismo, da tolerância religiosa, do capitalismo e do controle burguês do governo.

A Reforma Inglesa foi o exemplo mais claro de subordinação das deferências religiosas às políticas. A única e principal revolta católica no reinado de Henrique VIII (1491-1547), a "Peregrinação da Graça", foi um protesto constitucional e ordeiro contra o absolutismo real.

Apesar da aliança da Contrarreforma com a Espanha ter se provado desastrosa para a Igreja e tê-la tornado suspeita de ser um instrumento do imperialismo espanhol, tal aliança foi um movimento verdadeiramente religioso e ofereceu um antídoto ao racionalismo e ao materialismo, bem como à acusação protestante de que o catolicismo era simplesmente uma religião de aparências.

Especialmente sob a liderança jesuíta, a Igreja iniciou seu maior período de atividade missionária, um fenômeno sem comparações no protestantismo da época, possivelmente, por causa da negação protestante das boas obras. A Igreja, desse modo, atingiu um novo nível de consciência universal, com os primeiros missionários jesuítas a desenvolver um senso de relatividade das culturas particulares.

Mais uma vez, ao prescindir das diferenças teológicas, Dawson viu a arte barroca como a expressão mais importante da Contrarreforma, um grande fenômeno internacional que se espraia até a América Latina e a Ásia, manifestando uma renovada força do espiritual; um espírito extático, místico, estranho à sóbria piedade do Norte; uma união de coração e mente que atraía as multidões e os letrados.

A cultura barroca era, incontestavelmente, antieconômica, e requeria um gasto irrefletido de dinheiro para a glória de Deus e para o adorno da vida humana, algo que a cultura protestante evitou. Ao final, esse próprio caráter antieconômico deixou a cultura barroca impotente para resistir ao "novo poder monetário" surgido da ascensão do capitalismo, em especial, nas terras calvinistas.

Enquanto, de certa forma, o Norte protestante era mais vigoroso intelectualmente que o Sul católico, o movimento barroco, como triunfo da imaginação, foi capaz de criar uma cultura unificada até mesmo no nível popular. Ao contrário, a iconoclastia protestante empobreceu a imaginação, tentando cristianizar a cultura por meios exclusivamente racionais, a saber, via Bíblia e pregação da Palavra.

Essa também foi a expressão de novas realidades sociais e econômicas. A cultura barroca construiu igrejas, ao passo que os puritanos estavam ocupados edificando os fundamentos do capitalismo. Enquanto a cultura barroca se destinava ao momento triunfante de êxtase criativo, a burguesia protestante visava um "alto padrão médio" de comportamento.

Dawson via o movimento da história em grandes contornos; por isso, neste livro, seu relato da ruptura da cristandade se estende dois séculos além da própria Reforma.

A religião nunca exerceu maior influência na Europa do que no período de 1560 a 1660; no entanto, provou ser fonte de divisão e conflitos e não de unidade, e, portanto, foi desacreditada. A progressiva exclusão do meio da cultura foi o preço que o cristianismo teve de pagar por sua desunião, uma vez que começou a ser visto como a causa da luta civil em vez de base espiritual da sociedade.

A ideia de tolerância era a única esperança de paz, que significava o fim da tentativa de fundamentar a sociedade na religião. Daí em diante, o propósito do governo seria a proteção da propriedade e, uma vez acordado que um herege poderia ser um bom cidadão e um bom negociante, o mundo social tornou-se o mundo "real", e a religião uma questão exclusivamente privada.

A secularização da cultura não era causada diretamente pela nova ciência – o século XVII continuou a ser uma época intensamente religiosa – mas, a nova ciência deixou de se unir à vida moral do período. No século XVIII, o lado negativo do programa racionalista foi levado a cabo com sucesso, e a Europa foi secularizada.

O deísmo era uma mera sombra do cristianismo, uma abstração sem vida própria, que reduzia a lei moral à filantropia prática, e a providência divina às leis naturais mecanicistas, produzindo uma visão rigidamente racionalista do universo – segundo a qual Deus era apenas o divino construtor. Nunca com vida própria, o deísmo foi criado artificialmente para fins de controvérsia e, depois, descartado.

Dawson respeitava John Wesley (1703-1791) mais que todos os outros líderes protestantes, talvez porque Wesley não rompera com a Igreja Católica diretamente, mas com a Igreja da Inglaterra. Parecia um profeta liberando recursos espirituais ocultos. Seus feitos organizacionais foram comparáveis até com os dos jesuítas quando ele começou o movimento revivalista, uma combinação de ascetismo e misticismo antitética à mentalidade do século XVIII.

Nenhum homem dessa estatura jamais esteve tão por fora da vida intelectual, mas a influência de Wesley estava em todos os lugares. Uma vez que o deísmo parecia satisfazer as necessidades racionais, no campo religioso, não podia competir com o entusiasmo de Wesley.

O Iluminismo foi a última das grandes heresias. O apelo à razão e ao progresso era um ato de fé não justificado pelas evidências. Em reação a isso, Jean-Jacques Rousseau se tornou a força motriz da nova religião, repudiando o cristianismo enquanto preservava o instinto religioso que o Iluminismo perdera.

Ideias sociais e políticas radicais infundiram-se em uma França que fora moldada na uniformidade pela Contrarreforma e pela monarquia barroca, e assim poderia ser revolucionarizada mais facilmente que as democracias. Os radicais da Revolução Francesa eram antidemocráticos; o objetivo não era a tolerância, mas a substituição da unidade católica por uma nova ortodoxia universal, uma contra-igreja, a religião da natureza.

O efeito da Revolução, todavia, foi a "descristianização" em vez da "secularização"; por ela, mais pessoas foram separadas da antiga religião que convertidas para uma nova, uma falha que fez com que percebessem, na verdade, quão profundamente arraigada estava a religião. A perseguição restaurou muito o prestígio da Igreja, visto que os católicos começaram a manifestar uma intensidade de fé somente vista antes nos metodistas e em poucos outros grupos.

Mesmo quando Dawson estava escrevendo o presente livro, expondo a divisão da cristandade de sua maneira tipicamente magisterial, os acontecimentos da época em que vivia estavam se movendo com muita rapidez.

Como professor da Harvard Divinity School, teve contato direto com o protestantismo liberal que o repelira na Igreja Anglicana. Achou o currículo de Harvard pouco satisfatório; a faculdade de Teologia, "nebulosa", e descobriu ser o reitor da Divinity School, Douglas Horton (1891-1968), o único professor com quem podia ter um diálogo substantivo. Horton escreveu uma introdução para a edição original de *A Divisão da Cristandade,* prevendo que o livro "seria de muito auxílio para curar as divisões da cristandade".

Dawson interrogou Samuel H. Miller (1900-1968), sucessor de Horton como reitor, a respeito de certas observações atribuídas a Miller, nas quais parecia instigar que "o edifício do cristianismo devesse ser substituído" e que os dogmas da Igreja primitiva não eram mais relevantes. Isso não serviria de causa ao ecumenismo, advertiu Dawson, mas dividirá ainda mais os cristãos. Miller respondeu que fora deturpado e que seus pontos de vista eram, de fato, mais próximos aos do próprio Dawson.

Um retorno à tradição teológica era a única solução, insistia Dawson. Enquanto a teologia católica era "dogmática", a teologia protestante era uma "total crítica subjetiva". Embora as diferenças tivessem sido atenuadas, os protestantes falavam de uma "luta contra a Igreja por amor à Igreja", ao passo que, para os católicos, a luta era "uma instância profética da Igreja contra o mundo", uma luta em que os teólogos puritanos fundadores de Harvard também estiveram envolvidos.

Enormemente incapacitado por um derrame, Dawson deixou Harvard durante o Concílio Vaticano II, mas registrou algumas de suas reações ao resultado do Concílio. Repudiou a ideia da liturgia em vernáculo como uma "acrobacia", escarneceu de "uma tribo inteira de dialogantes misseiros", e confessou: "Detesto as mudanças na liturgia e lamento que as traduções sejam tão ruins".

Ficou "abismado" ao ler "declarações pró-luteranas" na imprensa católica, julgando que qualquer movimento que produzisse tais coisas não era "sério". Notou um novo interesse nos estudos bíblicos entre os católicos, mas temia que isso levasse a "ideias barthianas e existencialistas" que não eram históricas.

Surpreendentemente, a filial inglesa da editora Sheed and Ward, que há muitos anos publicava os livros de Dawson, negou-se a publicar *A Formação da Cristandade* e *A Divisão da Cristandade*, embora fossem publicados pela filial norte-americana. *A Divisão da Cristandade* foi lançada também em brochura pela respeitada editora Doubleday and Co.

Desse modo, apesar de serem o máximo da erudição de um dos maiores historiadores da cultura, os últimos livros de Dawson não tiveram um impacto proporcional à sua importância, simplesmente porque o mundo mudara muito rápido durante a meia década antes que aparecessem. Como muitos dos grandes pensadores, Dawson entrou em obscuridade logo após a morte. No entanto, sua reputação sobreviveu por conta de inúmeros livros que continuaram no prelo, e o interesse nele agora está retornando.

O conhecimento de Dawson da religião norte-americana não era vasto. Tendia a vê-la, grande parte, em termos de puritanismo, de modo que o atual relacionamento ecumênico entre católicos, evangélicos ou fundamentalistas iria, sem dúvida, surpreendê-lo e intrigá-lo, confirmando seu juízo inicial de que a verdadeira questão na cultura moderna não é primeiramente entre católicos e protestantes, mas entre crentes e descrentes.

Dawson foi, tanto por temperamento como por convicção, um pessimista, e não ficaria surpreso em saber que o mundo ocidental se tornou ainda mais secular durante as quatro décadas desde a sua morte. O fato, no entanto, dos Estados Unidos, ainda que de forma frágil, nesse momento manifestar o cristianismo mais vigoroso do mundo ocidental, sem dúvida iria surpreendê-lo mais que qualquer outro progresso religioso.

James Hitchcock
Professor emérito do Departamento de História da Saint Louis University, em Missouri, nos EUA. Cursou o B.A. na Saint Louis University, e o M.A. e o PhD em História na Princeton University. É autor de diversos artigos acadêmicos e dos livros *The Decline and Fall of Radical Catholicism* (Herder and Herder, 1971), *Catholicism and Modernity: Confrontation or Capitulation?* (Seabury Press, 1979), *The New Enthusiasts and What They are Doing to the Catholic Church* (Thomas More Press, 1982), *What is Secular Humanism? Why Humanism Became Secular and How it is Changing Our World?* (Servant Books, 1982), *The Pope and the Jesuits: John Paul II and the New Order in the Society of Jesus* (National Committee of Catholic Laymen, 1984), *Years of Crisis: Collected Essays, 1970-1983* (Ignatius Press, 1985), *The Recovery of the Sacred* (San Francisco: Ignatius Press, 1995), *The Supreme Court and Religion in American Life* (Princeton University Press, 2004), e *History of the Catholic Church: From the Apostolic Age to the Third Millennium* (San Francisco, 2013).

Introdução

DAVID KNOWLES, O.S.B.

Nos primeiros anos da longa vida de estudos, Christopher Dawson (1889-1970) assumiu o propósito de pesquisar a história da civilização europeia à luz de uma ideia-chave: de que a religião é a força dinâmica, o elemento básico e a inspiração de toda a atividade humana mais elevada, e que, portanto, a cultura de uma época baseava-se na religião, e não vice-versa. Essa era uma tarefa muito exigente, pois pressupunha um conhecimento íntimo e detalhado da história – política, intelectual, social, estética e econômica – das culturas que incumbiu-se de estudar. *The Age of the Gods*[1] [A Era dos Deuses] foi o resultado de muitos anos de pesquisa sobre a religião do homem primitivo e as primeiras civilizações do Oriente. Por muitos anos, esse figurou como seu maior e único feito, recebendo elogios imediatos da crítica. Há quarenta anos, antes do imenso sucesso da obra de Arnold J. Toynbee (1889-1975),[2] os leitores de história mundial tinham recebido de Oswald Spengler (1880-1936) um retrato sombrio do Ocidente

---

[1] Christopher Dawson, *The Age of the Gods: A Study in the Origins of Culture in Pre-historic Europe and the Ancient East*. London, J. Murray, 1928.

[2] Arnold J. Toynbee, *A Study of History*. Oxford, Oxford University Press, 1934-1961, 12v. [A obra foi publicada em língua portuguesa apenas na seguinte edição resumida: Arnold J. Toynbee, *Um Estudo de História*. 2. ed. Trad. Jane Caplan e Isa Silveira Leal. São Paulo / Brasília, Martins Fontes / Editora UNB, 1987. (N. T.)]

em declínio,³ e de H. G. Wells (1866-1946) um painel tendencioso em *The Outline of History*⁴ [Uma Breve História do Mundo]. A obra de Dawson era muito erudita, mas nela não havia nada de difícil ou esotérico. Não impunha modelos aos acontecimentos nem criava um vocabulário para expressar as próprias ideias. As ideias que usava eram as comuns a todo o pensamento humano. Sua mente tinha a clareza da sabedoria, não a simplicidade do superficial, e o estilo era lúcido e livre.

O segundo volume deveria ter abrangido a civilização do mundo clássico, e Dawson seria muitíssimo competente para fazê-lo, mas deixou-o de lado, talvez porque sentisse que gerações de excelentes mentes já a tivessem tornado conhecida, e escreveu a respeito de algo que, na ocasião, era um campo menos cultivado, o crepúsculo da civilização clássica e a alvorada da cultura cristã medieval. Chamou o livro de *The Making of Europe*⁵ [A Criação da Europa]. Esse era um tema menos atraente para muitos, mas foi, provavelmente, o livro mais influente de Dawson e preencheu uma lacuna que há muito existia no conhecimento histórico geral, demonstrando de maneira persuasiva e convincente uma tese dupla: a de que as civilizações medieval e moderna derivaram, em grande parte, seus conteúdos humanos e seculares da Grécia e de Roma; e que o espírito que deu vida e crescimento ao que parecia ser uma ruína,

---

³ Oswald Spengler, *The Decline of the West*. Trad. Charles F. Atkinson. New York, Alfred A. Knopf, 1926, 2v. [Uma versão resumida da obra foi publicada em português na seguinte edição: Oswald Spengler, *A Decadência do Ocidente: Esboço de Uma Morfologia da História Universal*. Ed. Helmut Werner, Trad. Herbert Caro. Rio de Janeiro, Zahar, 1973. (N. T.)]

⁴ H. G. Wells, *The Outline of History*. London, George Newnes, 1920. [Em língua portuguesa a obra foi publicada na seguinte edição brasileira: H. G. Wells, *História Universal*. Trad. Anísio Teixeira. São Paulo, Companhia Editora Nacional, 1939-1942, 3v. (N. T.)]

⁵ Christopher Dawson, *The Making of Europe: An Introduction to the History of European Unity*. London, Sheed and Ward, 1932.

era o espírito do cristianismo católico. Contou uma estranha história da transmissão do cristianismo para o Ocidente, juntamente com as ideias básicas de governo e pensamento antigos por meio do circuito da cristandade e de volta ao Norte da Europa. Foi um livro que abriu um mundo novo para muitos leitores, e embora tenham se passado trinta e tantos anos e muitos tenham explorado a arqueologia e as artes da Idade das Trevas, nenhuma obra ocupou completamente seu lugar.

Os livros e as conferências que se seguem não tratam de nenhum período de maneira consecutiva; são reafirmações, em vários tons e escalas, da tese original. As conferências aqui impressas, no entanto, são um esboço do volume final, ou ao menos da primeira metade. São valiosos como apresentação única, feitas por uma inteligência da categoria de Dawson, um esboço do pensamento e do sentimento modernos entre o Humanismo italiano e a Revolução Francesa. Fundamentam, em termos de história, o documentário de televisão e a revista impressa *Civilisation* [Civilização][6] de Kenneth Clark (1903-1983) e por eles são ilustradas.

Nos últimos quarenta anos muito foi escrito a respeito do período da história europeia entre 1300 e 1550. A época de conflito religioso aberto que começou com o aparecimento de Martinho Lutero em 1517 foi, de fato, significativa, mas de muitas maneiras a revolução no pensamento e na teologia começara dois séculos antes, quando John Duns Scot (1256-1308) e William de Ockham (1288-1347) partiram da tradição da filosofia como um corpo de raciocínios aceitos (*philosophia perennis*) e começaram

---

[6] Documentário seriado da televisão inglesa produzido pela BBC, em 1969, e apresentado pelo historiador da arte Kenneth Clark. Traça um perfil da história da arte, arquitetura e filosofia desde a Idade Média até a época do documentário. É considerado um marco da televisão inglesa. Lançada em DVD e Blu-ray, em 2011 foi remasterizada para o formato HD. (N. T.)

a construção de sistemas pessoais que, desde então, persistiram, ao passo que Marsílio de Pádua (1275-1342) e John Wycliffe (1328-1384) romperam com as visões tradicionais a respeito do governo da Igreja e do cristianismo primitivo. Dawson percebeu muito bem isso e começou, nesse período, com o relato da ruptura do pensamento cristão. Nas conferências que se seguem, descreveu, com grande economia de palavras e excelente senso de proporção, o movimento inicial do pensamento europeu apartado da unidade religiosa e, posteriormente, sua rejeição à religião tradicional de qualquer tipo.

Pensamentos e sentimentos mudaram, espetacularmente, nos últimos quinze anos. Dawson, que via continuidade entre a civilização clássica da Grécia e de Roma e da cultura do mundo medieval e moderno, estava de acordo com pensadores como Jacques Maritain (1882-1973) e Étienne Gilson (1884-1978), na França, em expor um humanismo cristão em termos de uma filosofia realista. Essa é, hoje, uma perspectiva fora de moda. A concepção de uma corrente de influências históricas, de um universo "realista" do qual a mente individual é, certamente, uma parte que pode, dentro dos próprios limites, compreender o todo e reconhecer a verdade está, nos dias de hoje, sob ataque, em favor de uma perspectiva existencialista ou fenomenológica que é verdadeira somente para o individual, visto que a história é uma série de "culturas" que informam o pensamento e o sentimento da presente geração mas que, uma vez superada, não possui mais significado para aqueles que vieram depois da cultura dos povos campaniformes ou de La Tène.

Para alguns, Christopher Dawson pode parecer "datado", mas quando verdadeiramente avaliado é atemporal. Os princípios que defendia, a verdade e a beleza que via, não podem ser perdidos, mesmo se ficarem obscurecidos por certo tempo. Pode ser que a "maioria silenciosa", aqui, como em qualquer outro lugar, venha a sentir afinidade com o grande historiador que viu o progresso da Europa de modo "constante, e o viu por inteiro".[7]

David Knowles, O.S.B.

Nasceu em 29 de setembro de 1896, na vila Studley, no distrito de Warwickshire, na Inglaterra, recebendo o nome de Michael Clive Knowles. Foi educado na Downside School, no Christ's College da University of Cambridge e no Pontifício Ateneo Sant'Anselmo, em Roma. Ingressou na Ordem de São Bento, adotou o nome religioso David e foi ordenado sacerdote. Foi eleito como *fellow* do Peterhouse College da University of Cambridge e nomeado Regius Professor de História Moderna da University of Cambridge, além de ter servido como presidente da Royal Historical Society entre 1957 e 1961. É autor de 29 livros, incluindo trabalhos sobre História Medieval e História Moderna, dentre os quais se destacam diversas obras sobre o monasticismo. Faleceu em 21 de novembro de 1974.

---

[7] No original: *"Who saw life steadily, and saw it whole"*. Referência a um verso do poema "The Strayed Reveller" (1849) de Matthew Arnold (1822-1888). (N. T.)

Nota sobre a Tradução

MÁRCIA XAVIER DE BRITO

Christopher Dawson foi um dos últimos grandes intelectuais generalistas. Dono de uma erudição impressionante, fruto de uma vida dedicada aos estudos, debruçou-se sobre a história da cultura e da civilização ocidental sem as restrições limitantes da vida acadêmica profissional. Poder oferecer ao leitor de língua portuguesa mais uma obra-prima desse grande historiador é uma honra para qualquer tradutor, mas a missão ganha sabor especial caso o tradutor seja um apaixonado pela História, como no meu caso.

O presente livro, fruto de conferências na Universidade de Harvard, por ser uma coletânea de palestras ministradas em datas diferentes e tomadas como unidades autônomas, nem sempre apresenta, em todos os textos, a mesma precisão na grafia de nomes, locais e na referência às fontes das citações. Até onde foi possível, na presente tradução procurei preencher essa lacuna para o leitor.

Ao lidar com as inúmeras personagens históricas que surgem ao longo do texto, deparei-me com alguns desafios. Muitas vezes, este era, simplesmente, saber de quem se tratava, visto a grafia anglicizada do nome, por ter a personalidade diversos homônimos (alguns contemporâneos) ou por erro de grafia (o que ocorreu porque muitos dos textos foram ditados, posteriormente, por Dawson com base nas notas das palestras, visto que já estava doente ao preparar o presente livro). Na presente tradução, tomei como padrão grafar as personagens citadas, sempre que aparecem pela primeira vez, pelos nomes completos e da maneira como, em geral, são conhecidas nas obras históricas no Brasil. Também tomei o cuidado de, nessa primeira citação, fazer constar, entre parênteses, as respectivas datas de nascimento e morte das figuras históricas, uniformizando todos os capítulos do livro e facilitando a compreensão cronológica dos acontecimentos.

Graças ao advento da Internet e ao privilégio de ter podido realizar este trabalho na biblioteca do Russell Kirk Center for Cultural Renewal, em Mecosta, Michigan, nos EUA, retornei a algumas das fontes de Dawson. Por isso, várias citações que no original em inglês aparecem sem referência ganharam indicação bibliográfica ao longo do presente texto. Algumas citações parafraseadas por Dawson por motivo de oralidade, visto que inseridas em palestras, foram restauradas à literalidade das fontes, o que conferiu maior precisão acadêmica ao texto. Nesse trabalho de pesquisa, pude acrescentar, quando necessário, observações sobre descobertas históricas e arqueológicas mais recentes, atualizando os dados ou confirmando suspeitas de Dawson, além de indicar, quando existente, as obras disponíveis em português, todas devidamente identificadas com (N. T.). Nas citações bíblicas, utilizei como referência a *Bíblia de Jerusalém* (São Paulo, Paulus, 1995).

Assim como nos nomes, o problema de erro de grafia também surge nas passagens em que Dawson cita alguma língua estrangeira, como os trechos em latim, francês e italiano. Neste particular, agradeço ao amigo e mestre Carlos Nougué por elaborar as traduções do latim, corrigir o meu francês, bem como pela "supervisão" nas traduções poéticas. Pela paciente leitura técnica da tradução e por ter colaborado, com sua vasta erudição, na solução de dúvidas sobre alguns detalhes históricos, filosóficos e teológicos, bem como pela ajuda na cuidadosa elaboração do índice remissivo, sou muitíssimo grata ao meu "companheiro de viagem", Alex Catharino.

Gostaria de agradecer, também, a Annette Kirk, presidente do Russell Kirk Center for Cultural Renewal pela oportunidade de pesquisar na Biblioteca do Centro e pelo carinho de apresentar-me a diversos estudiosos de Dawson, com os quais pude manter contato durante a tradução, como, por exemplo, o Prof. Dr. Bradley Birzer (autor de uma biografia de Dawson e do prefácio à edição brasileira de *A Formação da Cristandade*) e o Prof. Dr. Joseph Stuart (autor de uma tese de doutorado sobre Dawson e da apresentação à edição brasileira de *Progresso e Religião*), a quem sou muito grata pela elucidativa e longa conversa sobre Dawson, numa agradável noite em Piety Hill.

Não poderia deixar de agradecer ao meu editor, Edson Manoel de Oliveira Filho, pelo belíssimo trabalho de unir, no catálogo de sua editora, cultura, religião e arte, oferecendo aos leitores de língua portuguesa uma visão única do melhor que já foi produzido nessas áreas do conhecimento humano.

Mecosta, MI – Inverno de 2014
Márcia Xavier de Brito

Vice-presidente de relações institucionais do Centro Interdisciplinar de Ética e Economia Personalista (CIEEP), editora responsável do periódico COMMUNIO: *Revista Internacional de Teologia e Cultura*, e pesquisadora do Russell Kirk Center for Cultural Renewal. Cursou a Faculdade de Direito na Universidade do Estado do Rio de Janeiro (UERJ) e a pós-graduação de Tradução de Inglês na Universidade Gama Filho (UGF). Dentre outros trabalhos como tradutora há mais de quinze anos, destacamos as traduções para a editora É Realizações dos livros *A Era de T. S. Eliot: A Imaginação Moral do Século XX* e *A Política da Prudência* de Russell Kirk, e *A Formação da Cristandade* e *A Divisão da Cristandade* de Christopher Dawson.

Nota do Editor

Após a morte de Christopher Dawson, em 25 de maio de 1970, se tinha a impressão de que algumas das obras que nunca haviam aparecido antes na Inglaterra deveriam ser publicadas.

O presente volume consiste na seleção de conferências do autor em Harvard durante os anos de 1958 a 1962 quando lá esteve como o primeiro ocupante da cátedra de Estudos Romano-Católicos, fundada por Charles Chauncey Stillman.

O tema das conferências era Cristandade, e fora dividido em três grupos – *A Formação da Cristandade*, *A Divisão da Cristandade* e *O Retorno da Unidade Cristã*. O presente livro contém todas as palestras do segundo grupo, que cobre o período da Reforma Protestante à época do Iluminismo.

A DIVISÃO DA CRISTANDADE

Capítulo 1 | As Consequências Culturais da Quebra da Unidade Cristã

De todas as divisões entre cristãos, a existente entre católicos e protestantes é a mais profunda e a mais prenhe de consequências históricas. É tão profunda que não podemos ver solução alguma no período presente e nas circunstâncias históricas existentes. Ao menos, contudo, é possível darmos o primeiro passo para tentar vencer o enorme vácuo de compreensão mútua que tem, até agora, tornado impossível qualquer contato intelectual ou colaboração. Partindo desse ponto de vista, o problema não deve ser verificado tanto na esfera da Teologia, tomada em sentido estrito, mas também nas esferas da cultura e da tradição histórica. As mudanças que se seguiram à Reforma não são apenas obras das Igrejas e dos teólogos; são também obras de estadistas e soldados. Os mundos católico e protestante estão separados por séculos de guerra e poder político, e o resultado é não partilharem mais uma experiência social comum. Cada um possui a própria versão da história, a própria herança social, bem como as próprias crenças religiosas e padrões de ortodoxia. E em nenhum outro lugar esse estado de coisas é mais perceptível que nos Estados Unidos, onde o Norte protestante inglês e o Sul católico espanhol formaram dois mundos completamente diferentes em que, um e outro, não tinham nenhuma ligação mental.

Somente no século XIX tal estado de separação cultural chegou ao fim; e a mudança foi especialmente brusca nos países de língua inglesa, quando, afinal, catolicismo e protestantismo se uniram nas mesmas sociedades e culturas. Na Inglaterra, isso se deveu ao movimento de aproximação intelectual que é representado pelo Movimento de Oxford e a personalidade de John Henry Newman (1801-1890), ao passo que, nos Estados Unidos, foi o resultado de forças externas – sobretudo, foi a imigração maciça de católicos irlandeses para a América em meados do século XIX, que produziu tais mudanças sociais profundas, particularmente na Nova Inglaterra. Em nenhum outro lugar do mundo o catolicismo e o protestantismo foram congregados de modo mais súbito e próximo que em Boston. Ao longo de todo o século XIX, essas duas seções da população permaneceram povos separados, embora partilhassem, necessariamente, a mesma cidadania nacional e regional. Apenas nos últimos tempos vieram a partilhar uma cultura comum. Tal cultura, todavia, é totalmente secular, e um dos motivos de ser tão absolutamente secular é ter ocorrido uma total clivagem da tradição espiritual e não existir contato intelectual entre católicos e protestantes.

Sem dúvida, há muitos outros fatores na secularização da cultura moderna, mas esse é um fator pelo qual os cristãos são diretamente responsáveis. O movimento da história, que para os cristãos, de algum modo, reflete a ação da providência divina pôs um fim nas divisões sociais da cristandade que se seguiram à revolução religiosa do século XVI. Por isso é nosso dever, agora, ver que a divisão interna em nossa cultura deve ser algo a ser superado por um movimento progressivo de compreensão intelectual, a reconstituição de um universo comum de discurso e um novo diálogo entre católicos e protestantes.

Nesse trabalho de esclarecimento mútuo, há dois campos importantes que devem ser cobertos. Primeiro, o campo teológico, em que o aluno tem de estudar os progressos positivos das doutrinas católica e protestante de modo a compreender a exata natureza da divergência de nossas crenças. No passado, esse campo foi fonte de divisão e antagonismo, em vez de um âmbito de compreensão. De fato, foi o caráter controverso da Teologia que colaborou, mais que qualquer outra coisa, para desacreditá-la aos olhos do mundo. Somente nos últimos tempos, em que os estudos teológicos tomaram nova direção, é que há uma tendência crescente para reexaminar toda a questão à luz dos primeiros princípios. Vemos os resultados dessa nova orientação teológica na série francesa publicada com o título de *Unam Sanctam*,[1] e no movimento de reflexão teológica, ocorrido em paralelo, na Alemanha. Neste, certamente houve influência da nova abordagem, originada há mais de um século na obra de Johann Adam Möhler (1796-1838). Hoje, existe uma literatura internacional sobre a teologia da unidade cristã que, provavelmente, irá aumentar como resultado do Concílio Ecumênico.

Além desse estudo teológico temos também de estudar os antecedentes históricos e a evolução cultural das sociedades católicas e protestantes durante os séculos de desunião. Tais estudos históricos foram os mais negligenciados no passado, devido à separação artificial entre história política e eclesiástica, que teve por efeito dirigir a luz da pesquisa histórica para certos aspectos limitados do passado e negligenciar outros que, intrinsecamente, eram de igual importância.

Assim, a história política evoluiu como história do sistema de Estado europeu, do conflito de poder entre as dinastias e impérios da Europa, e por fim, das revoluções políticas que mudaram as formas de governo.

Só nos tempos modernos os historiadores tentaram retificar tal ênfase unilateral, ao expandir o novo campo da História Econômica, que hoje é, em geral, reconhecido como não menos importante que a História Política.

Essa, todavia, é uma exceção e ainda existem campos culturais importantes que são, relativamente, pouco explorados pelos

---

[1] Série de livros criada em 1937 por Yves Congar (1904-1995), um dos primeiros defensores do ecumenismo na Igreja Católica, que pretendia retomar temas esquecidos na eclesiologia católica. A edição acabou por contar com 77 volumes. (N. T.)

historiadores. A solução óbvia poderia ser a expansão da ciência histórica para incluir a totalidade da cultura humana em todas as manifestações; mas apesar dos esforços dos historiadores da cultura alemães para criar um novo estudo desse tipo, a ideia fracassou ao estabelecer-se como disciplina científica e ainda é vista com considerável desconfiança pelos historiadores profissionais. De qualquer modo, temos de considerar a questão da história religiosa como um campo de estudo que os historiadores têm de levar em consideração, mas que, na verdade, negligenciam. Não há dúvidas de que responderiam que esse deve ser o campo dos historiadores eclesiásticos. Em teoria, isso é uma grande verdade. No entanto, na prática, a história eclesiástica é tão especializada quanto a história política, e, em determinados aspectos, guardam semelhanças.

Os historiadores eclesiásticos têm lidado, exaustivamente, com a história das heresias e das controvérsias teológicas, mas demonstraram muito pouco interesse pela cultura religiosa. Mesmo uma obra famosa como *Die Geschichte des Pietismus* [A História do Pietismo] de Albrecht Ritschl (1822-1889) não é verdadeiramente histórica. É um trabalho polêmico, dedicado à demonstração de uma tese teológica, e não à exposição de um período da história religiosa ou à explicação de uma forma de experiência religiosa. Na verdade, para encontrar os principais feitos nesse campo, não são os historiadores eclesiásticos que devemos buscar, mas os historiadores literários. Com todos os erros, Charles A. Sainte-Beuve (1804-1869) foi um verdadeiro historiador religioso quando escreveu *Port-Royal*;[2] e, em nossos dias, creio que a melhor abordagem da história religiosa seja a feita pela vertente literária, no que diz respeito ao catolicismo, por Henri Brémond (1865-1933) no estudo literário da experiência religiosa francesa no século

---

[2] A obra *Port-Royal*, considerada a obra-prima de Sainte-Beuve, foi escrita em cinco volumes e conta a história da criação ao fechamento do monastério de Port-Royal-des-Champs, tratando com especial destaque o período jansenista. (N. T.)

XVII,³ e no que concerne ao protestantismo, o estudo dos professores Perry G. Miller (1905-1963) e Thomas Herbert Johnson (1902-1985) sobre a mentalidade da Nova Inglaterra.⁴

Quando chegarmos ao objeto da presente obra, que é a evolução das culturas protestante e católica nos tempos modernos, nos encontraremos em uma terra de ninguém, entre os historiadores políticos e os eclesiásticos. Apesar do cisma atual ser exaustivamente estudado por ambos os grupos de historiadores, nenhum deles prestou muita atenção ao desenvolvimento gradual das novas formas de cultura religiosa que substituíram a antiga cultura comum da cristandade medieval. No entanto, ninguém pode negar-lhes importância, pois tiveram um efeito considerável não só na evolução da literatura, da música e da arte, mas também na estrutura da vida social, como vemos de maneira bastante surpreendente nos contrastes do progresso social dos dois Estados Unidos, o Norte protestante inglês e o Sul católico espanhol.

E o mesmo ocorre com o período seguinte. Os historiadores políticos e eclesiásticos escreveram bastante sobre a história do Iluminismo do século XVIII e a respeito das revoluções política e religiosa subsequentes, mas a renovação religiosa do século XIX, que transformou e recriou o mundo cristão que conhecemos e vivemos, creio, nunca foi estudada nos aspectos culturais. Talvez devamos fazer uma exceção no que diz respeito à América do Norte. O catolicismo norte-americano é criação desse período e, na medida em que os historiadores tentam estudá-la, são obrigados a concentrar a atenção nos desdobramentos do século XIX. Ainda assim, é impossível estudar

---

³ Referência à obra *Histoire Litteraire du Sentiment Religieux en France Depuis la Fin des Guerres de Religion Jusqu'a nos Jours*, em onze volumes, traduzida para o inglês, em 1928, como *A Literary History of Religious Thought in France: From the Wars of Religion Down to our Times*. (N. T.)

⁴ O livro chama-se *The Puritans: A Sourcebook of their Writings* (1938), editado por Perry G. Miller e Thomas H. Johnson. Sobre o tema também podemos citar o famoso livro de Perry Miller, *The New England Mind: The Seventeenth Century* (1939). (N. T.)

essa progressão sem estudar o cenário europeu da qual emergiu e que a influenciou de tantos modos diferentes. Não há, no entanto, estudo algum sobre o renascimento católico europeu elaborado por historiadores norte-americanos, até onde sei, e existem poucas traduções de obras europeias a respeito do assunto.

Ademais, existe outra razão e ainda mais fundamental para que a história religiosa nos últimos dois séculos seja um campo negligenciado e difícil. Foi o período em que a secularização da cultura ocidental triunfou e, consequentemente, a religião foi alijada da vida social e tratada, cada vez mais, como um assunto privado que só dizia respeito à consciência individual. Visto que no passado a religião ocupara o centro do palco da história mundial, de modo que um monge e místico como São Bernardo de Claraval (1090-1153) movimentara exércitos e tornara-se conselheiro de reis, agora, a religião se retirara para a vida privada e deixara o palco da história para os representantes das novas forças políticas e econômicas.

A progressiva saída forçada do cristianismo da cultura é o preço que a cristandade tem de pagar pela perda da unidade – é o que Helmut Richard Niebuhr (1894-1962) chamou de "a falha ética da Igreja dividida". A tragédia do cisma é o mal progressivo. Cisma gera cisma, até que cada antagonismo social esteja refletido em alguma forma de nova divisão religiosa e que não seja concebível nenhum tipo de cultura cristã. No antigo mundo da cristandade unificada, esses antagonismos sociais eram tão potentes quanto hoje, mas eram vistos como o supremo vínculo de unidade. Como escreve William Langland (1330-1400): "E chamou aquela casa Unidade, Santa Igreja em inglês".[5] Ninguém esteve mais ciente que

---

[5] No original (traduzido para o inglês moderno): *"And called that house Unity, Holy Church in English"*. "Piers Plowman", Versão C, Passus XXI, v. 329. In: *William Langland's Piers Plowman: The C Version – A Verse Translation by George Economou*. Philadelphia, University of Pennsylvania Press, 1996, p. 204. (N. T.)

Langland dos males da sociedade contemporânea – todo o poema *Piers Plowman* é um apelo apaixonado de reforma social e religiosa, e tanto isso é verdade que, por vezes, é considerado como o prenúncio da Reforma Protestante. A ênfase do poema, contudo, sempre foi na unidade: "E clamemos para que todo o povo venha para a Unidade / Nela permaneça e lute contra os filhos de Belial".[6] Como ressaltei noutro local, a era criativa da cultura medieval foi o resultado da aliança entre o papado e os reformadores do Norte, representados pelos cluniacenses e pelos cistercienses. Quando tal aliança foi rompida, a vitalidade da cultura medieval entrou em declínio.[7] A Reforma Protestante do século XVI representa a ruptura final entre o papado e os reformadores do Norte – entre o princípio da autoridade e o princípio da reforma. Ambos os princípios, entretanto, eram igualmente essenciais para as tradições da cristandade ocidental, e mesmo na divisão do governo nenhuma parte do mundo cristão poderia dispensá-los. O mundo católico, portanto, desenvolveu um novo movimento reformador, como o representado pelos jesuítas e outras novas ordens religiosas; ao passo que o mundo protestante tinha de criar novos modelos de autoridade e de tradição teológica, tais como vemos na disciplina eclesiástica e teológica das igrejas calvinistas. No entanto, tal modelo nunca foi universal, e o mundo protestante foi enfraquecendo desde o início por contínuas controvérsias teológicas que produziram outra série de cismas e divisões permanentes entre as diferentes igrejas protestantes.

É difícil exagerar o tamanho do dano infligido na cultura cristã pelo século de contendas religiosas que se seguiram à Reforma

---

[6] No original (traduzido para o inglês moderno): *"And let's cry out to all commons that they come to Unit / And abide there and battle against Belial's children"*. "Piers Plowman", Versão C, Passus XXII, v. 78-79. In: Ibidem, p. 211. (N. T.)

[7] Ver capítulos 15 (A Unidade da Cristandade Ocidental) e 18 (O Declínio da Unidade Medieval) do livro *A Formação da Cristandade* de Christopher Dawson. (N. T.)

Protestante. A grande controvérsia entre catolicismo e protestantismo rapidamente degenerou em um estado de guerra civil e religiosa que dividiu a cristandade em dois campos armados. Não poderia haver reconciliação espiritual enquanto católicos e protestantes estivessem cortando as gargantas uns dos outros, e contratando mercenários estrangeiros para ajudar na obra de mútua destruição, como foi o caso da França no século XVI e da Alemanha no XVII. Mesmo no mundo protestante, a controvérsia religiosa se tornou causa de conflito social ou seu pretexto, como vemos no caso da Guerra Civil na Inglaterra (1642-1649). Essa guerra foi, de fato, muito menos destrutiva e atroz que as grandes guerras religiosas do continente europeu, mas demonstrou, de modo ainda mais claro, a futilidade essencial e a irracionalidade do conflito religioso, em que cada vitória militar levava a novas divisões e a mais conflitos até não haver solução possível, salvo um retorno extenuado e desiludido à ordem tradicional na Igreja e no Estado.

Foi durante este século de conflitos religiosos estéreis e inconclusivos que foi preparado o fundamento para a secularização da cultura europeia. Os secularistas convictos eram uma minoria da população da Europa, mas não precisavam ser fortes, já que os cristãos fizeram todo o trabalho. Tudo o que tinham a fazer era referir-se a um ou outro ponto moral, no início com muito cuidado, como Michel de Montaigne (1533-1592), e então, com o aumento gradual da confiança e do vigor, como ocorreu com Thomas Hobbes (1588-1679) e Pierre Bayle (1647-1706), e com os deístas ingleses. Foi, no entanto, um clérigo anglicano, da *High Church*, quem proferiu a última fala em *The Tale of a Tub* [O Conto do Barril].[8]

---

[8] Obra satírica e a primeira das obras maiores de Jonathan Swift (1667-1745). O "barril" do título é uma referência ao modo como o poeta Alexander Pope (1688-1744) costumava chamar o púlpito. A obra é o relato alegórico das primeiras divisões da cristandade e tende a ser uma apologia à negação anglicana de não alterar suas práticas, nem por conta das exigências puritanas nem para alinhar-se aos católicos. (N. T.)

Assim, não seria demais dizer que o destino da cultura cristã e o progresso da civilização moderna foram determinados ou condicionados pelo estado de guerra que existiu entre cristãos da Reforma Protestante a Revolução – o primeiro século de guerra civil em sentido estrito, e depois, um século ou mais de guerra fria e antagonismo. E ainda que hoje os cristãos, finalmente, estejam saindo dessa atmosfera de ódio e desconfiança, o moderno mundo cristão ainda está dividido por fronteiras religiosas estabelecidas na época das contendas religiosas. Como uma erupção vulcânica muda a face da natureza – submergindo terras férteis em campos de lava, mudando o curso dos rios e o formato das ilhas – esse grande cataclismo religioso mudou o curso da história e alterou a face da cultura ocidental para as eras vindouras. É impossível ignorar esse lado sombrio e trágico da história religiosa, mas se não o enfrentarmos, não poderemos compreender o caráter inevitável do movimento de secularização.

Por outro lado, é um erro ainda maior ver somente o lado obscuro, como fizeram os pensadores do Iluminismo, e ignorar os feitos espirituais e culturais do período posterior à Reforma Protestante.

As forças da cristandade dividida não foram todas absorvidas no conflito intestino. Nos lados católico e protestante, a Reforma foi seguida pelo desenvolvimento de novas formas de vida e reflexão religiosas. Eram, é claro, muito diferentes, de modo que algumas vezes são vistos como opostos. Creio ser possível, todavia, traçar certo paralelismo entre eles, o que, indubitavelmente, se deve aos antecedentes históricos comuns e às influências culturais comuns. Em primeiro lugar, nos dois lados da fronteira religiosa houve um retorno à disciplina moral após a lassidão do período inicial da Renascença. No lado protestante, isso assumiu a forma da disciplina calvinista, que foi a maior inspiração para o puritanismo inglês e norte-americano no século XVII e o *ethos* paralelo dos presbiterianos na Escócia. Um dos paradoxos da história religiosa é que a teologia mais centrada nas doutrinas de predestinação, reprovação, negação ou minimização da liberdade da vontade humana tenha desenvolvido um *ethos* de responsabilidade pessoal expressa em ativismo moral. Não pode haver dúvida, no entanto, que a marca da nova cultura protestante é, exatamente, esse espírito de ativismo moral, baseado num intensivo treinamento teológico, cuja expressão na vida secular se dava na guerra, nos negócios e, nada mais, nada menos, na vida das Igrejas.

Do lado católico, a restauração da disciplina moral tomou forma, primeiramente, de um retorno à tradição do ascetismo monástico. Tal tradição, no entanto, nascia do claustro para o mundo, e era aplicada pelas novas ordens religiosas, sobretudo pelos jesuítas, às situações contemporâneas, ou seja, às necessidades da Igreja, à restauração da unidade e ordem religiosas, à educação do clero e do laicato, à pregação e à propaganda missionária.

Além do ascetismo moral da Contrarreforma havia também, no lado católico, certa tendência a um rigorismo teológico muito mais assemelhado às tendências teológicas do puritanismo. Isso produziu o movimento jansenista, causando uma séria ruptura na unidade do catolicismo pós-reformado, ao menos na França. A animosidade teológica entre jansenistas e jesuítas, e a controvérsia sobre a graça e o livre arbítrio irão guardar extraordinária semelhança à querela existente entre puritanos e arminianos[9] acerca das mesmas questões.

Em segundo lugar, o período pós-Reforma Protestante é caracterizado pela interiorização da religião e pelo cultivo intenso da vida espiritual. No mundo católico, isso é expressado, sobretudo, no grande movimento místico que começou na Espanha e na Itália do século XVI e se espalhou, no século seguinte, para França e Inglaterra, mas que também foi representado pela espiritualidade ascética da Contrarreforma. De fato, a mais influente de todas

---

[9] O arminianismo é uma corrente dentro do protestantismo surgida nos Países Baixos por influência de Jacobus Arminius (1560-1609), e articulado por volta do ano de 1610. Diverge do calvinismo nas doutrinas da predestinação e salvação. (N. T.)

as obras espirituais da época – os *Exercícios Espirituais* de Santo Inácio de Loyola (1491-1556) – foi, como indica o nome, essencialmente ascética, e usou a razão e a imaginação para produzir uma mudança psicológica na personalidade. Do lado protestante, o elemento místico é menos significante, pois a principal ênfase sempre foi colocada na experiência de conversão, na convicção pessoal do pecado e na redenção. O movimento pietista na Igreja Luterana (cronologicamente posterior ao renascimento espiritual católico) não era destituído de um elemento de misticismo, ao passo que algumas seitas minoritárias, como os *Quakers*, que eram definitivamente mais místicos, vieram, por fim, a ser muito influenciados pelos representantes menos ortodoxos da tradição mística católica. Houve, de fato, um interessante movimento oculto na direção de uma unidade religiosa e reconciliação espiritual que foi continuado pelos representantes desses grupos extremistas, tal como Peter Poiret (1646-1719) na Holanda, que tentou criar uma teologia irênica comum baseada no *consensus mysticorum*; e Isaac Watts (1674-1748), que traduziu poesia sacra jesuíta. Apesar desse movimento ter sido isolado e afetado uma ínfima minoria de protestantes, indica a existência de tendências catolicizantes no movimento pietista, segundo historiadores protestantes como Albrecht Ritschl.

Por fim, em terceiro lugar, tanto a Europa católica como a protestante foram profundamente influenciadas pela cultura da Renascença. De ambos os lados houve um esforço contínuo para usar o novo saber para finalidades cristãs e pôr a nova cultura e arte em conexão com a tradição cristã. Assim, o ideal de um humanismo cristão ocupou um lugar central nas culturas católica e protestante e proporcionou um importante elo ou ponte entre elas.

É verdade que tal influência foi muito mais forte na Europa católica devido ao fato da Itália ser, ao mesmo tempo, a pátria da Renascença e o centro da cultura católica. Além disso, o catolicismo era capaz de utilizar a nova arte, música e arquitetura do Renascimento a serviço da religião de um modo que era impossível ao caráter não litúrgico e iconoclasta do protestantismo.

Assim, a cultura barroca, na qual o espírito do humanismo cristão encontrou plena expressão social e artística, era exclusiva ou predominantemente católica, e a partilha dessa cultura comum deu a todo o mundo católico, do Peru a Polônia, uma unidade internacional que a Europa protestante nunca possuiu. Na Europa Setentrional, a influência do humanismo esteve confinada às classes letradas e encontrou expressão somente na literatura. Nesse campo, contudo, foi triunfante, ao longo de todo o século XVII, sobretudo na Inglaterra, o espírito do humanismo cristão, inspirado não somente pela poesia de John Donne (1572-1631), George Herbert (1593-1633), John Milton (1562-1647) e Henry Vaughan (1621-1695), mas, também, pelo pensamento dos platonistas de Cambridge[10] e dos "teólogos carolinos",[11]

---

[10] Os chamados platonistas de Cambridge foi um influente círculo intelectual de filósofos e teólogos britânicos do século XVII, ligados à Cambridge University, que, se opondo, num primeiro momento, à filosofia mecanicista de Thomas Hobbes (1588-1679) e, posteriormente, ao racionalismo de René Descartes (1596-1650) e ao empirismo de John Locke (1632-1704), adotaram, dentre outros princípios, a noção de "formas ideais", tal como defendida por Platão (428-348 a.C.), o conceito de universais semelhante aos escolásticos medievais e a ideia de *"philosophia perennis"* [filosofia perene], tal como proposta pelo humanista católico Agostino Steuco (1497-1548), ou Eugubinus. Ralph Cudworth (1617-1688) e Henry More (1614-1687) foram os principais autores dessa corrente. No entanto, o grupo era composto por inúmeros outros pensadores, dentre os quais se destacam George Rust (†1670), Benjamin Whichcote (1609-1683), Peter Sterry (1613-1672), John Smith (1618-1652), John Worthington (1618-1671), Nathaniel Culverwel (1619-1651), Anne Conway (1631-1679), a viscondessa Conway, Joseph Glanvill (1636-1680), John Norris (1657-1711), Damaris Cudworth Masham (1659-1708), Mary Astell (1666-1731) e Anthony Ashley Cooper (1671-1713), o 3º conde de Shaftesbury. No plano teológico, os platonistas de Cambridge foram associados ao latitudinarismo, que, além de defender a máxima tolerância religiosa e a salvação universal, se opunham ao calvinismo ortodoxo, principalmente em relação à doutrina da expiação e à noção de justificação pela fé. (N. T.)

[11] No original: *"Caroline Divines"*. Grupo de influentes teólogos e escritores anglicanos que se notabilizaram durante o reinado de Charles I (1600-1649),

bem como de beletristas como sir Thomas Browne (1605-1682) e Izaak Walton (1593-1683).

Não obstante toda a riqueza de cultura literária, a divergência crescente entre as tendências sociais e psicológicas das sociedades católica e protestante não pôde ser evitada. A cultura barroca integrou ascetismo com misticismo, e humanismo com cultura popular pelo meio comum da arte e da liturgia; contudo, no mundo protestante, a cultura religiosa das massas, que derivava da Bíblia e da pregação da Palavra, não tinha acesso ao mundo imaginativo do poeta e do artista humanista. Desse modo, foi no nível popular que as diferenças entre as duas culturas se tornaram mais óbvias e a separação foi mais completa. Que contraste poderia ser mais nítido do que a cultura popular da Europa católica – com peregrinações, festivais e espetáculos teatrais sacros, todos centrados nas grandes igrejas barrocas, os palácios coloridos dos santos –, e a austera vida religiosa do laborioso artesão e do comerciante protestantes, cuja única expressão exterior era a frequência semanal a um local de reunião, sem adornos, para ouvir as longas pregações dos clérigos puritanos e cantar longos salmos metrificados, porém muito distantes das versões poéticas?

Essa diferença na forma da vida religiosa encontrou expressão correspondente na diferença de tipos psicológicos e personalidades espirituais. Um homem como Cotton Mather (1663-1728), sem dúvida, recebeu uma boa educação clássica, mas ninguém pode chamá-lo de humanista cristão. Seu caráter foi formado no mesmo molde da congregação a que pertencia, ao passo que, homens como São

---

e, após a Restauração, no reinado de Charles II (1630-1685). O nome *"caroline"* refere-se a forma latina de Charles (*Carolus*). Além do próprio rei Charles I, merece destaque entre os "teólogos carolinos" os escritores Lancelot Andrewes (1555-1626), William Laud (1573-1645), John Cosin (1594-1672), Herbert Thorndike (1598-1672), Jeremy Taylor (1613-1667), Thomas Ken (1637-1711) e Thomas Sprat (1635-1713). As ideias teológicas desses autores, ao adotar o humanismo e o pensamento da patrística, foram acusadas pelos puritanos calvinistas de conter elementos arminianos e papistas. (N. T.)

Francisco de Sales (1567-1622) ou François Fénelon (1651-1715) eram humanistas não só na cultura clássica, mas na espiritualidade e nas relações pessoais. A falha do protestantismo em assimilar completamente a tradição cristã-humanista acarretou certo empobrecimento e aridez nas culturas inglesa e norte-americana, o que levou, por fim, às imperfeições que Matthew Arnold (1822-1888) iria criticar tão vigorosamente no século XIX.

Apesar disso, a cultura protestante tinha qualidades distintivas próprias. A força moral da tradição puritana inspirou a nova cultura burguesa do mundo de língua inglesa no final do século XVII e durante o século XVIII, dando-lhe força para vencer os rivais e dominar o mundo. O que me preocupa no momento, contudo, não é julgar os valores dessas duas formas de cultura, mas apontar as diferenças e mostrar como a divergência entre elas contribuiu para a desunião do mundo cristão. Quando a época das guerras religiosas terminou, a Europa ainda estava dividida (e os Estados Unidos também) pela diferença de valores morais e antipatias psicológicas. Tais diferenças são mais difíceis de superar que as teológicas, porque penetram profundamente na mentalidade inconsciente e se tornam parte da personalidade e do caráter nacional.

Quando chegarmos ao século XIX, veremos muitos casos de homens que perderam toda a ligação consciente com a religião, mas que, mesmo assim, mantiveram os preconceitos sociais e nacionais que herdaram do passado católico ou protestante.

Da mesma maneira, a primeira derrubada das barreiras não se deveu somente aos convertidos pela teologia e aos apologistas, como John Henry Newman, mas aos convertidos pela cultura, como Matthew Arnold e John Ruskin (1819-1900). Arnold é um caso particularmente significativo, pois admitiu a dívida com o Movimento de Oxford, embora não se preocupasse com as questões teológicas que eram a *raison d'être* do movimento, mas concentrasse toda a atenção nas debilidades culturais da tradição protestante e a necessidade de uma revisão nos valores culturais ingleses. O mesmo fenômeno é encontrado no lado católico, apesar de ser mais difícil apontar uma figura representativa. Poderíamos mencionar a tentativa do grupo de sociólogos católicos na França, no final do século XIX, de criticar a ética social católica ao compará-la com a força moral e o ativismo da cultura anglo-saxônica – uma tentativa que foi, creio, a verdadeira fonte da controvérsia americanista.

Nessas circunstâncias não quero sugerir que devemos abordar o estudo do catolicismo e da cristandade dividida no espírito de Matthew Arnold em vez de fazê-lo nos moldes de Newman ou de Möhler. Tais questões teológicas e a última palavra devem sempre ficar com os teólogos.

Como historiador, contudo, estou convencido de que as principais fontes da divisão e o principal obstáculo à unidade cristã foram e são culturais e não teológicos. Consequentemente, creio que esse é o único modo que, ao combinar o estudo da história da cultura cristã com o da teologia, podemos compreender a natureza e a extensão do problema com que temos de lidar.

Capítulo 2 | O Declínio da Unidade da Cristandade Medieval

O colapso da síntese e a perda da unidade da cristandade no período medieval foi um processo gradual que abrangeu cerca de dois séculos e meio da história europeia, de 1275 a 1525. Esses duzentos e cinquenta anos de decadência progressiva correspondem ao período de unificação anterior – aos duzentos e cinquenta anos de movimento centrípeto que durou do ano 1000 a 1250 e que assistiu a fundação e o crescimento da reforma papal da Igreja do Ocidente. Esse segundo período, de unidade decadente, é tão parte da cultura medieval quanto o primeiro. Na verdade, muitos dos fenômenos que vemos como tipicamente "medievais" pertencem ao último período – por exemplo, as histórias de Jean de Joinville (1224-1317) e Jean Froissart (1337-1405), os poemas de Dante Alighieri (1265-1321) e de William de Langland, os escritos de Santa Catarina de Siena (1347-1380) e os místicos germanos da Renânia, a *Imitação de Cristo* de Tomás à Kempis (1380-1471) e *Le Morte d'Arthur* [A Morte de Artur] de Sir Thomas Mallory (1405-1471).

Não obstante, todo o período apresenta uma desintegração constante do ideal de unidade medieval marcada por duas características principais – de modo negativo, a perda da unidade internacional e da autoridade transcendente suprapolítica do papado; e de modo positivo, o crescimento dos Estados modernos e da unidade política nacional.

Na Alta Idade Média, Estado, no sentido que entendemos, dificilmente existiu. Havia um grande número de unidades políticas e sociais – posses feudais, ducados, condados e baronatos, espontaneamente unidos por lealdade de cidades, como a comuna dos lombardos ou a Liga Hanseática. Havia principados eclesiásticos como os príncipe-arcebispados alemães e as grandes abadias independentes. Por fim, havia as ordens religiosas e militares – organizações internacionais que tinham vida própria e obedeciam as próprias autoridades em qualquer país da Europa que pudessem estar situadas.

E todos esses grupos estavam inextricavelmente misturados, de modo que era difícil dizer qual deles era o Estado. Por exemplo, muito do Sudoeste de França pertenceu ao rei da Inglaterra, mas não como parte do reino inglês. Permaneceu um feudo da coroa francesa, para a qual o rei inglês estava, por isso, obrigado a prestar vassalagem. Tal situação é inconcebível na moderna situação política da Europa. Era possível naquela ocasião porque toda a Europa Ocidental fazia parte de uma única sociedade – a cristandade – que, é bem verdade, não era uma sociedade política, mas era muito mais do que podemos compreender como religião ou cultura comuns. Estava fundada na crença medieval de que todo o povo cristão formava um único corpo com dupla organização: o *Regnum* e o *Sacerdotium*, o Império e o Papado, e ainda que aquele nunca tenha conseguido fazer valer seu direito de autoridade universal, este deu à Europa Ocidental a verdadeira organização internacional, muito mais poderosa que a autoridade local e parcial dos governos seculares.

Ao final do século XIII, no entanto, o senso de unidade cristã estava começando a enfraquecer. A queda de Acre, o último remanescente do território cristão na Palestina, em 1291, marca a decadência do espírito cruzado, e a destruição, na França, da grande Ordem dos Templários por Filipe IV (1268-1314), o Belo, que reinou de 1307 a 1312, foi um prenúncio ainda mais sintomático de um novo espírito. A ascensão das monarquias feudais nacionais no Ocidente já havia começado a ameaçar a supremacia da Igreja internacional. Ao longo de toda a segunda metade do século XIII, a França crescera em poder e prosperidade, não era mais uma confederação livre de principados feudais. Era um Estado nacional, a unidade que personificava não somente a monarquia, mas os Estados Gerais, a assembleia representativa dos estamentos do reino, que surgiram pela primeira vez em 1302, sete anos após surgir a organização similar do Parlamento inglês. Além disso, o rei não governava mais por meio dos grandes nobres estadistas e dos bispos. Os postos foram tomados por uma classe oficial de profissionais e de advogados, muitos deles homens de origem humilde do Sul da França, que adquiriram, pelos estudos da lei romana, os ideais de supremacia real e de governos soberanos absolutos.

Essas forças, representadas por homens como Pierre Flote (†1302), Pierre Dubois (1250-1320) e, sobretudo, Guillaume de Nogaret (1260-1313) – o professor de direito de Montpellier, entraram em conflito violento com o mais inflexível representante da teocracia papal, encarnada em Bonifácio VIII (1235-1303), a respeito do direito do poder secular cobrar impostos dos bens da Igreja. O emissário francês declarara ao Papa: "Vosso poder está nas palavras, o de meu mestre nas ações", e Nogaret provou a verdade do que ostentou com o brutal ultraje de Anagni, que provocou comoção e horror por toda a cristandade, como atestados pelos famosos versos de Dante:

> vejo da flor-de-lis a Anagni o torto,
> e Cristo ao seu vigário aprisionado.
>
> Vejo-o sofrer injúria e desconforto;
> vejo-o o vinagre repetir e o fel,
> entre os vivos ladrões por fim ser morto.[1]

---

[1] No original: *veggio in Alagna intrar lo fiordaliso, / e nel vicario suo Cristo esser catto. // Veggiolo un'altra volta esser deriso; / veggio rinovellar l'aceto e l fielle. / e tra vivi ladroni esser anciso.* (*Purgatório*, canto XX, versos 86-90). In: Dante Alighieri, *A Divina Comédia – Purgatório*. Trad. e notas Italo Eugenio Mauro. São Paulo, Ed. 34, 2007, p. 132. (N. T.)

Dois anos depois, foi eleito um papa francês, e o papado transferido para a França. A vitória da monarquia francesa parecia completa.

A posição internacional do papado, contudo, não foi imediatamente afetada pela mudança. Em alguns aspectos, na verdade, essa posição fora conseguida pela íntima união com o poder da França, que era a grande força criativa na cultura. Durante o período de Avignon, a supremacia do papa na Igreja atingiu o auge, especialmente na cobrança de impostos eclesiásticos e no direito de provisão de benefícios vacantes. Eram o poder moral e o prestígio que declinavam. Na época da questão das investiduras, a consciência da Europa estava ao lado do papado contra o governo feudal secularizado; mas agora o perigo da secularização vinha do interior, do luxo da corte de Avignon e da enorme evolução do sistema internacional de finanças papais. O partido reformador começou a olhar para o governo como o poder que poderia libertar a Igreja do íncubo da riqueza material, deixando-a livre para se dedicar, com todas as forças, à função espiritual.

Pode-se dizer, em certo sentido, entretanto, que a forma que os problemas assumiram na Idade Média, na verdade, se devia aos sucessos de um movimento reformista anterior. O reconhecimento da Santa Sé como governo eficaz da Igreja e da Cúria como a última corte de apelação para toda a cristandade envolvera um sistema altamente organizado de centralização eclesiástica que requeria um elaborado sistema financeiro e fiscal para dar-lhe suporte. Essa burocracia eclesiástica internacional e o sistema financeiro surgiram enquanto o governo medieval ainda estava organizado em bases agrárias e feudais, de modo que quando os reinos ocidentais vieram a desenvolver um sistema financeiro e administrativo eficiente, se viram face a face com um sistema pontifício altamente organizado. Como resultado, a chancelaria real e a papal reivindicavam jurisdição nos mesmos casos e o erário pontifício e o real reclamavam os direitos de tributação sobre as mesmas fontes de receita. Esse conflito era inevitável, uma vez que não poderia haver questionamento sobre a separação da Igreja e do

Estado. Ninguém negava a universalidade da Igreja, no entanto, era igualmente impossível negar que o clero era uma parte integrante do reino – um estamento.

Caso as pretensões do papado, como reclamadas, por exemplo, por Bonifácio VIII na bula *Clericis Laicos* (1296), fossem plenamente aceitas, qualquer sistema de cobrança de imposto nacional teria se tornado impossível, e igualmente impossível seria o direito papal de nomear os próprios bispos e dignitários, numa época em que os bispos e abades detinham altos cargos públicos nos reinos nacionais. Por outro lado, se a posição regalista dos advogados dos reis fosse aceita, o governo central da Igreja teria sido destituído dos meios econômicos de existência.

Tal dilema foi superado graças ao fato de cada parte insistir, em teoria, em direitos plenos nas leis e pronunciamentos; na prática, chegaram a um acordo, negociando cada ponto, assim que surgiam. Essa era uma solução insatisfatória, já que envolvia um grande esforço de barganha e subordinava os interesses espirituais da Igreja aos interesses econômicos de burocracias rivais. A importância crescente dessas questões financeiras para o papado levou à crítica cada vez maior dos abusos, que pareciam ser inseparáveis de tal sistema. Tais críticas já eram frequentes no século XIV, quando o papado estava em Avignon. João XXII (1249-1334), que governou a Igreja de 1316 a 1334, e seus sucessores, não foram maus papas, mas foram, primeiramente, advogados e administradores, e quanto mais eficientes as administrações, mais rica ficava a corte de Avignon – na verdade os cardeais tinham mais riquezas que o papa – e mais ruidosos se tornavam os protestos dos críticos.[2]

Consequentemente, não é de surpreender que esse período tenha visto a ruptura final entre o papado e os reformadores espirituais, cuja aliança fora um fator dominante na formação da cristandade

---

[2] Existe uma exceção importante – o papa Bento XII (1280-1342), que governou de 1334 a 1342, e era o teólogo cisterciense Jacques Fournier.

medieval. A ala esquerda dos franciscanos estivera revoltada desde o final do século XIII, e nesse momento, em 1328, o superior da ordem, Michele de Cesena (1270-1342), apoiado pelo seu principal filósofo, William de Ockham (1288-1347), desafiou o papa João XXII e apelou à corte de Avignon para o julgamento da Igreja universal, como representada pelo Conselho Geral.

Esse não foi um acontecimento de menor importância, pois William de Ockham era a liderança intelectual da época. Foi o iniciador – o *"venerabilis inceptor"* – da *via moderna* que substituiu a escolástica clássica do século XIII – a *via antiqua* – como a doutrina aceita nas universidades por quase dois séculos, até a época de Martinho Lutero (1483-1546). O fato de tal homem ter rompido com o papado de Avignon e dedicado os últimos vinte anos de sua vida a apoiar a causa do poder temporal contra tal papado, na Alemanha e na Inglaterra, e advogar uma nova teoria da Igreja e de sua autoridade, demonstra a seriedade da situação. Segundo o ponto de vista dele, que pode ter sido influenciado por teorias ainda mais radicais do contemporâneo e aliado, Marsílio de Pádua (1275-1342), a autoridade última não estava no papa, mas na Igreja como um todo, e se o papa errasse, como fora o caso da opinião de João XXII, era direito e dever de todo o corpo dos fiéis intervir por intermédio de um Conselho Geral.

Nesse meio-tempo, a Europa estava ingressando em um período de decadência econômica e desastre social. No período anterior – ou seja, do século XI ao XIII – a população e a saúde da cristandade medieval estivera crescendo constantemente, graças ao revigoramento do comércio e ao movimento de colonização do interior que criou novas vilas nas florestas e terras devolutas. No início do século XIV, no entanto, começou um movimento decrescente que se estendeu por duzentos anos. As origens dessa mudança são difíceis de explicar, já que, segundo os historiadores econômicos, a população já começara a declinar no final do século XIII. No entanto, por volta de meados do século XIV, o decréscimo é óbvio e catastrófico. A Peste Negra, a maior de todas as epidemias jamais registradas, varreu toda a Europa e destruiu um terço da população em três anos, de 1347 a 1350. Ao mesmo tempo, a Guerra dos Cem Anos (1337-1453) arruinou a obra de Filipe IV e de seus predecessores. O território mais rico da Europa foi vítima de invasões estrangeiras e de devastações de exércitos livres de mercenários. Igrejas e monastérios foram destruídos e vastos campos foram reduzidos a desertos. Ao mesmo tempo, no Sudoeste, os turcos invadiam a Europa, e depois de fundar a capital em Adrianápolis, em 1366, começaram a destruir os prósperos reinos cristãos dos Balcãs, ao passo que a Rússia cristã ainda permanecia sob o jugo tártaro.

Todos esses desastres tiveram um efeito desmoralizador na Igreja e na cultura cristã em geral. Os efeitos da Peste Negra, por exemplo, no clero e nas ordens religiosas, foram sérios e extensos, uma vez que reduziu, ao mesmo tempo, o número de clérigos e enfraqueceu a disciplina eclesiástica. Apesar disso, o século XIV não pode ser descrito como um período sem religiosidade. Ao contrário, foi a grande era do misticismo medieval que produziu uma série de grandes santos e escritores espirituais por toda a Europa, tais como Johannes Tauler (1300-1361) e o beato Henrique Suso (1300-1366) na Alemanha, o beato Jan van Ruysbroeck de Groenendaal (1239-1381) e Geert Groote (1340-1384) nos Países Baixos, Richard Rolle (1290-1349) e o autor de *Cloud of Unknowing*[3] [A Nuvem do Não Saber] na Inglaterra, Santa Catarina de Siena e o beato Giovanni Colombini (1304-1367) na Itália e Santa Brígida (1303-1373) na Suécia. Esse movimento de introversão espiritual pode ser devido, em certo grau, ao afastamento da mentalidade cristã de um mundo que tinha se rebelado contra a Igreja e a ordem cristã. Isso, todavia, não é completamente verdadeiro, pois as grandes místicas e profetisas da época, Santa Brígida da Suécia e Santa Catarina de Siena –

---

[3] Obra de autor desconhecido, possivelmente, um monge cartuxo da metade do século XIV. Em português foi publicada como: *A Nuvem do Não Saber*. Trad. Maria Moraes de Barros. São Paulo, Paulinas, 1987. (N. T.)

intervieram repetidamente na vida exterior da Igreja e foram, em parte, responsáveis por trazer o papado de Avignon para Roma em 1367, 1370 e, novamente, em 1377.

Isso, no entanto, não provou ser solução para os males da Igreja. Ao contrário, o retorno dos papas de Avignon para Roma foi seguido pela violenta crise do Grande Cisma do Ocidente (1378-1417), durante a qual foram ampliados todos os males do período de Avignon. A cristandade estava dividida, não por diferenças teológicas como na Reforma Protestante, mas por uma questão puramente jurídica sobre qual dos dois papas rivais era o legítimo. A opinião pública protestara demasiado alto contra os abusos do regime de Avignon. Nesse momento, a sociedade se via diante de dois sistemas idênticos, cada um alegando ser o único, de modo que todos os males do período anterior foram, com precisão, duplicados.

Não havia saída do impasse pelos princípios normais do direito canônico, chegara a hora das ideias revolucionárias de William de Ockham darem frutos. A liderança da cristandade passara, nesse momento, para a Universidade de Paris, que era o último baluarte da unidade medieval e também um grande centro de pensamento ockhamista.

Ao longo dos trinta ou quarenta anos seguintes, os doutores de Paris defenderam a causa da unidade contra os papas e reis e acabaram por alcançar uma breve vitória por meio do Conciliarismo.

O Conciliarismo representa o esforço final da cristandade medieval para afirmar a unidade diante das tendências centrífugas representadas pelo Grande Cisma e pelas heresias nacionais dos wycliffitas e hussitas. Foi o ápice do constitucionalismo medieval na tentativa de dar forma constitucional ao ideal da cristandade como sociedade de religião única, dividida politicamente em inúmeros reinos nacionais. Os Concílios Gerais que eram convocados para pôr fim ao Cisma sob a influência da Universidade de Paris e da monarquia francesa eram diferentes dos Concílios Gerais do passado. Foram parlamentos da cristandade, em que compareciam todo o conjunto dos príncipes cristãos com duas ou três exceções, e no qual representantes das universidades tinham um papel maior que o dos bispos.

O Conciliarismo foi preparado pelos dois Concílios Nacionais ocorridos em Paris em 1395 e 1406. Neles, a política conciliar foi elaborada – a saber, a retirada do dever de obediência aos dois requerentes ao papado visando induzi-los à renúncia. No entanto, tais concílios foram incapazes de forçar a resistência obstinada do papa de Avignon, Bento XIII (1328-1423). Resistiu tanto à retirada da obediência francesa como ao cerco de sete meses ao palácio de Avignon; e depois de escapar de Avignon em 1403, convocou um Concílio Geral para reunir-se em Perpignon, em 1408, quase totalmente composto de espanhóis.

À tal altura, no entanto, os cardeais de ambos os papas uniram-se para retirar a obediência tanto ao papa de Avignon quanto ao de Roma, e convocaram um Concílio único a se reunir em Paris, na primavera de 1409, para a eleição de um novo papa. Foi um acordo com a política da monarquia francesa, que declarara neutralidade entre os dois papas e decidira, no Concílio Nacional de Paris, apoiar o próximo Concílio Ecumênico.

Esse Concílio Ecumênico, que se reuniu em Pisa, no dia 25 de março de 1409, foi um organismo extraordinariamente representativo. Além dos bispos e abades, incluía centenas de representantes dos capítulos das catedrais e das universidades, os generais das grandes ordens religiosas militares, juntamente com embaixadores de dezessete Estados, que representavam quase todo o conjunto dos príncipes cristãos. Apesar da variedade dos membros, a assembleia mostrou um impressionante grau de unanimidade ao lidar com as questões cruciais do cisma.

Convocaram os dois requerentes ao papado para se apresentarem, e diante do não comparecimento de ambos, começaram o julgamento e a deposição dos dois, conforme a tese conciliar das universidades. Em seguida, passaram à eleição de um novo papa, escolhido pelos esforços conjuntos dos cardeais dos dois grupos. Após um breve conclave de onze dias, unanimemente, concordaram na escolha de Pedro Philarghi, o arcebispo grego de Milão, que assumiu com o nome de Alexandre V (†1410). O concílio, então, foi dissolvido depois de decretar a convocação de um novo Concílio Geral a se reunir em abril de 1412, para executar outras medidas de reforma da Igreja.

O aparente sucesso extraordinário do Concílio de Pisa foi ilusório. O novo papa viveu somente dez meses. Seu sucessor, Baldassare Cossa (1370-1419), eleito em 17 de maio de 1410 e que assumiu como João XXIII, não possuía autoridade moral para fazer valer suas reivindicações diante do papa romano Gregório XII (1327-1415), ou do requerente de Avignon, o já citado Bento XIII, que nessa ocasião se retirara para a fortaleza da família em Peñiscola, em Aragão. Consequentemente, após o fracasso do Concílio Geral que o próprio João XXIII convocara em Roma, no ano de 1412, foi forçado a concordar com o plano do imperador Sigismundo (1368-1437) de um novo concílio em Constança no dia 1 de novembro de 1414.

O novo concílio foi um parlamento da cristandade ainda maior que o Concílio de Pisa, já que se dividia em quatro nações – Itália, Alemanha, França e Inglaterra – cujas deliberações estavam sujeitas ao voto dos representantes dos príncipes e das universidades, bem como dos bispos. Assim, desde o início, o Concílio de Constança esteve dominado pelos povos do Norte – os franceses, alemães e ingleses, e a posição do papa João XXIII, que confiava no voto italiano, tornou-se cada vez mais difícil, até que no dia 2 de março de 1415, foi levado a abdicar. Logo se arrependeu do ato e, no dia 20 março, escapou de Constança indo refugiar-se com Frederico IV (1382-1439), duque da Áustria.

Isso, no entanto, levou a uma explosão de sentimentos antipapais, o que acarretou a aprovação dos famosos quatro decretos. Tais documentos declaravam que o Concílio derivava sua autoridade diretamente de Cristo, que todo o mundo, até mesmo o próprio papa, estava sujeito à tal autoridade, e a fuga de João XXIII fora um ato de contumácia, o que justificava a suspeita de que se unira ao cisma e recaíra em heresia. À tal ação do Concílio foi aposta uma medida de amplo apoio secular. O imperador emitiu o banimento do duque Frederico IV do Império, cujas terras foram invadidas por suíços e bávaros, de modo que foi obrigado a entregar o papa aos representantes do Concílio.

O Concílio, então, iniciou o julgamento do papa, que foi condenado e deposto em 29 de maio de 1415, como "indigno, inútil e nocivo". A sentença foi aceita por João XXIII, que, na ocasião, estava prisioneiro nas mãos do Concílio. A Igreja, nesse momento, estava praticamente sem papa, já que Gregório XII, o papa romano, abdicou logo depois (em 14 de julho de 1415) e Bento XIII estava privado de seu último apoio, o rei de Aragão, pelo Tratado de Narbona, ao fim do mesmo ano (13 de dezembro de 1415). Entrementes, o Concílio declarara sua autoridade com o julgamento e execução de Jan Hus (1369-1415), em 6 de julho de 1415, que apresentou-se em Constança, confiando no salvo-conduto do imperador. Esse ato acelerou a revolução nacional do povo tcheco contra o imperador e a Igreja, que estava a desprezar todos os esforços cruzados do restante da cristandade por dezessete anos.

O Concílio, absorto na tempestade que suscitara, prosseguiu considerando a eleição de um novo papa, e imaginando um programa mais amplo de reforma. Pelo decreto *Frequens* (5 de outubro de 1417) ficava estabelecido que o Concílio Geral era o principal instrumento para o cultivo do campo de Deus, a Igreja, cuja negligência fora a principal causa da desordem na cristandade. Decretava que o próximo Concílio Geral seria convocado em cinco anos, e dali em diante deveria ser reunido em intervalos de sete a dez anos. Prosseguiram com a eleição de Otto de Colona (1368-1431) como papa Martinho V, no dia 11 de novembro de 1417. Ao menos o cisma chegou ao fim.

O Concílio aproximava-se do fim. Somente persistiu a difícil questão da reforma, que ocupou as sessões finais – em especial, o tema da tributação papal, que então foi acordada em quatro concordatas nacionais – com a Itália, Alemanha, França e Espanha – assinadas em 3 de maio de 1418, contudo, o Concílio já havia sido dissolvido na sessão final de 22 de abril. O novo papa, recusando a oferta de Avignon ou de uma cidade alemã, começou o lento retorno para Roma, onde finalmente chegou, em 30 de setembro de 1420.

A partir desse momento, o papado se separou do Conciliarismo, que alcançara o ápice em Constança. Quando o Concílio da Basileia se reuniu, em 1431, logo se mostrou determinado a afirmar a própria autoridade como representante infalível da Igreja universal. O papa Eugênio IV (1383-1447), que sucedera Martinho V no início daquele mesmo ano, ordenou a seu legado, o cardeal Giuliano Cesarini (1398-1444), a transferir o Concílio para Bolonha por conta da baixa frequência. Respondeu ao reafirmar o decreto de Constança – de que um Concílio Geral:

> [...] recebe o poder diretamente de Cristo. Todos de qualquer condição ou dignidade, inclusive papal [*etiam si papalis*], são obrigados a lhe prestar obediência nas coisas relativas à Fé e à erradicação desse cisma e à reforma desta Igreja, tanto na cabeça, como nos membros.[4]

Assim, a brecha aberta entre o papa e o Concílio prenunciava a renovação de um cisma que fora tão dolorosamente terminado em Constança. No entanto, o fato dos hussitas terem aceitado o Concílio e as negociações com esse grupo terem sido iniciadas pelo legado papal Cesarini – que renunciara à presidência do Concílio quando o papa ordenou a dissolução, mas que não escondia a simpatia pela posição conciliarista – postergaram o rompimento final. O papa Eugênio foi levado a reconhecer o Concílio, e revogou o decreto de dissolução em

---

[4] Concílio de Constança, Sessão V, de 6 de abril de 1415 (*Proposições Condenadas*). [Utilizamos aqui a tradução da seguinte edição: Justos Colanges, *A Fé Católica: Documentos do Magistério da Igreja*. Trad. Paulo Rodrigues. Rio de Janeiro / Anápolis, Ed. Lumen Christi / Diocese de Anápolis, 2003, p. 608. (N. T.)]

setembro de 1433. A força do Concílio, contudo, se devia ao apoio recebido dos poderes seculares no Norte e do Ocidente, do imperador do Sacro Império Romano-Germânico Frederico III (1415-1493), da França e da Espanha. O próprio Concílio fora composto, principalmente, por delegados das universidades do Norte, mas os bispos eram muito poucos; o número diminuiu para apenas vinte em 1436. Foi essa assembleia minoritária, dominada por uma maioria antipapal, que fez tudo o que estava ao seu alcance para reduzir a autoridade e a receita da Santa Sé.

O ponto de ruptura se deu com as negociações para a união com o Oriente, quando tanto o papa quanto o Concílio enviaram embaixadores à Constantinopla em 1436-1437, convidando os gregos para uma conferência. A proposta do papa para um encontro no Norte da Itália era, naturalmente, preferível a uma proposta de Concílio de Avignon. O papa, portanto, transferiu o Concílio da Basileia para Ferrara em setembro de 1437, onde os gregos foram recebidos em março de 1438. Enquanto a reunião das Igrejas Ocidental e Bizantina estava ocorrendo em Ferrara e Florença, o Concílio da Basileia declarara a supremacia do Concílio sobre o papa como uma verdade de fé, e passou à deposição de Eugênio IV como herege e destruidor dos direitos da Igreja (25 de junho de 1439). Desse modo, no exato momento em que o cisma histórico das Igrejas do Ocidente e do Oriente estava sendo extinto em Florença, o Concílio da Basileia, nessa ocasião reduzido a um punhado de bispos, criou um novo cisma no Norte, com a eleição de Amadeu VIII (1383-1451), o duque de Savoia, no dia 5 de novembro de 1439, como o papa Felix V. O novo antipapa teve parco reconhecimento, exceto na Alemanha e em Aragão. Mesmo nesses locais, a diplomacia do papa romano triunfou. Em fevereiro de 1447, Eugênio IV recebeu a restauração da obediência dos emissários alemães à Roma, poucos dias antes de morrer.

O sucessor, Nicolau V (1397-1455), foi um homem de excepcional estatura moral. Fez tudo o que estava em seu poder para facilitar a abdicação do antipapa e a dissolução do Concílio, em abril de 1449. Dessa maneira, as longas e amargas controvérsias do período conciliar, que ameaçaram subverter a ordem tradicional da Igreja, foram terminadas numa atmosfera de aparente boa vontade e mútua tolerância.

Ao mesmo tempo, a era dos Concílios assistiu a um outro declínio catastrófico nos países da Europa Setentrional, local que fora o centro inicial da cultura medieval. Após um intervalo que permitiu a França a recuperar temporariamente a prosperidade, a Guerra dos Cem Anos foi retomada em 1415 e complicada pela desastrosa guerra civil entre *bourguignons* e *armagnacs* que levou à conquista inglesa da França. Os anos de 1419 a 1444 foram, talvez, os mais desastrosos que o povo francês jamais experimentou. A força da religião popular nessa época foi demonstrada pela carreira de Santa Joana d'Arc (1412-1431) que veio em auxílio do povo quando os líderes o abandonaram, mas o trágico fim de sua missão também demonstra quão fraco e subserviente aos poderes temporais se tornara a igreja francesa.

O mesmo insucesso pode ser visto na ascensão de novas heresias na Inglaterra e na Boêmia. O poema de William de Langland, *Piers Plowman*, revela a profundidade da religião popular no século XIV. Embora escreva como um fiel católico, desespera-se com o estado da Igreja, contudo, não é ao papado ou às ordens religiosas, mas ao rei e à câmara dos comuns que pede auxílio. Ao mesmo tempo, o movimento reformista na Inglaterra expressou-se pela primeira vez numa forma revolucionária bem definida. O autor do movimento, John Wycliffe (1328-1384), foi em muitos aspectos uma típica figura do período da escolástica tardia em Oxford, onde se fizera mestre pelo Baliol College, em 1360. Alcançou notoriedade como porta-voz das injustiças nacionais em oposição ao papado.

Como principal porta-voz do clero em nome da política anticlerical de John de Gaunt (1340-1399), foi levado a entrar em conflito com os bispos, e, por fim, com o papado, que condenou as opiniões de Wycliffe, em 1377. Desde então, desfrutou da proteção de John de Gaunt até a morte em 1384, e assim foi capaz de continuar a propagar suas ideias, que se tornavam cada vez mais inflexíveis e pouco ortodoxas. Na época de sua morte tinha rompido completamente com o catolicismo e dera aos seguidores, os "pobres pregadores", uma provisão de princípios heréticos que foram sendo desenvolvidos nos anos subsequentes. Negava a supremacia do papado e a divina autoridade da Igreja hierárquica, uma vez que a verdadeira igreja é a assembleia dos predestinados e ninguém pode saber, com certeza, quem são tais membros. Defendia que a única regra de fé infalível deveria ser encontrada nas Escrituras, as quais todos deveriam interpretar e que deveriam estar à disposição de todos os homens nas próprias línguas vernáculas. Wycliffe insistia que a doutrina da transubstanciação não tinha base nas Escrituras e que o sacrifício da missa não era uma instituição divina. Acima de tudo, e este era o ponto inicial de sua doutrina, a Igreja não tinha direito a ter propriedade alguma, e o poder temporal tinha o direito de apropriar dos bens e corrigir os delitos do clero.

A propagação das ideias de Wycliffe foi suprimida ou levada à clandestinidade pela política repressiva da nova dinastia Lancaster, no início do século XV, mas estava destinada a exercer um impacto profundo do outro lado da Europa, por intermédio da obra de Jan Hus e Jerônimo de Praga (1379-1416). A Boêmia desfrutara um período de grande prosperidade no século XIV durante o governo da Casa de Luxemburgo, e a Universidade de Praga se tornara o maior centro de estudos da Europa Central, mas a prosperidade do reino também o conduziu a um relacionamento mais próximo com a Alemanha e o restante da Europa, de modo que a Universidade se tornou um centro para influências estrangeiras. Ao longo do século, no entanto, o sentimento nacional tcheco se afirmou, e o início de uma literatura em língua vernácula começou a surgir. Esse movimento teve como ponto central as demandas por reformas da Igreja, que fora corrompida, moral e financeiramente, no período de Avignon.

Tal movimento reformista encontrou expressão na pregação em vernáculo e nos escritos de Jan Milíč (†1374), Tomáš de Štítný (1333-1405) e Matěj de Janova (1350-1393). No início, era totalmente ortodoxo, embora tenha originado alguma oposição entre o clero, especialmente entre os clérigos de origem alemã. No início do século XV, todavia, o novo líder dos reformadores, Jan Hus, veio a ser influenciado por Wycliffe e, daí em diante, o movimento de reforma começou a se identificar com as doutrinas de Wycliffe, a personalidade de Hus e a causa do nacionalismo tcheco. Primeiramente, o apoio do rei Venceslau IV (1361-1419) permitiu a Hus continuar sua obra e que tornasse a Universidade de Praga o centro de seus ensinamentos. Em 1415, no entanto, diante da oposição dos bispos, apelou para o Concílio Geral que acabara de se reunir em Constança e apresentou-se para defender a própria causa. Em que pese o salvo-conduto concedido pelo imperador Sigismundo (1368-1437), o Concílio levou-o a julgamento, o condenou e executou como herege. Assim, o líder do movimento reformista foi levado à morte pelo Concílio reformista.

Na Boêmia, Hus foi visto como mártir, e todo o povo tcheco se mobilizou em defesa de sua doutrina, conduzida pela Universidade de Praga, de onde os alemães tinham sido expulsos.[5] E quando o imperador Sigismundo sucedeu ao trono na morte do irmão, o rei Venceslau, os tchecos levantaram armas contra o homem que traíra seu herói nacional. É verdade que não estavam unidos, já que os princípios hussitas de julgamento privado e livre interpretação da Escritura tendiam, naturalmente, a produzir divisões, que iam dos utraquistas,[6] católicos dissidentes que exigiam somente a reforma da

---

[5] Devemos notar que Jan Hus e os reformadores tchecos diferem tanto de Wycliffe como dos protestantes ao insistir na doutrina da Real Presença e na importância que conferem ao sacrifício do altar.

[6] Facção mais moderada dos hussitas, que acreditavam na comunhão *sub utraque specie*, ou seja, "em ambas as espécies". Por fim, se uniram novamente à Igreja Católica. (N. T.)

Igreja e o direito do laicato de receber o cálice na Santa Comunhão, aos taboritas, que adotaram os princípios de Wycliffe da maneira mais rigorosa e tentaram estabelecer a lei do Evangelho e a regra dos santos pela espada; ao passo que fora dessas duas facções principais havia uma grande variedade de extremismo sectário, como na Inglaterra sob a *Commonwealth*. Não obstante, estavam suficientemente unidos sob o comando dos grandes líderes taboritas, Jan Žižska (1360-1424) e Andreas Prokop (1380-1434), para repelir, triunfantes, por onze anos, as sucessivas cruzadas lançadas contra eles por Sigismundo e a Igreja. Assim, pela primeira vez, a unidade na cristandade ocidental fora quebrada por um movimento que era religioso tanto como era nacionalista, e que prefigurou a revolta do povo alemão no século seguinte. Mesmo assim, o aviso foi desconsiderado pela Igreja ocidental e o período final da Idade Média, de 1440 a 1520, foi absorvido em problemas muito diferentes.

Quando o papado, restaurado na pessoa do papa Martinho V, finalmente voltou de Constança para Roma, em 1420, regressou para um mundo novo. Saíra do mundo dos escolásticos para o dos humanistas, do mundo das monarquias feudais para o das Cidades-Estado. Saíra das sombras outonais do Norte godo para a primavera da Renascença italiana.

Ao mesmo tempo, o papado foi confrontado com um novo conjunto de problemas. Tinha de lidar não só com as questões eclesiásticas teóricas que foram suscitadas pelo Conciliarismo, mas com o problema concreto de consagrar sua posição na vida política, ferozmente competitiva, dos Estados italianos. E, enquanto o Concílio de Constança esteve preocupado com os perigos de uma nova heresia hussita que emergira na Boêmia, o papado se defrontava com um perigo mais formidável: a conquista turca, que lançou sombra sobre o mundo mediterrâneo. Essa era uma questão de vida ou morte para as grandes repúblicas marítimas italianas que viviam do comércio com o Mediterrâneo Oriental e as colônias no Mar Egeu e no Mar Negro.

Grécia e Egeia eram, nesse momento, um mosaico de Estados gregos e italianos com florentinos em Atenas, venezianos em Creta e genoveses em Constantinopla e na Crimeia. As condições nunca tinham sido tão favoráveis para a junção da cristandade grega e latina, uma vez que os imperadores bizantinos estavam não menos ansiosos que os papas para pôr fim ao cisma entre as Igrejas que era o maior obstáculo ao estabelecimento de uma frente comum contra os turcos.

A realização dessa união era a primeira tarefa do papado restaurado, e a condução dessa questão foi bem-sucedida no Concílio de Florença, em 1439,[7] pelos esforços conjuntos, por um lado, do imperador bizantino João VIII Paleólogo (1392-1448), apoiado pelo arcebispo Bessarion de Niceia (1403-1472) e o arcebispo Isidoro de Kiev (1380-1463), e do outro, do humanista florentino Ambrogio Traversari O.S.B. Cam. (1386-1439). Do ponto de vista político, a união com Florença foi um erro, já que chegou tarde demais para impedir o perigo turco, e os esforços dos papas, sobretudo de Calisto III (1378-1458) e de Pio II (1405-1464), de organizar uma última cruzada, terminou em fracasso e desilusão.

A união eclesiástica também provou ser prematura. Apesar de, oficialmente, ter sobrevivido até a conquista turca de Constantinopla em 1453, foi veementemente rejeitada pela grande maioria dos cristãos bizantinos. Preferiam até mesmo o governo turco a união com o papado. Diziam: "Melhor o turbante do profeta que a tiara do papa". No entanto, do ponto de vista cultural, a reunião temporária foi mais significativa, já que ajudou a estreitar o elemento helênico na Renascença e levou para a Itália alguns dos líderes da cultura bizantina tardia, como o cardeal Bessarion, grande intelectual e eclesiástico que poderia ter sido eleito papa em 1455, não fosse pela oposição por parte dos franceses, proclamada, muito adequadamente, pelo cardeal de Avignon.

---

[7] Marcos de Éfeso (1392-1444) foi, na verdade, o único bispo que se recusou a assinar o documento.

O insucesso da união das Igrejas e do movimento de resgate do Oriente cristão foi um grande infortúnio para a Igreja, já que essa foi a única questão que poderia ter, mais uma vez, unido a cristandade sob a liderança do papado e lhe dado o poder de transcender a pequena política dos principados italianos. Vemos isso na vida de Pio II, que governou a Igreja de 1458 a 1464, e que era um típico representante da nova cultura da Renascença, o humanista dos humanistas, o primeiro – e, talvez, o único – escritor de romances populares eleito papa e o único papa a escrever uma autobiografia.[8] No momento em que se tornou papa, contudo, lançou-se de corpo e alma na causa da cruzada e dedicou todas as forças e eloquência no afã de superar as divisões do Ocidente e unir a cristandade em um esforço comum. Seu empenho não se limitou às palavras. Tomou, ele mesmo, a cruz e, embora estivesse para morrer, viajou à Ancona para lançar pessoalmente a cruzada.

Com o desvanecimento da última esperança de unir o Ocidente e salvar a cristandade oriental, o papado ficou cada vez mais absorto na pequenez do mundo da política italiana. Não restam dúvidas que os papas da Renascença eram generosos patronos das artes e da literatura, mas igualmente o eram os príncipes italianos, e quanto mais êxito tinha o papado em afirmar seu poder e prestígio temporais, mais se assemelhava aos demais principados italianos. Os perigos da secularização nunca foram tão grandes como no fim do século – quando Alexandre VI (1431-1503) e seu filho Cesare Bórgia (1475-1507) dominavam a cena e o protesto dos reformadores

---

[8] O romance de sua autoria, *Lucrécia e Euríalo*, escrito na ocasião em que serviu como diplomata em Viena, em 1444, foi extremamente popular e traduzido para o inglês no século XVI. [Somente no final do século XX, temos notícia de papas escrevendo autobiografias, como no caso de João Paulo II e de Bento XVI. O primeiro escreveu os livros autobiográficos *Dom e Mistério* (Paulinas, 1996), *Levantai-vos! Vamos!* (Planeta, 2004) e *Memória e Identidade* (Planeta, 2005), ao passo que o segundo é autor de *Lembranças da Minha Vida* (Paulinas, 2006), uma autobiografia parcial, escrita enquanto ainda era arcebispo de Munique. (N. T.)]

italianos foi silenciado pela execução de Girolamo Savonarola (1452-1498). Parecia que o período de infortúnio do século X estava retornando, quando o papa se tornou presa das facções locais entre os nobres sem lei na Campagna. Tal situação chegara ao fim com a intervenção dos imperadores germanos e por conta da reforma do monaquismo no Norte da Europa. Nesse momento, mais uma vez, os exércitos do Norte invadiram a Itália e as rivalidades e ambições dos principados italianos foram obscurecidas e absorvidas por um conflito mais amplo entre as grandes potências europeias. Novamente, um movimento de reforma religiosa surgiu no Norte, mas dessa vez era um movimento de revolução religiosa que subverteu as bases da ordem medieval e da unidade católica.

Capítulo 3 | A Renascença

Há uma tendência entre os historiadores modernos de minimizar a importância da Renascença e seus efeitos na cultura europeia. Muitos deles sustentam que não foi tão original nem tão influente quanto acreditávamos. Existe, por um lado, uma reavaliação da contribuição medieval à ciência e ao pensamento, por exemplo, como a feita por Lynn Thorndike (1882-1965),[1] e, por outro, uma reação ao conceito de Renascença de Jacob Burkhardt (1818-1897)[2] como o marco do surgimento do mundo moderno e da autodescoberta do homem moderno.[3]

O conceito de Renascença como um marco temporal das mudanças na cultura ocidental, contudo, não se deve a Burkhardt (que escreveu em 1860). É um lugar-comum dos autores iluministas e seus predecessores, os autores do *Grand Siècle*. Também fora aceito como parte da visão protestante da história, por exemplo, nos Estados Unidos pelos puritanos e, anteriormente, na Europa do século XVI.

---

[1] Dentre as inúmeras obras do autor, ver, principalmente, os seguintes livros: Lynn Thorndike, *The Place of Magic in the Intellectual History of Europe*. New York, Columbia University Press, 1905; Idem, *The History of Medieval Europe*. Boston, Houghton Mifflin Company, 1917. (N. T.)

[2] Jacob Burkhardt, *A Cultura do Renascimento na Itália: Um Ensaio*. Intr. Peter Burke; Trad. Sérgio Tellaroli. São Paulo, Companhia das Letras, 2009. (N. T.)

[3] Ver, em particular, o seguinte artigo: Lynn Thorndike, "Renaissance or Prenaissance". *Journal of the History of Ideas*, vol. 4, n. 1, 1943, p. 65-74. (N. T.)

> Trevas inacreditáveis pairavam sobre a porção ocidental da *Europa* há duzentos anos: o *saber* foi totalmente engolfado na *barbárie*. Quando os *turcos* incursionaram e chegaram até as Igrejas Gregas e as forçaram a obedecer-lhes, muitos sábios gregos, com manuscritos e monumentos, migraram para a *Itália* e para outras partes da *Europa*. Isso ocasionou, aí, a renovação das *Letras*, que também preparou o mundo para a reforma da religião e, desde então, para os *avanços da ciência*.[4]

Quando um ponto de vista adquire tamanha aceitação, não pode ser facilmente descartado, já que, ele mesmo, se tornou parte da história. Assim, não acredito ser possível negar que europeus cultos estivessem conscientes de que uma grande mudança transpusera a cultura europeia nos séculos XV e XVI – o que pode ser chamado de uma *revolução* cultural, e que isso não foi uma ilusão, mas um fato histórico. Ademais, estavam corretos em acreditar que tal mudança sucedera na Itália, já no século XIV, e que fora transmitida para o restante da Europa Setentrional, gradualmente e, talvez, de maneira bastante lenta, de modo que o impacto no Norte tendeu a coincidir com outra grande mudança – a da Reforma Protestante – cujo resultado foi a tendência, em alguns casos, especialmente na Alemanha, de se confundirem.

Visto que o ponto de vista tradicional da Renascença como o marco de um período da cultura ocidental é correto, a explicação tradicional da Renascença como a responsável pelo reaparecimento do estudo do grego e de tal estudo ter sido ocasionado pela tomada de Constantinopla pelos turcos, não só é inadequada, mas fundamentalmente errônea. Nesse particular, por fim, a crítica histórica moderna exerceu papel essencial ao ampliar e aprofundar nossa compreensão do que foi a Renascença e por que ela teve uma influência tão revolucionária na cultura ocidental.

A Renascença não foi meramente um revivescimento dos estudos clássicos, como nossos predecessores acreditavam. Foi a chegada de

---

[4] Perry Miller, *The New England Mind: The 17th Century*. Cambridge, Harvard, 1954, p. 97.

uma nova cultura – um novo modo de vida – que possuía profundas raízes no passado e que estivera em desenvolvimento por séculos no mundo mediterrâneo, antes que chegasse à plena expressão na Itália do século XV.

1 - A RENASCENÇA NA ITÁLIA

Essa nova cultura era urbana, como fora a cultura tradicional dos mundos helenístico e romano, que nunca se adaptara totalmente ao Norte da Europa. Foi nesse local que foram lançados os fundamentos da cultura medieval pela cultura carolíngia, essencialmente agrária e criação da Igreja e da nobreza territorial. Mesmo após o século XI, quando novas cidades e comunas começaram a se espalhar no Norte, tal fato não alterou o caráter predominantemente rural da cultura feudal nortista, que sobreviveu à própria Idade Média. Na Itália, todavia, as cidades nunca desapareceram. Cidades marítimas como Veneza, Pisa, Amalfi e Gênova conservavam os laços com o mundo bizantino. O comércio estimulou o crescimento de comunas e as cidades livres da Lombardia e da Toscana, que se tornaram, cada vez mais, os centros vitais da sociedade italiana. Nelas, pela primeira vez na história da Europa medieval, surgiu uma verdadeira sociedade urbana, totalmente distinta da hierarquia feudal e territorial do Norte.

Não há dúvida de que ainda existia a nobreza, mas não era mais um poder territorial independente como no Norte. Fora levada à cidade e exercia seu papel na luta de classes e na política partidária nas repúblicas das cidades-estado, como na Grécia antiga, até, gradualmente, perder o monopólio do poder político e mesmo os privilégios sociais. De fato, as cidades-estado italianas na Baixa Idade Média pareciam cidades-estado do mundo helenístico pelo vigor da vida civil doméstica e pela intensidade da rivalidade política e econômica. Assim como as cidades helênicas, tais cidades se expandiram em colônias e entrepostos por todo o Mediterrâneo Oriental e pelo Mar Negro, a começar por portos nos estados cruzados na Síria e perduraram até a partição do próprio Império Bizantino, após a quarta cruzada. Por fim, os venezianos controlaram as ilhas Jônicas, o Mar Egeu e a Ilha de Creta, ao passo que os genoveses se estabeleceram em Constantinopla (na colônia de Gálata), na Crimeia e em Tana, no Mar de Azov. Até Atenas se tornou uma colônia italiana durante o período dos duques florentinos de Atenas, no século XIV.

Dessa maneira o caminho estava aberto para um novo contato entre as culturas grega e italiana, e enquanto a Ásia Menor e os Balcãs foram, de maneira gradual, devastados pelos turcos, sobretudo Veneza, Florença e Roma, foram as cidades italianas, e não a Rússia e outros territórios ortodoxo-orientais, que ofereceram um abrigo natural para os exilados bizantinos e mantiveram vivas as tradições da sabedoria bizantina e da literatura clássica grega. Até esse ponto há certa justificativa para a antiga lenda dos elos entre Renascença e a queda de Constantinopla em 1453. Comparativamente, contudo, esse era um fator menor, e a Renascença, como um todo e em essência, era o resultado de um processo cultural, cujas raízes estavam fincadas em um ambiente especificamente italiano.

Foi na cidade italiana, sobretudo nas repúblicas autogovernadas como Florença, que surgiu a oportunidade para a ascensão de uma nova classe de leigos instruídos que possuíam direitos políticos e um senso de cidadania não muito diferente do que existira no mundo helênico clássico.

Na importante obra *The Crisis of the Early Italian Renaissance*[5] [A Crise da Primeira Renascença Italiana], Hans Baron (1900-1988) mostrou que, primeiramente, esses ideais civis encontraram plena expressão no momento em que a República Florentina lutava com Milão

---

[5] Hans Baron, *The Crisis of the Early Italian Renaissance: Civic Humanism and Republican Liberty in an Age of Classicism and Tyranny*. Princeton, Princeton University Press, 1955. 2v.

para preservar a liberdade, no final do século XIV (1390-1402). Foi o grande humanista Leonardo Bruni (1370-1444), quem posteriormente viria a ser historiador de Florença e chanceler da República, que deu a tais ideias uma feição clássica. Tal tentativa de manter a liberdade da Itália, no início, por uma aliança de repúblicas e, posteriormente, por um sistema de equilíbrio de poder, conseguiu unir todos os Estados Italianos na "Liga Sagrada" de 1454-1455. Tal episódio lançou as bases para a cultura renascentista subsequente, uma cultura que transcendeu as fronteiras políticas e se tornou comum a todo o mundo italiano de repúblicas e principados, dentre eles, a Roma papal e o reino de Nápoles.

Durante o tempo em que tal sistema perdurou, ofereceu uma oportunidade maravilhosa para homens de talento extraordinário, cujos serviços eram avidamente cobiçados pelas cortes e cidades rivais e cuja liberdade de escolha era quase ilimitada. Foi essa oportunidade de liberdade individual, talvez não para o cidadão comum, mas para uma elite intelectual de eruditos e artistas, que se tornou a nota distintiva da cultura da Renascença.

Na sociedade medieval, assim como no moderno Estado tecnocrático, a posição de uma pessoa dependia da função que ocupava. Fosse artesão ou escriturário, monge ou soldado, a pessoa estava estritamente vinculada à ordem da guilda, da universidade e da ordem religiosa. Na nova sociedade renascentista, no entanto, era o indivíduo que tentava afirmar a liberdade da própria personalidade para concretizar todas as possibilidades de crescimento. Dessa maneira, o artista não permanecia vinculado à guilda, mas aspirava ser um "gênio", e o mesmo ocorria com o homem de letras, que não se satisfazia em ser professor, e com o político, um artista dos assuntos de Estado. Ora, a ideia corporativa medieval era, sem dúvida, mais cristã, visto que fora conscientemente inspirada no ideal paulino de uma unidade orgânica em que cada função, mesmo a mais humilde, tem um papel a exercer a serviço do todo. A ideologia renascentista, contudo, também possuía um aspecto religioso, já que fora inspirada pelo ideal cristão da dignidade da natureza humana e da grandeza de cada alma individual – ideais constantemente reiterados por pensadores do período, de Giovanni Pico della Mirandola (1463-1494) a Tommaso Campanella (1568-1639).

Ao mesmo tempo, a Renascença introduziu um novo conjunto de valores ideais (ou definiu um valor ideal para as atividades humanas) que não eram necessariamente seculares, mas eram, em essência, naturais e pertenciam à esfera da livre atividade humana. Sem dúvida, o tomismo já preparara o caminho para a introdução da ética e da ideia de contemplação intelectual aristotélicas como o bem supremo do homem. No tomismo, todavia, tais valores estavam em subordinação estrita aos fins religiosos e sobrenaturais, ao passo que os humanistas os viam como fins em si mesmos e lhes conferiam significado autônomo. Assim, surgiram os ideais de "puro conhecimento", "pura arte" e "pura ciência", que vieram a ter enorme importância para o progresso da cultura moderna.

Foi, sobretudo, por intermédio da educação que a nova cultura encontrou o principal canal de difusão. Desde o final do século XIV, as cidades italianas reviveram o ideal grego originário de *paideia* – a educação liberal como preparação necessária para a vida civil – e começaram a estudar novamente a antiga literatura educacional, a começar por Marco Túlio Cícero (106-43 a.C.) e Marco Fábio Quintiliano (35-95 A.D.), terminando com Isócrates (436-336 a.C.) e Platão (427-347 a.C.). Esse reflorescimento humanista foi de imensa importância na história da educação ocidental. Lançou as bases da cultura moderna, não somente pelo saber clássico e a redescoberta dos gregos, mas, lançou-as ainda mais pelos novos ideais de vida e educação que desenvolveu. Nos círculos humanistas das pequenas cortes italianas em Urbino, Mântua ou Ferrara, bem como em Florença, Nápoles e Roma, cresceu um ideal de cultura baseado no desenvolvimento harmonioso do corpo e da mente em todos os campos de ação. Tal "homem universal", como Leon Battista Alberdi (1404-1472), ele mesmo atleta, filósofo, arquiteto, poeta, artista e cientista, era um produto característico da Itália do século XV e foi esse novo tipo de homem de múltiplas qualidades superiores que tomou o lugar dos ideais medievais de nobreza, como o modelo do cavalheiro europeu e do cortesão, no período seguinte. A vida era concebida, não da maneira medieval como luta e peregrinação, mas como belas-artes, em que nenhuma oportunidade para o saber e o gozo deveria ser disperdiçada. É essencialmente o ideal aristocrático, e provocava o incremento das diferenças de classe e a perda daquela unidade de perspectiva que unia um rei medieval, como São Luís IX de França (1214-1270), com o mais humilde dos súditos. Não obstante, de modo limitado, o ideal renascentista tendia para a igualdade social, uma vez que o erudito e o artista, nesse momento, se igualavam aos príncipes, como nunca fora o caso do nobre medieval e o artesão da guilda.

Ademais, devemos sublinhar que o objetivo da educação humanista não era, de modo algum, reviver o paganismo, pois todos os que escreveram sobre educação, do tratado *De Ingenius Moribus ac Liberalibus Studiis* (1400-1402) de Pier Paolo Vergerio (1370-1444), o Velho, a obra *De Liberis Recte Instituendis* (1531) do cardeal Giacomo Sadoleto (1477-1547), aceitavam plenamente a visão cristã tradicional do lugar da religião na educação. A educação liberal era a educação do gentil-homem ou do cidadão cristão e de modo algum rejeitava a supremacia da Ética e Teologia cristãs.

Os grandes educadores humanistas, como Leonardo Bruni, Guarino de Verona (1374-1460), Vittorino da Feltre (1378-1446) e Vergerio, também eram cristãos piedosos que desejavam unir a cultura intelectual e estética do helenismo com os ideais espirituais do cristianismo. Uma expressão espantosa da maneira como abordavam a educação pode ser vista na seguinte passagem de Leonardo Bruni:

> Sabemos, no entanto, que em determinadas áreas da cidade – onde está ausente todo o conhecimento e estima pelas Letras – toda a atividade da literatura, que traz em si a marca do divino e, portanto, está

apta a ocupar as posições mais elevadas, é sentenciada como indigna de estudo. Quando recordamos, todavia, o valor da melhor poesia, o encanto da forma, a variedade e o interesse de seu significado temático, quando consideramos a facilidade com a qual, desde a tenra infância, pode ser decorada, quando recordamos a afinidade peculiar do ritmo e da métrica com nossas emoções e inteligência, devemos concluir que a própria natureza é contrária a tais críticas precipitadas. Não sentimos, por diversas vezes, um enlevo súbito n'alma quando irrompe, no Ofício Solene da Missa, a passagem "*Primo dierum omnium*"? Não é difícil, então, compreender o que os antigos pretendiam expressar quando afirmavam que a alma é ordenada em relação especial com os princípios da harmonia e do ritmo e, por essa razão, certamente não é tocada por nenhuma outra influência de maneira tão apropriada. Por isso creio ter minha convicção em base segura; isto é, que a poesia exerce, por nossa própria constituição, uma atração mais forte que qualquer outra forma de expressão, e que quem quer que a ignore ou seja indiferente a tão valoroso auxílio, ao conhecimento e a tal fonte deveras nobilitante de prazer, não pode, de modo algum, ter o direito de ser chamado de educado.[6]

Esse ideal humanista de educação, no entanto, representa uma reação veemente à educação exclusivamente dialética das universidades, e isso tendeu a conflitar com a filosofia e a teologia escolásticas. Nunca foi uma educação exclusivamente de leigos, mas levou a um dualismo entre os dois sistemas educacionais, entre os estudos literários e a filosofia, e entre o humanista e o teólogo. E tal dualismo, sem dúvida, contribuiu para a quebra da unidade da cristandade, ainda que, é claro, esteja longe de coincidir com o dualismo religioso entre a Europa católica e a protestante.

No conjunto, os séculos XIV e XV não foram um período irreligioso na Itália. Viu grandes santos como a já citada Santa Catarina de Siena, São Bernardino de Siena (1380-1444) e Santo Antonino de Florença

---

[6] Leonardo Bruni D'Arezzo, "*De Studiis et Litteris*" (1405). In: W. H. Woodward, *Vittorino da Feltre and Other Humanist Educators: Essays and Versions*. Cambridge, Cambridge University Press, 1912, p. 130-31. (N. T.)

(1389-1459), que não viviam uma vida puramente contemplativa, mas tiveram um papel ativo na vida social e política da época. Alguns dos eruditos e artistas do século XV foram homens profundamente religiosos, como o já citado Ambrogio Traversari O.S.B. Cam. de Florença e o beato Fra Angelico de Fiesole (1387-1455). De fato, a arte da Renascença, especialmente, o estilo pré-rafaelita, é o principal canal pelo qual a iconografia e o simbolismo cristãos em voga no período foram transmitidos ao mundo moderno. Mesmo os estilos mais extremos de ascetismo e piedade medievais, como representados pela reforma de Savonarola, evidentemente, foram um potente atrativo para a Florença do século XV e exerceram profunda influência em alguns dos mais notáveis representantes da cultura renascentista, como Sandro Botticelli (1445-1510), Pico della Mirandola e até mesmo Angelo Poliziano (1454-1494).

Sem dúvida, apesar disso, a ascensão de uma nova cultura laica na Itália foi acompanhada pelo crescimento do secularismo, e mesmo do anticlericalismo, nas cidades-estado italianas. Isso remonta à Idade Média, como vemos no caso de Frederico II (1194-1250) da Germânia e seus partidários, e o pensamento de Marsílio de Pádua no início do século XIV.

Até agora, pouco falamos a respeito de arte, escultura e arquitetura na Renascença e, no entanto, é no artista, mais que no erudito ou no cortesão, que a Renascença Italiana encontra a sua mais completa expressão. Nunca houve uma sociedade, nem mesmo a da Grécia antiga, que fosse tão fundamentalmente uma sociedade de artistas. O ponto de vista estético era dominante em todos os aspectos da vida. Mesmo um realista político como Nicolau Maquiavel (1469-1527) estimou a carreira de Cesare Bórgia com a apreciação estética de uma obra-prima da arte por um amador. A concepção de virtude perdera a conotação moral e era igualmente aplicada para indicar a excelência do artista e do estadista.

A arte da Renascença não era, no entanto, atribuível à influência direta da Antiguidade, como a cultura literária dos humanistas.

Tinha raízes que remontavam à Idade Média – na pintura monumental da escola de Giotto di Bondone (1266-1337) e na escultura monumental do renascimento do século XIII. A arte da ourivesaria de Florença, de escultores como Lorenzo Ghiberti (1378-1455), Donatello (1386-1466) e Andrea del Verocchio (1435-1488), e de pintores como os irmãos Piero del Pollaiuolo (1443-1496) e Antonio del Pollaiuolo (1429-1498), e Domenico Ghirlandaio (1449-1494), ainda eram muito medievais, e na escultura deviam muito à antiga tradição gótica francesa. A arte gótica do Norte já tinha assumido um caráter fortemente realista, de modo que não era somente na Itália que os homens buscavam os modelos na natureza. O avanço da arte na Itália no século XV se deveu a dois fatores: a influência da observação científica, em especial do estudo da perspectiva e da anatomia, e a renovação do estudo da arte clássica, sobretudo da arquitetura romana e da escultura helenística. Por isso, o naturalismo da Renascença não era uma reprodução externa de impressões da vida real, como no Norte; visava um conhecimento mais profundo da natureza tendo por base o estudo das leis dos objetos, do espaço e do organismo humano. Tanto na arte quanto na arquitetura houve a tentativa de tornar real o ideal clássico de harmonia e proporção, a união rítmica de forma e ideia, de cor e emoção numa unidade viva.

Permanece, contudo, uma dupla tradição na arte da Renascença. Por um lado, temos a perfeição clássica de Rafael Sanzio (1483-1520), em que o ideal de harmonia e proporção é completamente realizado; em contrapartida, vemos a arte titânica de Michelangelo (1475-1564) com incansável vigor e emoções apaixonadas, uma precursora da arte barroca no período seguinte.

A arte da Renascença, simplesmente, não tomou por empréstimo a ciência da época. Foi, ela mesma, uma grande força criadora no mundo do pensamento, e os artistas foram precursores dos grandes cientistas e filósofos do século seguinte.

Foi Leonardo da Vinci (1452-1519), o maior dos "homens universais" da Renascença, quem primeiro concebeu a plena possibilidade de aplicação da ciência à vida. "Necessidade", diz, "é (...) a eterna lei da natureza", e ao se submeter a tal lei pelo trabalho e pela experimentação, "intérprete entre o homem e a natureza", tudo se torna possível ao homem.

Estava interessado, sobretudo, na aplicação da matemática a finalidades práticas na ciência da mecânica. "Ó alunos", diz, "estudem matemática e não erijam edifícios sem fundamentos"; e prenunciou inúmeras invenções modernas nos seus modelos e planos, em especial a máquina voadora e o helicóptero. Não foi menos original no estudo da Terra e do homem. Foi o primeiro geólogo e anatomista moderno, bem como botânico e astrônomo. Na visão ampla das possibilidades da ciência e nos feitos comparativamente modestos e fragmentários, Da Vinci foi um modelo da própria época, falha em resultados positivos, apesar de muito prolífica em gênio – as palavras de Giorgio Vasari (1511-1574) se aplicam a Leonardo: o amor ao conhecimento era tão grande que a própria obra foi obstruída pelo desejo.

2 - A RENASCENÇA DO NORTE: ERASMO DE ROTERDÃ

Entrementes, no Norte da Europa, não havia progresso comparável na vida social nem na intelectual. É verdade que a vida urbana progrediu no Norte, assim como na Itália, em especial nos Países Baixos, no Sul da Alemanha e ao longo do Rio Reno. Nas artes industriais e na nova arte da tipografia, essas cidades, muitas vezes, estavam mais adiantadas que os italianos. Nos assuntos intelectuais e sociais, no entanto, esse não era o caso. As cidades italianas dominavam a totalidade da cultura italiana. As cidades do Norte ainda eram ilhas numa sociedade predominantemente rural comandada por nobres e clérigos.

A liderança cultural da Europa Setentrional nesse período estava nas mãos do governo da Borgonha, comparável ao ducado de Milão em riqueza e prosperidade das cidades e no brilhantismo do desenvolvimento artístico. No entanto, essa cultura burgúndia, que foi muito bem descrita pelo dr. Johan Huizinga (1872-1945) na obra, de 1919, *Herfsttij der Middeleeuwen* [O Outono da Idade Média][7] estava muito longe da nova cultura da Renascença italiana. Era uma cultura de corte, de príncipes e nobres feudais, que ainda cultivava os ideais medievais de cavalaria, muitas vezes de maneira exagerada, como na inauguração da Ordem do Tosão de Ouro (1429) e o famoso banquete de 1454, quando Filipe III (1396-1467), o Bom, e os cavalheiros da Ordem repetiram, pela última vez, a cerimônia do solene juramento cruzado. Assim também, a Inglaterra de sir Thomas Mallory e a Guerra das Duas Rosas (1455-1485) ainda se reportava a um mundo medieval romantizado que já estava morto. A tradição viva da arquitetura gótica, contudo, continuou a florescer até o século XVI, e algum dos mais admiráveis exemplos da grande tradição inglesa da arquitetura eclesiástica pertencem ao período imediatamente precedente à Reforma Protestante, tais como as igrejas paroquiais da Ânglia Oriental, a magnificência da capela do King's College em Cambridge e a capela de St. George em Windsor. E a mesma persistência e vitalidade da tradição medieval é vista na extravagante arquitetura tardia da França e da Borgonha.

Dessa maneira, o Norte gótico não tinha necessidade de reviver as artes se voltando para a Itália. A pintura flamenga não era menos avançada que a italiana, e a arquitetura gótica tardia do Norte era uma tradição popular mais viva que a nova arquitetura clássica da Itália. Em contrapartida, no campo da educação, o Norte tomava ciência do atraso cultural e estava pronto a aceitar certo grau de orientação dos mestres humanistas italianos.

---

[7] Johan Huizinga, *O Outono da Idade Média*. Trad. Francis Petra Janssen. São Paulo, Cosac Naify, 2010. (N. T.)

A necessidade era maior na educação do laicato, como escreveu Enéas Sílvio Piccolomini, futuro papa Pio II, após as experiências na Alemanha, por volta de 1444:

> A literatura viceja na Itália e os príncipes não temem ouvir e, eles mesmos, conhecer poesia. Os príncipes germanos, entretanto, prestam mais atenção a cavalos e cães que a poetas, negligenciam as artes e morrem esquecidos como os próprios animais.[8]

Não há dúvida que havia casos excepcionais de aristocratas cultos, como Humphrey de Lancaster (1390-1447), duque de Gloucester e o conde palatino Frederico I (1370-1428) de Wettin, que foram suficientemente educados para interessarem-se pela cultura italiana. No geral, contudo, a educação no Norte da Europa ainda permanecia, como na Idade Média, quase um monopólio do clero – como demonstra, na língua inglesa, o uso da palavra "*clerk*"[9] para quem quer que escreva. As universidades, embora estivessem aumentando, de modo constante, em número e tamanho, ainda permaneciam totalmente medievais na organização e no currículo. Eram a grande fortaleza do saber antigo e se tornaram o alvo favorito dos ataques humanistas por conta do latim incorreto, pela lógica estéril de minúcias insignificantes e por negligenciar a literatura clássica.

Em que pese a crescente atração exercida pela nova cultura italiana nos homens de erudição e nos homens de letras do Norte da Europa, a força motriz da cultura e da educação nortistas não era puramente literária. Ainda se inspirava nas ideias religiosas que dominaram a cultura medieval desde o século XI, mesmo que não encontrassem mais expressão típica na reforma do movimento monástico que fora tão potente na época de São Bernardo de Claraval e São Francisco de Assis (1182-1226).

---

[8] Citado em: Denys Hays, *The Italian Renaissance*. New York, Cambridge University Press, 1961, p. 191.

[9] A palavra *clerk* em inglês, além de clérigo, significa escriturário, escrevente, copista ou qualquer ofício que lide com papéis e escrita. (N. T.)

Durante a Baixa Idade Média, esse movimento de reforma religiosa na Europa Setentrional fundou um novo centro nos Países Baixos, no qual Geert Groote (1340-1384), um discípulo do grande místico, o beato Jan van Ruysbroeck de Groenendaal (1239-1381), em 1381, fundou uma comunidade de leigos chamada *Irmandade da Vida Comum*. Esse instituto se dedicava a ensinar e criar escolas livres. Alguns "irmãos" também adotaram a vida religiosa no sentido tradicional e fundaram um monastério agostiniano em Windesheim, perto de Zwolle, que se tornou o centro de um movimento ativo de reforma monástica. Esses dois movimentos relacionados se uniram para promover o que ficou conhecido como a *Devotio Moderna*, uma forma de espiritualidade que encontra sua expressão clássica na famosa *Imitação de Cristo*, obra de um membro dos monastérios do grupo de Windesheim, Tomás à Kempis. O autor era contemporâneo de Poggio Bracciolini (1380-1459) e dos grandes humanistas italianos, mas não demonstrava simpatia pelos ideais do novo saber; ainda aderia à tradição de São Bernardo e de Guillaume de Fécamp (962-1031), que encontraram inspiração no pietismo evangélico e não no misticismo especulativo. Opunha-se igualmente, contudo, ao espírito do antigo saber – ao intelectualismo dos filósofos escolásticos e às disputas infrutíferas das antigas universidades medievais.

Assim, a nova devoção da *Irmandade da Vida Comum* tinha algo em comum com o novo saber, e o fato da obra estar tão preocupada com educação, os levou, por fim, a se relacionarem com os humanistas. O grande precursor da Renascença no Norte da Europa, o cardeal Nicolau de Cusa (1401-1464), foi pupilo dos irmãos "*da Vida Comum*", embora fosse um espírito muito original e multifacetado para ser classificado como discípulo de qualquer escola. Tanto foi um grande reformador eclesiástico como um profundo metafísico, que combinou o misticismo teológico com o estudo da Matemática e da Física, algo na tradição de Roberto Grosseteste (1175-1253) e dos neoplatonistas do século XIII. Também foi estudioso dos clássicos, colecionador de manuscritos antigos, exercendo enorme influência nos líderes do humanismo e na reforma cristã na Europa Setentrional, como em Reuchlin na Alemanha, Lefèvre d'Etaples na França e no círculo dos humanistas cristãos holandeses que se reuniam no priorato de Adwerth perto de Gronigen, sob a liderança do prior Henry de Rys (1449-1485). Dentre os membros do grupo estava Wessel Gansfort (1419-1489), Rodolphus Agricola (1444-1485), Rudolf von Langen (1438-1519) e Alexander Hegius (1433-1498). Foi por intermédio desses homens que o novo saber entrou em relação com o trabalho educacional da *Irmandade da Vida Comum*, pois Alexander Hegius foi diretor de uma grande escola da *Irmandade* em Deventer de 1483 a 1498, aprendera o grego com Rodolphus Agricola e tornou-se, por sua vez, o professor de Konrad Mutianus Rufus (1470-1526) e de muitos outros estudiosos famosos, sobretudo, do grande Erasmo de Roterdã (1466-1536).

Erasmo, que provavelmente nasceu em 1466, passou os primeiros trinta anos de vida nas escolas da *Irmandade da Vida Comum* e no monastério de Steyn, que era parte da congregação de Windesheim, de modo que deve ser visto como o produto mais significativo dessa tradição. É verdade que nunca admitiu isso e demonstrou pouca gratidão aos seus primeiros professores. Não tinha vocação para a vida monástica e nenhuma simpatia pelos elementos medievais que ainda predominavam nas escolas da *Irmandade*. Era, em essência, um homem de letras e um individualista que valorizava, acima de qualquer coisa, a liberdade e o ócio. Primeiramente, encontrou uma atmosfera apropriada durante as visitas a Inglaterra em 1499, 1505 e de 1509 a 1514, onde se tornou membro íntimo do grupo de estudiosos e eclesiásticos, a saber, John Colet (1467-1519), Thomas More (1478-1535), o bispo John Fisher (1469-1535) e o arcebispo William Warham (1450-1532), patronos e pioneiros do novo saber na Inglaterra.

Foi nesses círculos que o espírito da Renascença italiana mais se aproximou do movimento de reforma religiosa no Norte da Europa.

John Colet acabara de visitar Florença quando entrou em contato com Marsílio Ficino (1433-1499) e a academia platônica; e a *St. Paul's School* (1509), que posteriormente fundou, foi um exemplo notável do mesmo espírito que levou a *Irmandade da Vida Comum* em Deventer a usar o novo saber a serviço do ideal da educação cristã.

Foi John Colet quem primeiro inspirou Erasmo com o ideal de dedicar seu saber aos estudos bíblicos e patrísticos, um programa fortalecido pela descoberta, em Louvain, de um manuscrito da importante obra *In Novum Testamentum Adnotationes*[10] do grande humanista Lorenzo Valla (1407-1457), que daria frutos significativos na tradução da edição grega do Novo Testamento, em 1516.

Assim, Erasmo, o maior humanista que a Europa Setentrional produzira, tornou-se o exponente de uma forma de humanismo cristão muito diferente do humanismo italiano da época. Esse movimento, que fora chamado de "humanismo bíblico", buscou reformar a religião pelo retorno às fontes, sobretudo ao Novo Testamento no original grego e, em segundo lugar, pelo estudo das obras dos Padres da Igreja. Como os humanistas italianos fizeram da Antiguidade Clássica um modelo de cultura e o único padrão de mérito artístico e literário, do mesmo modo, nesse momento, Erasmo, amigos e discípulos estabeleciam o ideal da Antiguidade Cristã como a contrapartida no plano espiritual e tornando-a o critério dos valores morais e religiosos.

Ademais, relacionavam os dois ideais ao demonstrar os elementos morais de cada um deles e ao considerar um como a preparação para o outro, de modo que os antigos filósofos, em especial Platão, devessem servir como guias e anunciadores do Evangelho. Igualmente, na Antiguidade Cristã, Erasmo prestou pouca atenção ao estudo

---

[10] A referida obra de Valla, cuja elaboração foi incentivada pelo cardeal Bessarion de Niceia e por Nicolau de Cusa, somente foi publicada em 1505. Aplicava os métodos de filologia humanista ao texto sagrado e, como seria esperado, recebeu a acusação de desrespeitar a tradução latina de São Jerônimo, o que fez com que, durante a Contrarreforma, a obra fosse posta no *Index*. (N. T.)

do dogma e se concentrou na sabedoria moral do Evangelho, o que chamou de "*Philosophia Christi*". E como os humanistas italianos tinham mostrado desprezo pelo latim incorreto e mau gosto da Idade Média, da mesma maneira, Erasmo dirigiu críticas à Igreja – não só porque substituíra os sistemas metafísicos dos escolásticos pela *Philosophia Christi*, mas porque desertara mais ainda a "simplicidade áurea" do ensinamento evangélico por uma multiplicidade de práticas devocionais, pelo culto aos santos e às relíquias, e pela proliferação de todos os tipos de práticas religiosas especiais, algumas das quais eram supersticiosas e todas, cria Erasmo, distraíam a razão dos cristãos para o que não era essencial.

Os ensinamentos de Erasmo a respeito desses assuntos tiveram ampla difusão nas décadas anteriores ao início da reforma luterana, e tiveram impacto em círculos muito influentes, tanto em Roma e, mais ainda, na corte de Carlos V (1500-1558), imperador do Sacro Império Romano, onde podiam ser encontrados alguns dos discípulos mais fiéis de Erasmo entre os borgonheses e espanhóis.

A situação, porém, repentinamente mudou com a vinda da Reforma Protestante. Tanto no interesse pelas Escrituras como no menosprezo pelas devoções, práticas piedosas e pelo monaquismo, Erasmo parecia ter preparado o caminho para Martinho Lutero; e muitos católicos, sobretudo na Sorbonne e na Inquisição espanhola, começaram a tratá-lo como "o homem que pôs o ovo chocado por Lutero", ou como um herege recôndito, muito mais perigoso por ser razoável e moderado.

Logo ficou evidente que havia um enorme fosso que separava Erasmo dos reformadores, especialmente de Lutero. É verdade que tanto Erasmo quanto Lutero falavam contra a concepção católica da época a respeito das boas obras, mas tal concordância é ilusória. O ponto de vista de Erasmo era, em essência, o do moralista, ao passo que o de Lutero representava somente a fé em oposição a qualquer tipo de moralismo. É verdade, sem dúvida, que existem muitas correntes na Reforma Protestante que derivam de Erasmo, em especial, talvez, aquelas mais afastadas da ortodoxia dogmática, como os anabatistas e os socinianos. Ao mesmo tempo, ficou evidente que as simpatias de Erasmo estavam com os católicos, e não com os oponentes, não só porque era um homem moderado que abominava a violência (especialmente a violência dos teólogos), mas, sobretudo, porque era um humanista, ainda que um humanista cristão e lhe causara aversão o elemento anti-humanista do protestantismo, especialmente, a condenação do livre arbítrio e a negação da possibilidade de uma virtude natural.

Não obstante, a influência de Erasmo é encontrada em todos os lugares, em ambos os lados, assim como fora deles. Como observou o professor Denys Hay (1915-1994):

> Devemos recordar que Philipp Melanchthon (1497-1560), João Calvino (1509-1564) e Inácio de Loyola (1491-1556), todos prescreveram em suas escolas as obras educacionais de Erasmo, a quem repugnavam, e que a comunidade de eruditos por toda a Europa nunca fora tão forte quanto entre os anos de 1500 e 1700.[11]

Não que Erasmo fosse um pensador profundo ou um grande teólogo. Seu intelecto era como um rio raso e largo que alimenta muitos afluentes e fertiliza largas extensões de campos de ambos os lados. Preocupava-se com um problema, ou com uma série de problemas que eram de central importância para a cultura ocidental, e os resolveu em termos que mostraram ser aceitáveis para homens de boa vontade dos dois lados da fronteira teológica. O problema era a reconciliação do novo saber com a antiga religião, e a solução de Erasmo era desenvolver uma nova cultura cristã que aplicaria novos métodos filológicos, históricos e críticos ao estudo da Antiguidade Cristã. Sem dúvida, tal solução não era exclusiva de Erasmo. A mesma coisa fora feita, simultaneamente ou um pouco antes, pelo cardeal Francisco Jiménez de Cisneros O.F.M. (1436-1517) na nova universidade humanista de

---

[11] Denys Hay, *The Renaissance in Its Historical Background*. Cambridge, Cambridge University Press, 1961, p. 201.

Alcalá.¹² No entanto, o grande representante e publicista do humanismo cristão¹³ foi Erasmo. Seus livros e edições eram lidos por todos, em todas as partes da Europa, e a grande renovação dos estudos cristãos que ocorreu nos séculos XVI e XVII, que culminaram nos trabalhos do cardeal Caesar Baronius (1538-1607) e de Dionisius Petavius (1583-1652), Louis-Sébastien Le Nain de Tillemont (1637-1698), na obra dos mauristas e bolandistas, devem o surgimento mais a Erasmo que a qualquer outra pessoa.

A título de recapitulação, enfatizo a importância de Erasmo porque parece representar o encontro das duas grandes forças que mudaram o Ocidente no século XVI: a renovação do aprendizado e a reforma da religião. Caso essas duas forças tivessem progredido de maneira independente, como por um tempo tenderam a fazer, e se um movimento fosse associado com alta cultura urbana da Itália e o outro com a cultura agrária medieval do Norte da Europa, isso teria ocasionado um efeito disruptivo na unidade da cultura ocidental. Erasmo e sua escola amalgamaram os dois movimentos ao formular o ideal de um humanismo cristão baseado no estudo crítico dos textos originais – da Bíblia e dos Padres da Igreja.

Por certo há muitos outros estudiosos além de Erasmo que contribuíram para essa obra. E, em alguns aspectos, Erasmo deixa de representar a plena extensão dos dois movimentos. Não era poeta nem artista, de modo que não representava um dos aspectos mais criativos da Renascença italiana, e não era santo ou místico, logo, não representava o elemento mais profundo na Reforma religiosa. Nesse aspecto, um homem como Giovanni Pico della Mirandolla, na

---

¹² Fundada em 1499. Ao longo dos séculos, assumiu diversos nomes e, atualmente, a instituição que reclama a continuidade institucional é a Universidade Complutense de Madrid. (N. T.)

¹³ Esse foi o humanismo cristão dos eruditos; houve também o humanismo cristão dos poetas que derivou, mais diretamente, da tradição da Renascença italiana que do humanismo cristão do Norte, procedeu do cardeal Pietro Bembo (1470-1547) e não de Erasmo.

Itália, o supera; no entanto, Pico (mesmo se tivesse vivido por mais algum tempo) não poderia ter criado a síntese erasmiana porque não possuía o fôlego de Erasmo em erudição, nem o mesmo poder de crítica que tornaram possível o encontro dos dois movimentos. Erasmo também era incompleto, do ponto de vista dos reformadores, por ser um moralista e não um teólogo; mas foi na moral, e não na teologia, que os dois movimentos puderam encontrar uma base comum. Eis a fonte da tradição humanitária e liberal que desempenhou um grande papel na história da Europa moderna. Indubitavelmente, como o mundo moderno descobriu, o humanitarismo e o liberalismo não são substitutos da religião; mas uma cultura religiosa que não os leva em consideração, como muitas vezes foi o caso no século XVI, também é algo bastante imperfeito. A grande mácula na cultura ocidental nos séculos XV e XVI foi a crueldade das leis, e, nem católicos nem protestantes (muito menos os ortodoxos na Rússia) estavam plenamente cônscios desse grande mal. Foram os humanistas cristãos, em especial os do Norte e do Ocidente, como Erasmo e Juan Luís Vives (1492-1540), os que primeiro suscitaram a consciência das classes instruídas para tais questões.

3 - A ITÁLIA E A CIÊNCIA RENASCENTISTA

O avanço vitorioso da cultura da Renascença foi consideravelmente atrasado pela revolução religiosa representada por Martinho Lutero. O efeito da Reforma alemã foi a absorção da atenção e das energias a respeito de questões religiosas e a criação de desconfiança na razão humana. De fato, como disse Ernst Troeltsch (1865-1923), foi um retorno a modos de pensar medievais que produziram uma renovada preponderância do espírito medieval por dois séculos. Ao mesmo tempo, a civilização e a prosperidade econômica na Itália sofreram um revés devido à conquista turca da região do Levante, à mudança nas rotas comerciais e, sobretudo, às grandes guerras do início do século XVI, que causaram a perda da independência nacional. O pessimismo e a desilusão resultantes encontraram expressão no pensamento de Maquiavel. Ele percebeu a contradição entre a superioridade cultural italiana e a fraqueza política, e notou que realizações espirituais sem um fundamento de poder material estão fadadas ao fracasso. Para ele, a unidade nacional no moderno Estado soberano era a única coisa necessária, e para tal fim, toda reflexão moral e religiosa deveria ser sacrificada, abolindo, portanto, a união entre ética e política que, ao menos em teoria, dominara o pensamento medieval.

Outros homens, contudo, derivaram uma moral diferente de tais premissas. Se a força é o único direito no mundo da política, é inútil opor o ideal de liberdade nacional diante da realidade do poderio espanhol. Um homem sábio aceitaria o mundo como é, e iria se adaptar às realidades. Essa era a solução habitual da Renascença italiana.

A cultura italiana, assim, perdeu a independência política, mas ganhou influência cosmopolita, como a cultura da antiga Grécia após a conquista macedônia. Como no período helenístico, os homens despediram-se da vida cívica e se voltaram para a vida da ciência e do intelecto. Essa foi a era dos matemáticos, como Niccolò Tartaglia (1500-1557) e Gerolamo Cardano (1501-1576), de botânicos como Andrea Cesalpino (1524-1603), de fisiologistas como Andreas Vesalius (1514-1564) e Girolamo Fabrizi d'Acquapendente (1537-1619), de filósofos como Bernardino Telesio (1509-1588) e Giordano Bruno (1548-1600). É verdade que o pensamento científico estava em atividade por toda a Europa no século XVI, como pode ser demonstrado por homens tais como Nicolau Copérnico (1473-1543) e Paracelso (1493-1541), Tycho Brahe (1546-1601) e François Viète (1540-1603), e posteriormente Francis Bacon (1561-1626), Johannes Kepler (1571-1630), William Harvey (1578-1657) e William Gilbert (1544-1603). Todos, deviam muito à influência da cultura italiana. Alguns, como Harvey e Copérnico, estudaram na Itália, o belga Vesalius lá viveu. Até mesmo o maior de todos os homens de ciência, no entanto, permanecia medieval em espírito.

Somente na Itália a disposição de espírito moderna esteve em ascensão no século XVI. Lá foi feita a primeira tentativa de estipular uma nova teoria científica do universo em lugar da cosmologia ortodoxa de Aristóteles (384-322 a.C.). Nesse campo, não menos que na literatura e na arte, a influência da Antiguidade Clássica ainda era soberana. Os pensadores da Renascença não rejeitaram Aristóteles por força das próprias descobertas, invocavam a autoridade superior dos predecessores de Aristóteles – Platão e Pitágoras (580-495 a.C.) – contra a do próprio Aristóteles. As fontes do novo movimento na ciência e no pensamento devem ser encontradas, primeiramente, no renascimento platônico de Marsílio Ficino e na Academia de Florença. A eles devemos a renovação da ideia platônico-pitagórica do mundo como ordenamento matemático ou harmonia geométrica, a exteriorização da ordem inteligível da mente divina, a crença que Nicolau Copérnico recebeu de seu professor italiano, Domenico Maria Novara da Ferrara (1454-1504). Dessa maneira, o misticismo pitagórico de Kepler, que parece para a razão moderna tão incongruente com as descobertas científicas positivas, foi, na realidade, o fundamento intelectual e a inspiração de toda a obra.

Telesio, "o primeiro dos homens novos", como Ludwig Baur (1871-1943) o chama, concebeu a natureza em termos de matéria e força. Bruno, o pensador mais original dessa nova era, foi o primeiro a compreender plenamente o significado da obra de Copérnico. Considerando que este, apesar dos ensinamentos acerca do movimento da Terra, ainda conservava a visão antiga de uma esfera estelar fixa que limitava o universo, Bruno ensinou que o universo material era infinito e que as estrelas fixas eram sóis de sistemas planetários como o nosso, incontáveis em número e infinitos em extensão. Via a natureza como uma unidade viva, cujo corpo era matéria atômica e a alma era

Deus, a substância universal. Por isso não havia lugar para a imortalidade humana, ou para a intervenção divina na natureza. Tudo era natural e tudo era divino. Liberdade e necessidade eram idênticas.

No entanto, apesar do gênio e das brilhantes intuições em astronomia, Giordano Bruno era, em essência, um místico e não um cientista. O verdadeiro pai da ciência moderna, em um âmbito muito maior que o de Copérnico, o fundador da física e dinâmica modernas foi o florentino Galileo Galilei (1564-1642). De 1592 a 1610, Galileo foi professor de Matemática em Pádua, o maior centro de estudos científicos da Europa, onde Vesalius e Girolamo Fabrizi d'Acquapendente também lecionavam, e William Harvey, o descobridor da circulação sanguínea, estudou de 1598 a 1602. Galileo era um grande cientista experimental, foi responsável pela descoberta do termômetro e pela lei de aceleração dos corpos em queda, o primeiro a utilizar as possibilidades do telescópio. A fama popular que adquiriu se deve aos trabalhos como astrônomo prático e à condenação pelo Santo Ofício em 1633, mas sua maior importância é como teórico e criador de uma grande tese científica, base de todo o pensamento moderno do século XVII ao XIX. Nos quatro *Dialogo Sopra i Due Massimi Sistemi del Mondo* [Diálogo sobre os Dois Máximos Sistemas do Mundo][14] de 1632, as cosmologias aristotélica e moderna são, finalmente, confrontadas. Sem Galileo, a obra de sir Isaac Newton (1643-1727) é inconcebível, uma vez que este concluiu a aplicação da Matemática à Física.

Na obra *Il Saggiatore* [O Ensaiador], de 1623, afirma Galileo Galilei:

> A filosofia [ciência] encontra-se escrita neste grande livro que continuamente se abre perante nossos olhos (isto é, o universo), que não pode compreender antes de entender a língua e conhecer os

---

[14] Galileo Galilei, *Diálogo sobre os Dois Máximos Sistemas do Mundo: Ptolomaico e Copernicano*. Trad. Pablo Rubén Mariconda. São Paulo, Editora 34, 2011. (N. T.)

caracteres com os quais está escrito. Ele está escrito em linguagem matemática, os caracteres são triângulos, circunferências e outras figuras geométricas, sem cujos meios é impossível entender humanamente as palavras; sem eles nós vagamos perdidos dentro de um obscuro labirinto.[15]

Essa visão matemática da Física foi, de fato, ensinada quatro séculos antes por Roberto Grosseteste e pela Escola Franciscana de Oxford,[16] por Adam Marsh (1200-1259) e Roger Bacon (1214-1294), pelo cardeal dominicano Robert Kilwardby (1215-1279) e por Witelo, o Polaco (1230-1300). Tais homens lançaram os princípios nos quais a fecunda pesquisa científica deveria ser conduzida e, dessa maneira, nas palavras do professor Alistair Cameron Crombie (1915-1996): "Criaram a ciência experimental da época moderna". Embora tivessem aplicado esse método científico em vários campos, especialmente à óptica e ao estudo do magnetismo, estavam, como assinala o professor Crombie, muito mais interessados na metodologia científica em si do que na aplicação aos problemas concretos.[17] Foi, portanto, deixado para os cientistas da Renascença iniciar o triunfante avanço do conhecimento científico que desde então ganhou impulso e que revolucionou o conhecimento humano e o domínio da natureza.

Somente as qualidades da natureza suscetíveis a tratamento matemático pareceram verdadeiramente reais para Galileo. Todas as

---

[15] Idem, *O Ensaiador*. Trad. e notas Helda Barraco. São Paulo, Abril Cultural, 1973 ("Os Pensadores", vol. XII: Bruno, Galileu, Campanella), p. 99-238, cit. p. 119. (N. T.)

[16] Além de Roberto de Grosseteste e de Roger Bacon, os expoentes da chamada Escola Franciscana de Oxford eram Thomas de York (1220-1269), John Peckham (1230-1292), Richard de Middleton (1249-1302), John Duns Scot (1256-1308), e o já citado William de Ockham. (N. T.)

[17] Ver: A. C. Crombie, *Robert Grosseteste and the Origins of Experimental Science 1100-1700*. New York, Oxford University Press, 1964. Em especial o capítulo XI.

qualidades sensíveis de cor, odor e som, que tanto significam para o homem, não tinham lugar no mundo descorado e silencioso da quantidade e do movimento que, para ele, era a realidade suprema. Eram meros nomes – impressões subjetivas que se esvaíam quando o observador era subtraído. A distinção de Galileo entre qualidades primárias e secundárias, e a visão matemática da natureza na qual estava fundada, por fim, nos levaram a uma visão de universo totalmente nova. O homem perdeu a posição central de elo entre a suprema realidade espiritual e a menor realidade da matéria. Tornou-se um auxiliar pouco importante – um espectador externo do mecânico ordenamento fechado que é o mundo real. O sucessor de Galileo, René Descartes (1596-1650), tentou salvar o mundo dos valores humanos e da realidade espiritual pelo estrito dualismo filosófico da matéria extensa e do espírito pensante, sem extensão – *res extensa* e *res cogitans*. O resultado final da nova visão de mundo foi, ao contrário, considerar o mundo subjetivo da razão humana como menos real que o mundo objetivo das relações puramente quantitativas e, consequentemente, concluir que o próprio homem, tanto em corpo quanto em mente, é um subproduto de um imenso ordenamento mecânico, que a nova ciência revelara. Salvo uns poucos pensadores excepcionais, como Thomas Hobbes, somente no século XVIII foi dado o passo final, mas tal passo estava implícito, desde o princípio, na visão de mundo de Galileo.

É provável que mesmo a Inquisição que condenou Galileo não tivesse a mínima ideia dos efeitos revolucionários dessa nova teoria. Tanto os opositores quanto os admiradores olharam, em primeiro lugar, para as descobertas na astronomia. Apesar de nossa própria época começar a perceber as limitações de tal visão, todavia, devemos recordar que foi ela que possibilitou a criação da civilização científica da Europa moderna.

A obra de Galileo Galilei foi aclamada por seu contemporâneo Tommaso Campanella como o coroamento da cultura italiana:

"Escreva no início que essa filosofia é da Itália".[18] O entendimento do próprio Campanella estava dominado pela crença de que a nova ciência da natureza assinalava um ponto crítico na história da humanidade. E sua estranha carreira – de frade, filósofo e revolucionário, ao mesmo tempo – manifesta, ainda mais que em Galileo, o trágico contraste entre a infinita ambição intelectual e a total frustração prática que marca a Renascença italiana tardia. No maravilhoso cânone do poder do homem, Campanella oferece expressão incomparável à ideia central da cultura da Renascença – a apoteose da humanidade. Acreditava que imensas possibilidades estavam prestes a acontecer na prática para: "aquele que, por ambição de riquezas, sai em busca de novas regiões. Altíssimos são, pois, os fins de Deus".[19] Os novos Céus e novas Terras de Copérnico e Cristóvão Colombo (1451-1506) são um prelúdio da união da raça humana e a renovação de todas as coisas. Na obra *La Città del Sole* [A Cidade do Sol], de 1602, Campanella anuncia sua concepção de uma nova ordem, uma teocracia em que não há propriedade nem casamento, em que cada homem trabalha quatro horas por dia e as relações sexuais são reguladas pelo Estado com base em princípios puramente eugênicos. Tal como a tentativa extravagante de Aristônico de Eunus[20] no século II a.C.,

---

[18] No original: "*Scriva nel principio che questa filosofia è d'Italia*". Carta de Campanella para Galileo Galilei, datada de 8 de março de 1614 para exortá-lo a compor um livro sobre o universo. Ver: Tommaso Campanella, *Lettere*. Bari, Laterza, 1927, p. 177. (N. T.)

[19] Tommaso Campanella, *A Cidade do Sol*. Trad. e notas Aristides Lôbo. São Paulo, Abril Cultural, 1973 ("Os Pensadores", vol. XII: Bruno, Galileu, Campanella), p. 239-91, cit. p. 268. (N. T.)

[20] Acreditamos existir uma pequena confusão no nome da personagem histórica. Na verdade, Eumenes III Aristônico ou Aristônico de Pérgamo (†129 a.C.) pretendia fundar uma Heliópolis, reino de fraternidade e igualdade social, na Mísia, região no Noroeste da Ásia Menor (antiga Anatólia). Na Sicília, encontramos outra personagem: o libertador visionário foi o escravo sírio Eunus (†132 a.C.), que alegava ter visões de uma divindade síria durante a Primeira Guerra dos Escravos na Sicília (135-132 a.C.). Diz o doutor Jan

Campanella pretendeu fundar sua Heliópolis na Calábria com ajuda dos turcos e dos despossuídos, o que levou a trair os espanhóis e o conduziu à prisão, onde passou por terríveis privações durante trinta anos. Aos poucos, os sofrimentos o levaram a abandonar as esperanças revolucionárias. "Já que Deus é silente e aquiesce", escreve numa frase terrível, "sê silente e aquiesça".

Nunca desistiu da fé no advento da união da humanidade. Dedicou os últimos anos de cárcere à construção de uma grande síntese filosófica que iria reconciliar a nova ciência da natureza com a teologia católica. Veio a considerar a Igreja e as grandes potências católicas, primeiro a Espanha e, posteriormente, a França, como instrumentos destinados à implementar a nova ordem, e sua última obra, escrita em Paris, no ano de 1639, um pouco antes de sua morte, é uma écloga messiânica sobre o nascimento de Luís XIV (1638-1715).

O espírito da época, no entanto, era hostil a todas as esperanças visionárias. O progresso da nova ciência continuou, mas sem chegar a completa união com a vida mental da época, dominada pelas correntes puramente religiosas da Reforma Protestante e da Contrarreforma.

Retzö no artigo "Arabia and the Heritage of Axial Age", na obra *Axial Civilizations and World History* (Leiden, Brill, 2004, v. 4, p. 340): "O sonho de uma utopia protegida pelo deus da justiça personificado pelo deus sol, Helios, que é adorado em uma sociedade ideal governada pelo Sol, foi formulada por Evêmero (330-250 a.C.) e Iâmbulo no século III a.C. Acredita-se que os revolucionários na Sicília e em Pérgamo (...) foram influenciados por esses dois autores". Vale lembrar que os textos desses dois primeiros formuladores da teoria de um reino divino igualitário encontram-se preservados, de forma abreviada, na obra *Bibliotheca* de Diodoro Sículo (90-30 a.C.). Sobre a revolta na Sicília ver a narrativa do já citado Diodoro na *Bibliotheca* (34.2) e sobre o relato de Aristônico de Pérgamo citado por Estrabão (63-24 a.C.), ver *Geographia* (14.1.38). (N. T.)

Capítulo 4 | Martinho Lutero e o Chamado à Revolta

Reforma é o nome que damos à grande revolução religiosa do século XVI que destruiu a unidade da cristandade medieval, criou uma nova Europa de Estados soberanos e Igrejas separadas, e perdurou, com pequenas mudanças, até a Revolução Francesa. A catástrofe religiosa estava implícita na evolução gradual da Baixa Idade Média. Surgiu porque a existência de uma sociedade internacional unificada sob autoridade e liderança da Igreja era inconsistente com a nova ordem temporal, como expressa pelos Estados e monarquias nacionais. O conflito inevitável entre Igreja e Estado só poderia levar à desordem. Em particular, a posição anômala do bispo como um funcionário importante em ambas as sociedades levou à secularização da Igreja e ao acúmulo de abusos que nem a Igreja ou o Estado eram capazes de remediar, em decorrência da confusão de pessoas e jurisdições.

O sistema hierárquico da igreja medieval sucumbira, e ninguém era forte ou corajoso o bastante para implementar as drásticas reformas necessárias. Todos estavam de acordo, na teoria, a respeito dos principais males: primeiro, o pluralismo ou acúmulo de benefícios eclesiásticos nas mãos de um único homem e, como resultado direto, a ausência de domicílio; segundo, a simonia ou a dependência de nomeações eclesiásticas e privilégios espirituais sobre a moeda; terceiro, a negligência da regra canônica para visitas episcopais e sínodos diocesanos; e, em quarto lugar, o baixo nível de instrução do clero e a ignorância religiosa do laicato.

Na Europa Setentrional, em especial na Alemanha, os bispos deixaram de ser os líderes das Igrejas cristãs locais e se tornaram grandes magnatas territoriais cujo poder se estendia por todas as províncias e reinos. Visto que eram príncipes soberanos, suas dioceses se tornavam prêmios avidamente aspirados pelas dinastias principescas da Alemanha, ao passo que na Inglaterra e na França eram usadas pelos reis como gratificações aos ministros e servidores civis.

Por todo o Norte da Europa, os bispos eram poucos e muito ricos, estavam demasiadamente envolvidos nas atividades políticas e eram muito negligentes no que dizia respeito aos deveres espirituais. Um dos mais importantes bispos ingleses do início do século XVI admitiu tais falhas, ao afirmar:

> [...] a graça de Vossa Alteza Real licenciou-me para permanecer em minha igreja e nos arredores de meu curato, nisto fui tão negligente que, no intervalo de trinta anos, das quatro catedrais que sucessivamente tive, duas – Exeter e Wells – nunca as vi e, das inúmeras almas, nunca vi os corpos.[1]

Esses abusos não seriam tão graves caso as ordens religiosas de monges e frades tivessem sido tão ativas quanto foram outrora. Nesse momento, no entanto, as grandes abadias se tornaram, em primeiro lugar, grandes corporações latifundiárias, e a posição de abade, como a de bispo, tornara-se um privilégio conferido aos favoritos do papa e dos reis, alguns dos quais, especialmente na França, não eram monges ou nem mesmo clérigos. Na prática, as únicas ordens que mantiveram os ideais primitivos foram entre os monges, os Cartuxos e, entre os frades, os Observantes, seguidores da reforma franciscana de São Bernardino de Siena.

Em teoria, a Igreja medieval possuía um remédio para todos os abusos. Estavam no sistema de direito canônico, altamente

---

[1] Richard Foxe, "Letter XCVI". In: P. S. Allen e H. M. Allen (Eds.), *Letters of Richard Foxe 1486-1527*. Oxford, Clarendon Press, 1929, p. 92 ss.

desenvolvido, e na suprema autoridade do papado que tinha o poder de nomear bispos mais apropriados e de verificar que conduziram o ministério de maneira eficiente.

Infelizmente, o papado, em grande parte por própria culpa, não possuía mais o poder ou o espírito reformador que fora seu traço característico de Gregório VII (1020/25-1085) a Inocêncio III (1160-1216). Durante o século XV, o papado se tornara profundamente secularizado e envolvido na política secular, sobretudo, no poder político dos Estados italianos. Sua onipotência nominal era, na prática, limitada, de um lado, pela necessidade de cooperar com o crescente poder do Estado soberano que, em todos os lugares, demandava uma grande parcela de controle das nomeações e receitas eclesiásticas, e de outro, pela necessidade de conciliar a oligarquia eclesiástica que controlava o conluio das autoridades episcopais com o poder secular.

Por fim, o direito canônico deixou de ser um instrumento de reforma, uma vez que as cortes da Igreja e os advogados canônicos tornaram-se órgãos de interesses escusos que culminavam na cúria romana e provariam ser o mais terrível de todos os obstáculos para a causa da reforma.

Tais desordens eram piores na Alemanha, pois não havia poder central e nenhum princípio de unidade nacional tal como ofereciam as novas monarquias da França e da Inglaterra. A Alemanha era uma selva política – um emaranhado de jurisdições e instituições em que tanto a Igreja quanto o Estado estavam inextricavelmente envolvidos. O Sacro Império Romano medieval ainda existia – a mais venerável instituição política do Ocidente – e estava cercada, mais do que qualquer outra monarquia, por uma auréola de direito divino e autoridade sagrada. Ainda desfrutava de imenso prestígio e evocava um sentimento quase religioso de lealdade; mas estava limitado por incômodas instituições arcaicas da Alta Idade Média e deixara de evoluir para um Estado soberano segundo o novo padrão, como a França, a Espanha ou a Inglaterra. Se o imperador fosse deixado por sua própria conta, era pouco mais que uma figura representativa de um imenso corpo desunido; caso possuísse um poder real, como Carlos V, isso se devia às possessões não germânicas, todavia, caso usasse esses recursos externos para afirmar autoridade no Império, era passível de suscitar a resistência nacional do povo alemão, que era poderoso, apesar da falta de organização política.

Abaixo do imperador havia os sete eleitores – eclesiásticos e leigos. Subordinados aos eleitores estavam os príncipes – duques, bispos e príncipe-abades. Sob os príncipes estavam as cidades livres, os cavaleiros e os condes – todos eram governantes independentes nas próprias pequenas províncias, que muitas vezes não eram maiores que as terras de um fidalgo rural inglês. Na base da pirâmide social estavam os camponeses, que carregavam nas costas todo o ônus do edifício, mas que não tinham meios de expressão política.

Assim, mais do que qualquer outro país na Europa, a Alemanha estava em uma situação potencialmente revolucionária. Camponeses, cavaleiros e príncipes, todos estavam descontentes; contudo, não conseguiam dar vazão ao descontentamento porque o próprio Império não tinha o poder de fazer qualquer mudança eficaz na situação, já que estava agrilhoado pelas elaboradas restrições da sua constituição impraticável.

Nessa situação confusa, a posição da Igreja era peculiarmente vulnerável. O povo alemão era muito cônscio da herança cristã. Viam o Império como uma sociedade cristã, em essência, o próprio centro e coração da cristandade e, consequentemente, olhavam para a Igreja em busca de ajuda e orientação nas necessidades espirituais e sociais. A Igreja, no entanto, era o principal obstáculo no caminho entre a criação de um Estado nacional unificado e forte e, certamente, a realização de qualquer reforma política. Os príncipes, que eram o elemento mais forte e mais ativo na Alemanha, ainda eram, em grande parte, muito fracos ou carentes de recursos para criar Estados independentes conforme o modelo ocidental. Não é surpreendente, portanto, que tenham ficado de olho nos bispados e mosteiros vizinhos que eram dispensados da autoridade dos príncipes e, ainda assim, possuíam uma imensa proporção de terras e riquezas na Alemanha. Os privilégios da Igreja, todavia, tinham base na constituição do Império e na autoridade do papado, e o que aumentou ainda mais o ressentimento dos governantes seculares era o fato de uma potência não germânica ser capaz de usar as prerrogativas espirituais para sacar recursos da igreja alemã.

Esse ressentimento nacional contra o papado italiano e o desejo dos príncipes de resolver seus problemas econômicos e políticos à custa da Igreja foram os motivos materiais e as forças que realizaram a Reforma Protestante não somente na Alemanha, local onde agiu com mais vigor, mas por todo o Norte da Europa, primeiro na Suécia, na Dinamarca e nas terras Bálcãs, e mais tarde, na Inglaterra e na Escócia. A reforma que efetuaram, contudo, não era uma reforma da Igreja, mas, ao contrário, era uma reforma do estado medieval à custa da Igreja. A reforma religiosa teve origens independentes e os dois movimentos foram reconciliados pelas forças inelutáveis da história em dois planos diferentes.

É impossível, não obstante, exagerar a extensão em que religião, política e cultura imiscuíram-se na revolução alemã. Líderes religiosos como Martinho Lutero podem ter visado a religião e nada mais, no entanto, mais do que os outros, foram arrebatados pelo fluxo da história que reuniu tudo em uma crise revolucionária. Tal crise foi preparada desde o início daquele século. Então, a partir da Dieta de Worms, em 1521, até a Dieta de Augsburg, em 1530, o andamento foi continuamente aumentado, terminando na colisão geral das forças após 1546.

Devemos admitir que, vista pelo lado externo, a Reforma alemã foi, sobretudo, uma obra dos príncipes, e nunca uma coletividade tão indigna controlou o destino da humanidade. O povo alemão, no entanto, era profundamente religioso, e havia uma classe comparativamente grande de pessoas educadas que serviram de audiência para a imensa literatura panfletária, tão característica da época. Durante a Baixa Idade Média, a Alemanha Ocidental e a Central receberam umas quatorze universidades. Para os príncipes, apesar de toda a barbárie, tornou-se uma questão de prestígio ter uma universidade no próprio território.

Assim, era possível para homens de quase todas as classes, de nobres a camponeses, adquirir educação de graça e, embora o padrão não fosse muito alto, dava, ao menos, para aprender o latim e adquirir algum treino nos debates escolásticos. Além disso, havia uma classe pequena, mas crescente, de humanistas alemães, que adquirira algum conhecimento do novo saber na Itália, e que frequentava as cortes, em especial a corte imperial, e as cidades mais ricas como Nuremberg e Estrasburgo, e não as universidades.

Um exemplo típico dessa nova *inteligentsia* era Ulrich von Hutten (1488-1523), um jovem nobre da classe dos cavaleiros que esteve de passagem como estudioso nas universidades alemãs e serviu como soldado mercenário na Itália, onde iniciou relações com os humanistas e amigos de Erasmo de Roterdã. É excepcional como o primeiro porta-voz de um nacionalismo germânico romântico extremado, que exaltava os velhos e bons ideais alemães de liberdade, coragem, honra, via a influência estrangeira, especialmente a italiana, como a fonte de todo o mal. Nisso, sem dúvida, expressava os ideais de sua classe, a dos cavaleiros imperiais, que remontava o Império unificado do passado e gloriava-se nas tradições da anarquia legalizada e do direito de empreender guerras privadas. Hutten, no entanto, foi afetado de maneira ainda mais profunda pelo novo humanismo alemão. Tomara uma posição de liderança na guerra dos humanistas com os teólogos em defesa de Johann Reuchlin (1455-1522), como um dos autores das *Epistolae Obscurorum Virorum* [Cartas de Homens Obscuros], a sátira mais bem-sucedida contra o antigo saber e os frades;[2]

---

[2] Além de Ulrich von Hutten, a autoria dessa sátira é creditada aos humanistas Crotus Rubianus (1480-1539), e os já citados Erasmo de Roterdã e Johann Reuchlin, dentre outros. A obra é baseada numa disputa verdadeira entre

também editara o tratado *De Falso Credita et Ementita Constantini Donatione Declamatio* de Lorenzo Valla sobre a falsidade da "Doação de Constantino" e no prefácio atacara o papado como o grande inimigo da liberdade alemã.

No entanto, embora Ulrich von Hutten fosse um brilhante escritor, não estava destinado a ter um papel principal na história da Alemanha. Sua importância é mais um sintoma da situação revolucionária da época. Era essencialmente um revolucionário que viu o papa e a Igreja como alvos óbvios de ataque. Seus motivos, contudo, eram políticos e nacionalistas, não religiosos.

Martinho Lutero, por outro lado, veio de um mundo bastante diferente e foi de Lutero – não de Erasmo, o humanista, ou Hutten, o revolucionário – o advento que marca o início de uma nova era para o mundo. Lutero era um homem do povo e um homem medieval, que pouco deveu às novas influências intelectuais da cultura da Renascença. Seu progresso não foi determinado pelo humanismo, mas pelos próprios conflitos pessoais, espirituais e psicológicos. Era filho de um mineiro da Turíngia de origem camponesa, mas fora muito bem educado e já possuía um diploma da universidade de Erfurt quando ingressou na ordem dos frades agostinianos aos 21 anos, em 1505. Oito anos depois, quando já estava com quase trinta anos, tornou-se

---

Reuchlin e alguns monges dominicanos, principalmente, o judeu convertido ao catolicismo Johannes Pfefferkorn (1469-1523), que, em 1509, recebeu autorização do imperador Maximiliano I (1459-1519) para queimar cópias do Talmud. O título da peça satírica é uma alusão à obra *Epistolae Clarorum Virorum* [Cartas de Homens Iluminados] de Reuchlin, publicada em 1514, na qual o autor apresenta uma coletânea de correspondências trocadas com os humanistas Helius Eobanus Hessus (1488-1540), Konrad Mutianus Rufus, Crotus Rubianus e Ulrich von Hutten. Após o início da Reforma Protestante em 1517, as cartas satíricas, publicadas entre 1515 e 1519, foram banidas por Leão X (1475-1521), ao decretar que os autores, leitores e disseminadores da obra deveriam ser excomungados. O moderno termo "obscurantismo", utilizado, em especial, pelos iluministas franceses como alusão ao catolicismo deriva do título da obra *Epistolae Obscurorum Virorum*. (N. T.)

professor de Sagrada Escritura na então recém-fundada Universidade de Wittenberg; durante os anos seguintes, de 1513 a 1517, desenvolveu novas ideias teológicas que seriam a inspiração da carreira posterior. Assim como os humanistas, reagiu violentamente contra o escolasticismo decadente em que fora educado – a tradição dos ocamistas tardios e de Gabriel Biel (1420-1495) – e recorreu a uma teologia puramente escritural – a teologia paulina e, sobretudo, a das epístolas de São Paulo aos Romanos e aos Gálatas, que interpretou de uma nova maneira.

Não foram essas ideias, embora revolucionárias, o segredo da força de Lutero; o segredo era o próprio homem. Lutero foi, sem dúvida, um gênio, um homem de poder e força titânicos, que combinou, em um nível extraordinário, a eloquência vernácula do demagogo com a convicção religiosa do profeta. Sabia como falar para "seus" alemães em linguagem que o homem comum compreendesse e, ao mesmo tempo, falava com convicção e profundidade dos mais insondáveis mistérios da fé cristã. Esses grandes dons, no entanto, foram contrabalançados por defeitos igualmente grandes. O temperamento violento e apaixonado não admitia nenhuma contradição, e em cada controvérsia, destruía o adversário com a grosseria e obscenidade de um camponês enfurecido. Depois, tudo o que há de melhor em seus escritos veio diretamente da experiência subjetiva pessoal. Não reconhecia nenhuma verdade, salvo as que sentia e via diretamente ou por um ato imediato de intuição psicológica. Comparativamente, nada mais importava. A autoridade da Igreja, o testemunho da tradição, a experiência religiosa de outros, os dogmas das escolas teológicas, pouco ou nada contavam, uma vez que não concordassem com suas intuições e convicções pessoais. Isso torna o ensinamento de Lutero mais subjetivo e parcial do que o de qualquer outro pensador cristão. O que via, tinha intensidade e certeza ofuscantes. O que não via, não existia ou era uma ilusão de Satanás; pois Satanás era muito real e estava próximo dele. Por toda a vida e em todos os conflitos externos e internos, Lutero sentia ser o defensor de Deus contra o demônio, que assumindo diversas formas, maquinava sua destruição.

O estudo de Lutero conta com muitas dificuldades. A primeira é a quantidade de escritos; a segunda, é a falta de caráter sistemático – todos os escritos, exceto a Bíblia e o catecismo, são ocasionais e controversos; em terceiro lugar, está o amor pelo paradoxo e pela simplificação para demonstrar seu ponto de vista. Posteriormente, contudo, utilizaria a sutileza extrema e o argumento improvável para justificar o paradoxo.

A força de Lutero sempre repousa no subjetivismo – a afirmação dos direitos de consciência, a certeza da fé individual e o direito de cada homem interpretar a Escritura por si mesmo. No início, a extensão total da renúncia ao ensinamento da Igreja não era óbvia. Foi em 1516 que Lutero começou a ensinar claramente sua nova doutrina de uma fé subjetiva na redenção de Cristo sem levar em conta as boas obras. A controvérsia das indulgências, no ano seguinte, lhe deu oportunidade de desenvolver e publicar suas ideias. Os dois pontos-chave de diferença entre Lutero e a Igreja que vieram a tona na obra *Comentários da Carta aos Romanos*, em 1516, foram: 1º) o conceito de pecado e 2º) a questão das boas obras e do livre arbítrio.

Para Lutero, o pecado está nas paixões, para o catolicismo, o pecado está na vontade – no ato de escolha. Em termos freudianos, o pecado de Lutero é libido, o pecado dos católicos é ego. Daí, derivam inúmeras consequências. Do ponto de vista luterano, a conclusão que se segue é a de que como ninguém é totalmente despido de paixões (muito menos tipos essencialmente passionais como Lutero), não pode haver liberdade do pecado neste mundo. O homem nasce e morre na iniquidade. O máximo que pode alcançar é a certeza de que isso não será computado contra ele – que o sofrimento redentor de Cristo tudo abarca. Consequentemente, a justiça só *é imputada*: eis o conceito luterano que se torna o centro da controvérsia.

No ensinamento católico, por outro lado, a obra de justificação não está limitada ao ato de fé com o qual se inicia. É continuado pelo uso dos sacramentos, a vida na caridade e a prática das boas obras, de modo que a natureza humana recupera a vida espiritual que estava perdida pelo pecado e o homem se torna uma nova criatura, não por um ato externo de imputação, mas pela apropriação da graça divina – pela graça santificante, que é o termo técnico teológico.

Assim, há uma diferença entre o ensinamento luterano e o católico no que tange às boas obras e ao livre arbítrio. Lutero diz que as boas obras não tornam um homem bom, ou obras más tornam a pessoa má, mas que o homem bom faz boas obras e o homem mau, faz obras más. Psicologicamente, isso é verdade, mas não cobre todo o terreno. O homem comum não é totalmente bom ou totalmente mau. É ambas as coisas. Faz boas e más ações e é, do ponto de vista psicológico, falso afirmar que seu caráter não é afetado pela prática do bem ou do mal. Desse modo, também é verdade dizer que bons hábitos tornam o homem bom e maus hábitos o tornam mau; esse segundo fato foi ignorado ou subestimado por Lutero. Parece que há certa confusão no pensamento de Lutero a respeito desses assuntos. Tinha se convencido da inutilidade das práticas piedosas – de que não tinha cabimento jejuar, orar longamente, fazer peregrinações ou promessas. As boas obras, no entanto, não são meras práticas piedosas, são apenas o que denota a expressão – fazer o bem – e é falacioso argumentar que tais ações não têm valor do ponto de vista religioso. O próprio Lutero argumenta que tudo que é feito com fé é bom, mesmo que sejam apenas os assuntos diários, mas se falta a certeza da fé, o trabalho é mau, por maior bem que possa ter objetivamente. Assim, no ensinamento de Lutero há uma tendência ao antinominalismo que, após as controvérsias com os anabatistas, ele tentara prevenir, todavia, não foi totalmente bem-sucedido.

Lutero escolhera muito bem seu campo, ao denunciar a indulgência pregada por Johann Teztel (1465-1519), em 1517. A visão original das indulgências de Lutero, como demonstra um sermão que publicou em 1516, era completamente ortodoxa, e o que fez surgir a indignação, junto com a de muitos fiéis católicos, foi a maneira desavergonhada com que essa indulgência particular estava sendo mal utilizada pela cúria e por Alberto de Brandemburgo (1490-1545), o arcebispo de Mainz, para satisfazer as próprias necessidades financeiras. Uma vez lançado na controvérsia, contudo, foi incapaz de se conter e de dar expressão às ideias revolucionárias. A oposição que encontrou em Roma e na Alemanha o fez continuar, mesmo antes da condenação por Roma, até a ruptura final com o papado e toda a tradição medieval do catolicismo, o que é expresso nos grandes panfletos de 1520, *À Nobreza Cristã da Nação Alemã*, *Do Cativeiro Babilônico da Igreja* e *Da Liberdade do Cristão*.

Mesmo antes do aparecimento desses famosos escritos, já tinha, nas respostas a Agustinus Alveldt (1480-1532) e Silvestro Mazzolini da Prierio (1456-1523) a respeito do sermão "Sobre o papado de Roma", tomado uma posição final contra o papado. Asseverara que a verdadeira Igreja é um reino puramente espiritual que não possui nenhuma relação com a hierarquia ou o papado romano – muito pelo contrário, "o papado é o anticristo citado nas Escrituras, e a cúria romana, a sinagoga de Satanás". Apenas dois meses antes disso, contudo, na carta ao papa (que nunca foi enviada), escrevera em termos muito efusivos a respeito de seus esforços para honrar a Sé Apostólica e da convicção de que "não há nada na Terra ou no Céu que lhe seja preferível, salvo o próprio Nosso Senhor Jesus Cristo".

Assim, a ruptura final de Lutero com Roma foi muito súbita e não plenamente reconhecida até a publicação de três grandes escritos da Reforma, no outono de 1520. O primeiro deles, *À Nobreza Cristã da Nação Alemã*, talvez tenha sido o mais efetivo de todos os escritos polêmicos de Lutero. Apela, com eloquência abrasadora, para duas forças revolucionárias muito fortes na Alemanha naquele momento – à queixa de longa data da Alemanha contra Roma e aos sentimentos anticlericais da nobreza contra os padres. Esses sentimentos encontraram expressão, enquanto Lutero escrevia, na Revolta dos Cavaleiros, cujos líderes, Franz von Sickingen (1481-1523) e Ulrich von Hutten, estavam entre os mais ardorosos partidários.

Não há dúvidas, creio, que mesmo se Lutero não tivesse aparecido, teria ocorrido uma Reforma; mas, ela poderia ter tido um caráter muito diferente. Poderia ter se centrado na Suíça e ser do tipo zwingliano, ou poderia ter sido anabatista. Foi devido a Lutero que a Reforma teve o centro no extremo Norte da Saxônia (ou melhor, na periferia da civilização). Caso tivesse centrada no Ocidente, nas cidades do Rio Reno e ao Sul, poderia ter assumido uma característica bem diferente.

Em contrapartida, Andreas von Karlstadt (1486-1541), um dos principais reformadores, também era proveniente de Wittenberg, mais velho que Lutero e adotava ideias semelhantes. Sua conversão se deveu a uma visita a Roma em 1515, que, ao retornar, o fez começar a falar contra o livre arbítrio e as boas obras. Por toda a Alemanha, nesses anos, quase instantaneamente surgiram novos pregadores. Devemos concluir, portanto, que a situação era explosiva e Lutero acendeu o pavio.

Na "petição à nobreza", Lutero profere um julgamento acerca dos primeiros princípios teológicos – sobretudo, a respeito da doutrina do sacerdócio e do laicato. Defendia que todos os cristãos eram iguais. Não há verdadeira distinção entre as ordens temporal e espiritual. Padres e bispos são simplesmente funcionários da sociedade cristã e não possuem poder inerente de jurisdição. Todo o poder pertence ao magistrado que é tão funcionário do corpo dos cristãos quanto o padre. E se a Igreja requer reforma, é para o magistrado usar o poder a serviço de toda a sociedade cristã, de modo que a Palavra de Deus possa triunfar. Não cabe somente ao clérigo decidir o que deve ser feito. A Palavra de Deus e as Escrituras são propriedade comum de todos os fiéis cristãos. Papa e cardeais podem seguir um caminho errado, mas o homem simples deve ter o direito de compreender as Escrituras, e, por conseguinte, é nosso dever acompanhá-lo.

Por fim, no tratado *Da Liberdade do Cristão*, Lutero desvela suas crenças fundamentais no poder da fé e na desvalia das obras, de modo que o homem de fé é o senhor espiritual de tudo.

> Quem poderá causar dano a tal coração ou assustá-lo? Se irromper a consciência do pecado ou o horror da morte, [a pessoa] está preparada para esperar no Senhor, e não teme estas más notícias nem se deixa comover, até que olhe seus inimigos, com desprezo. Pois crê que a justiça de Cristo é sua, e que o pecado já não é seu, mas de Cristo. Em face da justiça de Cristo todo pecado tem que ser absorvido por causa da fé em Cristo, como está dito acima. E com o apóstolo ela aprende a insultar a morte e o pecado, e dizer "Onde está, ó morte, a tua vitória? Onde está, ó morte, o teu aguilhão?" (I Coríntios 15,55).[3]

As consequências dessas doutrinas se prolongam em duas outras obras – *Do Cativeiro Babilônico da Igreja*, que é direcionada contra o ensinamento sacramental católico e nega a validade do sacramento da Ordem e do sacrifício da Missa; e o *De Votis Monasticis* [Dos Votos Monásticos], escrito um ano após a primeira e busca mostrar que o monaquismo é irreconciliável com a doutrina da fé e com a liberdade de um homem cristão, já que o vincula ao fardo pesado e insuportável do celibato, bem como a inúmeras outras obras externas das quais a fé libertou o homem.

Todas essas obras, exceto a última, foram escritas antes da ruptura definitiva de Lutero com a Igreja e encontraram grande resposta, de um lado ao outro da Alemanha, entre os clérigos e os estudiosos, nobres e homens do povo. Pela primeira vez na história, o poder da imprensa se tornou manifesto, pois foi a grande era da

---

[3] Martinho Lutero, "Da Liberdade do Cristão". In: *Obras Selecionadas: Volume 2 – O Programa da Reforma: Escritos de 1520*. Comissão Interluterana de Literatura. 2. ed. São Leopoldo / Porto Alegre, Sinodal / Concórdia, 2000, p. 446. (N.T.)

imprensa alemã, e donos de famosas tipografias, como Johannes Frobenius (1460-1527) na Basileia, colocaram suas prensas a serviço da nova doutrina.

Do lado católico, a resistência foi, no início, extraordinariamente fraca. Os bispos, que tinham uma responsabilidade tão grande pelo estado em que a igreja alemã se encontrava, quase nada fizeram para objetar à situação. Parece que era uma maioria fraca, em termos mundanos, de prelados bem-intencionados que não compreenderam a seriedade das questões e que estavam preocupados, principalmente, em salvaguardar os próprios direitos e privilégios temporais; buscaram as autoridades seculares para lidar com a nova situação. Do lado secular, o imperador Carlos V, quase sozinho, tinha uma opinião formada e estava decidido a cumprir seu dever para com a Igreja. Era um burgúndio lento, silencioso e consciencioso que tinha pouca simpatia, ou pouco compreendia, os súditos alemães. Expressou claramente, todavia, sua opinião em Worms, em 1521, e foi forte o bastante para forçar a Dieta a aceitar a bula papal contra Lutero e a proferir uma sentença de banimento, apesar da resistência dos partidários de Lutero. Além disso, no entanto, nada mais poderia fazer. Estava preocupado com a revolta na Espanha, a guerra na França e a perspectiva de uma ruptura política com o papado. Imediatamente após a Dieta de Worms, retirou-se na Espanha e lá permaneceu pelos sete anos seguintes – durante os quais o avanço do luteranismo na Alemanha ficou, praticamente, sem controle.

De início a situação não era, de modo algum, desesperadora do ponto de vista católico, pois o tutor de Carlos V, Adrian de Utretch (1459-1523), um reformador pio e consciencioso, foi eleito papa no início do ano seguinte (1522), e existiam vários motivos para acreditar que um programa sério de reforma eclesiástica seria empreendido, conjuntamente, pelo papa e o imperador. Se o Concílio de Trento tivesse se reunido em 1525 e não em 1545, a história da Europa e da Igreja teria sido diferente. Infelizmente, Adriano VI faleceu em 1523, e seu sucessor, Clemente VII (1478-1534), deixou a Alemanha resolver o problema sozinha enquanto percorria os caminhos do poder político italiano, uma política que teve um fim desastroso em 1527, quando Roma foi saqueada por mercenários luteranos do imperador católico.

Nesse ínterim, a Alemanha estava em um estado de anarquia – os cavaleiros se insurgiram contra os príncipes eclesiásticos em 1522, os camponeses contra os nobres em 1524, os turcos conquistaram a Hungria em 1526 e ameaçavam a própria Alemanha, até que retrocederam quando chegaram aos portões de Viena em 1529. Em todo esse tumulto não havia discussão quanto a execução do Édito de Worms; ao contrário, as forças do protestantismo se tornaram a cada ano mais fortes e mais autoconscientes, especialmente nas cidades livres do Império e nas cidades hanseáticas do Mar Báltico. Ao longo desses anos quase todos aceitaram a nova doutrina, aboliram a missa, secularizaram monastérios e estabeleceram uma nova política eclesiástica.

Enquanto isso, Martinho Lutero fizera o apelo à nação contra o papado na obra *À Nobreza Cristã da Nação Alemã*. Nela, chegara muito próximo à aberta propaganda revolucionária que provinha de Ulrich von Hutten, na mesma época, particularmente na obra *Vadiscus sive Trias Romana* [Vadiscus ou a Santíssima Trindade Romana]. O retiro forçado de Lutero em Wartburg, disfarçado como Junker Georg, de 1521 a 1522, marca a ruptura entre sua vida como pregador reformado na Igreja e a nova carreira como fundador de igrejas evangélicas antipapistas e antiepiscopais. Foi nessa época que rompeu totalmente com o monaquismo e começou a advogar a secularização e o matrimônio de monges e freiras; uma questão que não era de importância puramente eclesiástica, uma vez que foi por conselho de Lutero que o Grão-Mestre dos Cavaleiros Teutônicos na Prússia, Albert da Prússia (1490-1568), secularizou as propriedades da Ordem e se tornou duque hereditário da Prússia, criando, assim, o primeiro Estado protestante. Lutero tinha ido muito longe para ser afetado pela visita do papa Adriano ou pelas últimas propostas de um concílio reformista. Na verdade, Lutero atacou o novo papa ainda mais asperamente que Leão X (1475-1521).

Ao mesmo tempo, rompeu com Erasmo de Roterdã, que estivera afastado tanto dele quanto de Ulrich von Hutten desde 1520. Erasmo era continuamente instado pelos amigos e benfeitores católicos a escrever contra Lutero. No entanto, por um longo período, não esteve disposto a fazê-lo. Lutero também desejava evitar um confronto direto com Erasmo, cuja pena temia. A carta que escreveu para Erasmo, contudo, em abril de 1524, era ao mesmo tempo condescendente e ameaçadora – convidando-o a se manter fora dos assuntos que não compreendia caso desejasse uma velhice pacífica – o que deve ter ofendido bastante o idoso humanista e tornou o enfrentamento entre eles inevitável. Erasmo, todavia, escolheu cuidadosamente seu terreno, quando, por fim, ingressou na arena, no outono de 1524. Não se ocupou das ideias mais obviamente anticatólicas de Lutero, porém concentrou o ataque na condenação luterana do livre-arbítrio, uma doutrina que ofendia os humanistas tanto quanto os católicos.

A moderação estudada da crítica de Erasmo, mais do que qualquer violenta controvérsia, fez com que Lutero revelasse a plena natureza de suas convicções sobre essa questão teológica fundamental. A obra *De Servo Arbitrio* [Do Arbítrio Cativo] de 1525 é uma obra muito maior que o panfleto de Erasmo de Roterdã, *De Libero Arbitrio Diatribe Sive Sollatio* [Do Livre Arbítrio: Discursos ou Comparações] de 1524. É, talvez, o mais potente e o mais bem alinhavado de todos os escritos teológicos de Lutero; todavia, nada colaborou mais para demolir as pontes entre reformadores e moderados e dar a impressão de que a Reforma Protestante já tinha dado à luz a um novo dogmatismo, mais inflexível e restrito que o antigo.

A controvérsia, no entanto, – a questão fundamental da liberdade humana e da graça divina – não precisava ter se tornado tamanha pedra de tropeço no caminho da cooperação e da unidade. Os protestantes eram, na verdade, todos agostinianos, mas também o eram muitos católicos. A soberania da graça divina era igualmente admitida por ambas as partes. A maneira que Lutero defendeu a doutrina, contudo, correspondia a total negação de qualquer tipo de liberdade humana e antagonizava não só com os humanistas, como também com os católicos agostinianos e até mesmo com alguns dos próprios seguidores como Philipp Melanchthon, que tinha certa simpatia por Erasmo. A resposta de Lutero para Erasmo é muito característica do melhor de seu estilo polêmico, entretanto, pretende destruir e não convencer o oponente.

> Quem, dizeis, esforçar-se-á para emendar a vida? Respondo-vos: Ninguém! Nenhum homem pode fazê-lo! Pois vossos autoaperfeiçoados sem o Espírito, Deus não lhes atenta, são hipócritas. O eleito e aqueles que temem a vontade de Deus, no entanto, serão emendados pelo Espírito Santo, e o restante perecerá sem correção. Quem acreditará, dizeis, que é o amado de Deus? Respondo-vos: Nenhum homem acreditará nisso. Nenhum homem pode fazê-lo! O eleito, contudo, acreditará nisso; o remanescente perecerá sem acreditar, cheio de indignação e blasfêmia como vós o descreveis.[4]

O próprio Erasmo, no entanto, não estivera argumentando a favor do pelagianismo, mas a favor da moderação na controvérsia. Escreveu:

> É da colisão de excessos como esses que surgem os raios e trovões que hoje fazem tremer violentamente a terra. E se cada flanco continuar a defender os próprios exageros de modo tão implacável, prevejo que a contenda será como a batalha de Aquiles e Heitor, tão iguais em selvageria que somente puderam ser separados pela morte.[5]

---

[4] Martinho Lutero, *De Servo Arbitrio* [The Bondage of the Will]. Trad. J. I. Packer e O. R. Johnston. New York, Revell, 1957, p. XXVI.

[5] Erasmo de Roterdã, *De Libero Arbitrio* [A Liberdade da Vontade]. In: Ephraim Emerton, *Desiderius Erasmus of Rotterdam*. New York / London, G. P. Putnam's Sons, 1900, cap. X, p. 396. (N. T.)

De fato, apesar da força dos argumentos de Martinho Lutero e do reforço subsequente dado por João Calvino, eles não prevaleceram, no longo prazo, sobre o apelo de Erasmo à razão e à moderação. Como observam os modernos tradutores ingleses do grande tratado de Lutero, o protestantismo moderno é erasmiano,[6] e não luterano; e podemos traçar a continuidade da tradição erasmiana de Jacobus Arminius (1560-1609), que era um erasmiano, a John Wesley, que gloriou-se em nome de Arminius.

---

[6] Referência à Introdução para a edição inglesa da obra *De Servo Arbitrio* assinada pelos tradutores James Innell Packer (1926-), eminente teólogo anglicano canadense, e Olaf Raymond Johnston (1927-1985), famoso ativista anglicano em favor de reformas na moral sexual cristã. Na verdade, os autores não afirmam, mas questionam se o protestantismo de hoje seria reconhecido pelos fundadores: "O protestantismo de hoje não se tornou mais erasmiano [e católico em teologia] que luterano [e Reformado]?". Ver: J. I. Packer e O. R. Johnston, Introduction. In: Martinho Lutero, *The Bondage of the Will*. Trad. J. I. Packer e O. R. Johnston. New York, Revell, 1957, p. 60. (N. T.)

Capítulo 5 | A Revolução dos Príncipes

Enquanto Martinho Lutero estava no retiro em Wartburg, e Carlos V lutava contra numerosas dificuldades na Espanha e na Itália, a Alemanha e sua Reforma ficou temporariamente sem liderança, e as forças centrífugas e revolucionárias predominaram em todos os lugares. Em Wittenberg, o lugar de Lutero foi tomado por um antigo parceiro, Andreas von Karlstadt, que, nesse momento, tornara-se muito mais radical que o próprio Lutero e recebera com agrado o advento de reformadores ainda mais extremados, "os profetas de Zwickau", que partilhavam as ideias de Thomas Müntzer (1489-1525) e diziam ser diretamente inspirados pelo Espírito Santo.

Esse movimento extremista se espalhou rapidamente pela Saxônia e provou ser o precursor do grande movimento anabatista que se alastrou da Suíça a Holanda, vindo a tornar-se a fonte da principal tradição de protestantismo sectário popular. De início, combinou vários elementos diferentes. De um lado, representava os extremistas e entusiastas que, prontamente, se aliaram às forças da revolução social e utilizaram a violência para expurgar das Igrejas a adoração de imagens e o monaquismo. Por outro lado, apelava aos místicos e reformadores espirituais como Hans Denck (1495-1527), Sebastian Franck (1499-1543) e Caspar Schwenkfeld (1490-1561), que eram inimigos da violência e tinham mais em comum com Erasmo que Lutero.

Essas novas tendências já tinham sido manifestadas na ocasião em que Lutero estava em Wartburg, por Müntzer e Karlstadt respectivamente, e nos anos seguintes de agitação, espalharam-se com extraordinária rapidez por todas as terras alemãs.

Em 1523, Lutero retornou para Wittenberg e usou sua influência, tanto com o eleitor da Saxônia e o clero quanto com as pessoas de Wittenberg e Erfurt, para conter os extremistas e encorajar novamente os moderados que ficaram alarmados e escandalizados com os procedimentos de Karlstadt e seguidores. Começou a escrever forçosamente sobre o dever de obediência às autoridades constituídas e a respeito dos males da rebelião, ensinamento que teve de repetir, cada vez com maior vigor, nos anos seguintes quando irrompeu a grande Revolta dos Camponeses (1524-1526).

Na ocasião, muitos viam Lutero como instigador de todos esses distúrbios e é fácil compreender como vieram a proceder dessa maneira, haja vista a violência de sua linguagem e a maneira ameaçadora com que muitas vezes falava a respeito da vinda da revolução. Assim, escreveu ao eleitor da Saxônia em 1522:

> Foi-me revelado, ultimamente, que não só o poder espiritual, mas também os governantes temporais, terão de se submeter ao Evangelho quer por amor, quer pela força, como pode ser claramente comprovado em toda a história bíblica. E, apesar de, a princípio, não ter receado uma rebelião nacional, mas pensado somente em uma revolta contra o sacerdócio, temo agora que os distúrbios possam começar a ser contra os poderes governantes e se espalhem feito praga nos sacerdotes.[1]

A posição pessoal de Lutero era muito difícil. Embora fosse um revolucionário teológico, era socialmente conservador, leal ao seu imperador e ao seu príncipe, temperamentalmente avesso a qualquer tipo de revolução social. Viu, no entanto, as próprias ideias adotadas

---

[1] Johannes Janssen, *History of the German People at the Close of the Middle Ages*. Trad. M. A. Mitchell e A. M. Christie. London, K. Paul, Trench, Trübner, & Co., Ltd, 1900, vol. III, p. 268.

por todos os elementos subversivos da Alemanha – cavalheiros, camponeses e entusiastas religiosos, e seus opositores o censuraram por ter começado a conflagração que findou na terrível insurreição social da Revolta dos Camponeses. Como escreveu:

> Quantas vezes meu coração desfaleceu de temor e repreendeu-me assim: "Quiseste ser sábio mais que todos os demais. Então, todos os outros nessa multidão incontável estão enganados? Durante tantos séculos tudo esteve no erro? Supondo que estiveste equivocado, e graças ao seu erro fosses capaz de arrastar contigo para a condenação eterna muitas criaturas humanas?".[2]

Dessa maneira, sempre lutou em duas frentes – contra os extremistas religiosos, que invocavam os seus princípios, assim como lutava contra os papistas, que via como servos do Anticristo – e quanto mais incomodado, mais forte era a linguagem. Isso explica a violência com que denunciou os camponeses em 1525 e invocou a impiedosa vingança dos príncipes. Primeiramente, desejava dissociar sua causa daquela dos revolucionários sociais, e em segundo lugar, via por trás dos camponeses a figura de Müntzer e a ameaça dos anabatistas.

Ora, estes últimos – aos quais Lutero chamava de *Schwärmer* [sonhadores/visionários] –, no entanto, apresentavam-se-lhe um problema muito difícil. Eram a guarda avançada da Reforma, os homens que tomaram as ideias de Lutero e as levaram a conclusões extremas. Eles, mais do que quaisquer outros, apelaram à Palavra de Deus e à orientação interior do Espírito, contra toda autoridade, laica e eclesiástica, contra todas as cerimônias exteriores, e contra todas as tradições e precedentes intelectuais. Naturalmente, encontraram muito apoio dos fanáticos e revolucionários. Essa, no entanto, não era a essência do movimento. Era como se nos países da comunidade inglesa, no século XVII, os *quackers* tivessem apoiado os "Homens da Quinta

---

[2] Prefácio ao folheto *De Abroganda Missa Privata* (composto em 1521 em Wartburg). Cf. também a carta de Lutero aos agostinianos de Wittenberg de 25 de novembro (Janssen, op. cit., vol. III, p. 25).

Monarquia"³ – como, de fato, o fizeram, até certo ponto. Além dos elementos extremistas, os anabatistas possuíam alguns dos elementos mais profundamente espirituais e intelectuais entre os reformadores, homens que, de um lado, nutriam certa simpatia pela cultura humanista, e de outro, desejavam uma espiritualidade mais profunda do que a encontrada na doutrina de Lutero de retidão imputada.

Não obstante foram todos confundidos sob o mesmo rótulo, e o escândalo da Guerra dos Camponeses, em 1525, e o governo dos fanáticos milenaristas em Münster, em 1534, cooperaram para o descrédito do movimento como um todo. Antes mesmo disso, todavia, foram perseguidos assustadoramente – católicos, luteranos e zwinglianos unidos para sufocá-los. Na verdade, podemos dizer que afora a França, onde as perseguições se dirigiram contra o calvinismo, os "mártires da Reforma", em todos os locais, foram, principalmente, os anabatistas.

O efeito do anabatismo sobre Lutero e a Reforma Protestante na Alemanha, entretanto, foi conservador. Após a guerra dos camponeses, Lutero se tornou muito mais cauteloso ao fazer apelos diretos à orientação do Espírito e à liberdade do cristão. Não advogava mais o princípio congregacional de uma congregação cristã autônoma que fora o modelo original para uma Igreja evangélica (cf. a carta de Lutero à comunidade de Leipzig), e veio a depender, cada vez mais, do apoio da autoridade secular, inicialmente, do próprio príncipe, o eleitor da Saxônia, e do apoio de outros príncipes protestantes a começar

---

³ Movimento milenarista inglês do século XVII baseado nas profecias do segundo livro de Daniel. Previa que após as quatro grandes monarquias antigas (babilônica, persa, macedônia e romana), viria a quinta monarquia de Cristo, que reinaria na Terra com seus "santos" por um milênio. Foram muito ativos durante o interregno posterior à Guerra Civil Inglesa, no período de 1649 a 1661. Como ficaram horrorizados com a proclamação de Oliver Cromwell (1599-1658) como "Lorde Protetor Perpétuo", conspiraram para derrubar o regime. As duas tentativas foram descobertas e frustradas em 1657 e 1659. (N. T.)

por Philipp I von Hessen (1504-1567) em 1524. Apesar da juventude, Philipp se tornava, cada vez mais, o verdadeiro líder do partido. Assim, a revolução religiosa identificou-se com a revolução dos príncipes, que foi a maior das forças sociológicas a contribuir para a dissolução ou reformulação da tradicional unidade do Império.

Lutero foi um agente passivo, e não um agente ativo, na formação desse movimento. Foi Philipp von Hessen o real arquiteto das sucessivas ligas, sobretudo da Liga de Schmalkalden, pela qual os protestantes se tornaram um fator político, primeiro como partido de oposição nas Dietas alemãs, e depois como poder político independente capaz de negociar tratados com governos estrangeiros e declarar guerra por conta própria.

Mesmo à parte da obra de organização política, contudo, o avanço da Reforma foi naturalmente favorável ao poder dos príncipes, uma vez que, como já havia observado, a eliminação do estamento eclesiástico e a secularização da riqueza da Igreja ajudaram os príncipes a aumentar e consolidar os próprios governos; ao passo que a instituição de uma igreja territorial luterana sob supervisão e controle do príncipe envolvia a reconstrução radical da sociedade para o benefício do príncipe, de sorte que este adquiriu uma autoridade religiosa patriarcal que era quase absoluta. Em comparação, o poder do imperador tornou-se cada vez mais fraco e mais remoto. Até então fora capaz de confiar no apoio das cidades contra os príncipes, mas o triunfo da Reforma em todas as cidades imperiais as levou para o campo dos príncipes, de modo que formaram um elemento importante das forças protestantes. Aqui, novamente, Philip von Hessen exerceu um papel proeminente.

A revolução dos príncipes é apenas metade da história da Reforma, muito embora e em parte por influência pessoal de Lutero, venha a se identificar com o desenvolvimento do Norte da Alemanha e da Escandinávia e tenha determinado a configuração histórica das igrejas especificamente luteranas.

Houve também a Reforma das cidades, contemporânea com a outra e esteve, a princípio, intimamente ligada ao movimento luterano. Seguiu um curso separado de desenvolvimento e produziu os próprios líderes que provaram ser igualmente independentes em assuntos teológicos. As mais importantes dessas cidades livres foram Estrasburgo, sob o comando de Martinho Butzer (1491-1551) [ou Bucer] e Wolfgang Köpfel (1478-1541) [ou Capito], Nuremberg, Ulm, mas, sobretudo, as cidades suíças da Basileia, Berna e Zurique, com Ulrico Zwinglio (1484-1531).

Zwinglio fez o mais que pôde para separar a Reforma das cidades do movimento de Lutero e para fixar nas novas igrejas independentes formas cívicas de organização eclesiástica que se tornaram característica da Reforma suíça. Zwinglio nada tinha da postura passiva de Lutero de neutralidade mística da política. Era um humanista e, até certo ponto, discípulo de Erasmo, mas, sobretudo, um patriota suíço que teve um papel ativo na vida cívica de Zurique e estava determinado a fazer as cidades protestantes assumirem a liderança nos assuntos da Confereração Suíça, bem como na Alemanha.

As circunstâncias o favoreceram, pois a organização eclesiástica da Suíça era, se possível, ainda mais irracional que a da Alemanha. A Confederação Suíça estava dividida em seis dioceses que, de modo algum, correspondiam às divisões políticas. Nenhuma das duas principais cidades, Zurique e Berna, eram sedes episcopais; e Zurique, como a maior parte da Suíça, bem como o Sudoeste da Alemanha faziam parte da enorme e ingovernável diocese alemã de Constança.

Assim, quando Zurique, sob a liderança de Zwinglio, deu o passo decisivo, em 1523-1524, para rejeitar a autoridade do bispo e introduzir medidas radicais de reforma, este foi um evento político e religioso, pois o burgomestre e o conselho da cidade assumiram o encargo da autoridade episcopal. Aqui encontramos, pela primeira vez, uma organização eclesiástica congregacional em que o pertencer à igreja se identifica com todo o corpo de cidadãos governado pelos magistrados dos quais Zwinglio e outros pregadores receberam o mandato.

Esse novo modelo de reforma da legislação cívica, aos poucos, foi se alastrando até conquistar Berna, a mais importante de todas as cidades da Suíça. O propósito de Zwinglio, contudo, ia mais além, pois pretendia tornar Zurique o centro da grande Liga de Cidades Protestantes, que se estenderia até o Sul da Alemanha, ao mesmo tempo em que dominaria a Confederação Suíça.

Desse modo, quando a Reforma alcançou Constança e o bispo foi forçado à sair, Zwinglio persuadiu a cidade de Zurique, em 1527, a criar uma nova união federal – *Das Christliche Bürgerrecht* – apesar de Constança ser uma cidade alemã cuja proposta para tornar-se membro da Confederação Suíça acabara de ser rejeitada pela Dieta. Ao mesmo tempo, mandou um embaixador a Butzer e Köpfel para propor a adesão de Estrasburgo a essa Liga, visto que sua base suíça estava imensamente fortalecida pela admissão de Berna, St. Gallen, Mühlhausen e da Basileia.

A resposta católica à criação dessa "Liga cívica cristã" foi a aliança entre os cinco antigos cantões católicos com Fernando I (1503-1564) de Habsburgo, arquiduque da Áustria, que ficou conhecida como "A União Cristã". Assim, estava armado o palco de batalha para a primeira das guerras de religião que, na verdade, iniciou em 1529 e terminou, serenamente e sem derramamento de sangue, na Primeira Paz de Kappel. Foi um triunfo para os zwinglianos, uma vez que os cantões católicos foram forçados a abandonar a aliança com a Áustria. Nessa altura, Zwinglio se tornara uma das principais personagens em todo o movimento da Reforma. Já estava em contato com o líder dos príncipes luteranos, Philipp von Hessen, e nos dois anos seguintes trabalharam juntos, apesar da feroz oposição de Lutero, para unir os príncipes do Norte e as cidades do Sul em uma frente política única.

Foi para tal fim que Philipp providenciou o encontro de Zwinglio e Butzer com os teólogos luteranos em Marburg, em outubro de 1529. Não fosse pela resistência de Lutero e seus amigos, teria tido êxito na criação de uma aliança pan-protestante inclusiva, em que a diferença de doutrina sacramental entre luteranos, zwinglianos e semizwinglianos teria sido reconciliada por uma fórmula comum que ofereceria a base para uma ação conjunta. O fracasso dessa tentativa na Conferência de Marburg, em 1529, causou divisão entre os luteranos do Norte da Alemanha, que adotaram os Artigos de Schwabach de Lutero, e os da Suíça; ao passo que as cidades do Sul da Alemanha formularam seus princípios na *Confessio Tetrapolitana* (de Butzer, em 1530), como um compromisso entre Lutero e Zwinglio.

Apesar do fracasso, a necessidade de uma formulação comum de princípios protestantes se tornara urgente, caso o protestantismo quisesse sobreviver; pois a vitória de Carlos V contra os rivais franceses e italianos o deixaram livre para que se voltasse à situação alemã. Na Dieta de Augsburgo, em 1530, o imperador fez o primeiro dos muitos esforços para trazer a paz religiosa para a Alemanha, que era-lhe particularmente importante naquele momento, devido à maré crescente da invasão turca que, na ocasião, já chegara às fronteiras orientais da Alemanha. Era uma situação estranha, visto que ambos os lados se reuniram em espírito conciliatório – quer dizer, nenhuma das partes estava preparada para ceder um milímetro, ainda que, ao mesmo tempo, desejassem fazer as diferenças parecerem as menores possíveis. Foi, primordialmente, um encontro de príncipes e estadistas, e os teólogos compareceram como conselheiros e consultores, não como figuras principais. Melanchthon, que era, ao mesmo tempo, o mais humanista e conciliador dos reformadores, estava muito bem preparado para assumir a liderança dos trabalhos, e o resultado de seus esforços foi a famosa Confissão de Augsburgo, a menos luterana das fórmulas luteranas, que passa por cima das doutrinas mais características da nova fé. Essa foi uma tentativa de exagerar os pontos de discordância entre luteranos e zwinglianos visando minimizar os desentendimentos entre luteranos e católicos.

Melanchthon foi ainda mais além na carta ao legado papal, o cardeal Lorenzo Campeggio (1474-1539), ao declarar que: "reverenciamos a autoridade do papa de Roma e de toda a hierarquia" e ao chegar a escrever: "Não há outro motivo para sermos tão odiados como somos na Alemanha, senão a defesa e a preservação dos dogmas da Igreja Romana com tamanha persistência". É verdade que Lutero escrevera com semelhante disposição na carta ao papa Leão X, mas isso foi em 1518. Desde então, a grande ruptura ocorrera e a Igreja Romana fora denunciada por todos os líderes da Reforma como o trono do Anticristo e a sinagoga de Satanás. Caso fosse possível repudiar Lutero e retornar à política erasmiana de conciliação, ainda teria sido possível um fundamento de união. Os erasmianos tinham altas posições nos conselhos de Carlos V, e alguns deles estavam preparados para ceder nos dois pontos que Melanchthon declarara vitais – o casamento do clero e a oferta da comunhão sob duas espécies (a oferta do cálice ao laicato). Todas essas propostas iniciais de conciliação, no entanto, eram mais aparentes que reais, e embora, em Augsburgo, Melanchthon pudesse falar na linguagem de Erasmo para o cardeal Campeggio e os demais, seu coração estava com Lutero em Coburgo, enquanto este apresentava a *Apologia da Confissão de Augsburgo*, em setembro de 1530, que era sua última palavra nos debates.

O fracasso do partido da conciliação em Augsburgo deixou o campo aberto para o ativismo político de Philipp von Hessen. Em novembro de 1530, assinou um tratado com Zurique e começou a colaborar com Zwinglio em planos de longo alcance para uma aliança anti-Habsburgo que incluiria França e Veneza, bem como von Hessen e as cidades protestantes do Sul da Alemanha e Suíça. Todos esses planos ambiciosos, contudo, foram frustrados quando irrompeu a segunda guerra religiosa em 1531. O próprio Zwinglio morreu na batalha, liderando o ataque protestante em Kappel, no dia 11 de outubro. Zurique foi vencida e forçada a se render, abandonando a *Christliche Bürgerrecht* e todos os planos de Zwinglio, ficando apenas com a própria independência cívica e religiosa que provaria ser de imenso valor para os exilados protestantes ingleses, mais tarde. Philipp von Hessen, todavia, persistiu e continuou a arquitetar planos para uma aliança política e militar de todos os estados protestantes que ainda existiam. Ao longo de 1531, uniu-se com o eleitor da Saxônia e outros príncipes e cidades protestantes para formar a *Schmalkaldischer Bund* [Liga de Schmalkalden] por intermédio da qual o protestantismo primeiramente se tornaria um poder político organizado dentro e fora do Império, e uma ameaça permanente ao poder dos Habsburgos. Desse momento em diante, o advento de uma guerra civil era inevitável, e Lutero foi obrigado a modificar sua postura inicial de obediência passiva ao imperador como representante terreno de Deus e a pregar o direito de resistência para a defesa do Evangelho. Expressou essa nova postura imediatamente após a Dieta de Augsburgo, na obra *Advertência do dr. Martinho Lutero a seus estimados alemães* e nos panfletos do ano seguinte.

Não obstante, a vinda dessa guerra inevitável seria extremamente lenta. O imperador e seu irmão, o rei Fernando I, estavam preocupados com o ataque turco à Hungria e à Áustria, e prontos a fazer quase qualquer sacrifício para obter a unidade alemã e a ajuda militar; e a liga protestante liderada por Philipp von Hessen e o novo eleitor da Saxônia, Johann Friedrich I von Sachsen (1503-1554), que era um protestante resoluto, usaram essa oportunidade para obter concessões do imperador e da Dieta de Nuremberg e para aumentar os territórios protestantes.

Por fim, em 1534, Philipp von Hessen, fortalecido por um acordo secreto com o rei da França, ousou travar guerra com as forças do rei Fernando I em Württemberg para recuperar o duque exilado, Ulrich von Württemberg (1487-1550), amigo de Zwinglio, que fora destituído das posses pelo imperador e a Liga Suábia, quinze anos antes.

Esse foi o contratempo mais sério para os Habsburgos e os católicos alemães. Como disse o contemporâneo Georg Witzel (1501-1573) [ou Wicelius]: "O sucesso deste homem destemido [Philipp] fez mais pela causa protestante que milhares de livros do doutor Lutero", e, dessa época em diante, a *Realpolitik* inescrupulosa dos príncipes se tornou a força motriz da Reforma na Alemanha.

Apesar dos sucessos temporários, todavia, essa liga dos príncipes contra a Igreja e o imperador continha as sementes da anarquia e da desintegração que levaram à sua destruição. De tal sorte, Moritz von Sachsen (1521-1553), o mais capaz dos jovens príncipes, que herdara as possessões da fronteira de Dresden, brigou com o eleitor da Saxônia a respeito do direito de competir pelas terras das dioceses saxônicas, Magdeburg, Mueissen, Merseburg e Halberstadt, que ambos gostariam de secularizar.

Mais sério ainda foi o caso de Philipp von Hessen, o arquiteto da Liga de Schmalkalden e que, por si só, tinha a capacidade organizativa de criar uma unidade política protestante. Philipp, assim como Henrique VIII (1491-1547), apesar de mestre no jogo político, era escravo das próprias paixões; isso que o fez requerer não um divórcio, mas a plena sanção eclesiástica para um casamento bígamo.

Ele teve pouca dificuldade de obter tal permissão de três líderes religiosos: Butzer, Melanchthon e do próprio Lutero, sob condição de manter o caso em segredo. Embora isso aparentemente satisfizesse seus escrúpulos morais, seu senso político, no entanto, o advertira que tal permissão não lhe daria garantias diante da lei pública do Império. A lei tratava a bigamia como crime capital, e disso, os inimigos, de bom grado, tirariam vantagem. Em consequência dessa grave situação, decidiu sacrificar a política anti-Habsburgo e fazer tudo o que podia para ganhar o favor do imperador. Dessa maneira, em 13 de junho de 1541, assinou um tratado com Carlos V, em que jurou o seu apoio e o de seu genro, o duque Moritz, contra todos os inimigos, prometendo usar sua posição na Liga de Schmalkalden para evitar atividades anti-imperiais, ao passo que, da parte do imperador, este prometera tomá-lo sob proteção especial e perdoá-lo de todas as ofensas anteriores, de qualquer natureza, contra as leis do Império. Isso enfraqueceu o âmago da aliança protestante e causou crescente desconfiança entre os líderes, mesmo no caso do próprio Lutero, que não perdoou Philipp pela franqueza em admitir o fato de seu casamento bígamo, que o próprio Lutero continuava a negar.

Não obstante, a liga ainda sobrevivia, e Carlos V, que estava temporariamente ocupado com a nova guerra com a França, ainda absteve-se de uma ruptura declarada com os protestantes. Graças à sua paciência sobre-humana, foi capaz de vencer, um por um, vários príncipes protestantes, sobretudo, Moritz von Sachsen, que esperava ganhar as terras e a posição eleitoral do primo Johann Friedrich I.

Assim, quando a tão adiada guerra iniciou, em 1546, encontrou as forças protestantes enfraquecidas e divididas. Ao chegar o momento da decisão, contudo, Philipp von Hessen permaneceu fiel a causa protestante, e foi capaz de, com a ajuda do eleitor da Saxônia e das cidades do Sul da Alemanha, juntar forças maiores que as do imperador, que foi obrigado a confiar em um conjunto variegado de suas tropas espanholas comandadas pelo duque de Alba, um exército dos Países Baixos sob o comando de van Buren e um exército italiano de tropas papais, enquanto seu irmão Fernando e Maurício da Saxônia operavam no flanco Noroeste.

Depois de uma longa campanha de manobras vacilantes, Carlos saiu-se bem em surpreender o exército protestante em Mühlberg, em 24 de abril de 1547, e capturar o próprio eleitor Johann Friedrich. Foi uma escaramuça em vez de uma batalha, e teve consequências terríveis. Philipp von Hessen rendeu-se sem resistência dois meses depois. Carlos V, finalmente, após vinte e oito anos de exasperadora frustração e adiamentos, foi feito mestre da Alemanha e livre para prosseguir com os planos para a restauração da autoridade imperial e o restabelecimento do catolicismo.

Isso começou a ser feito na Dieta de Augsburgo, em setembro de 1547 – a famosa "Dieta Armada" – na qual deu prosseguimento aos planos drásticos para a reorganização da Constituição Imperial e para a reconciliação religiosa, bem como para uma liga de paz permanente, com organização e força militar próprias.

Infelizmente, nesse momento crucial, o papa Paulo III (1468-1549), enfurecido pelo assassinato de seu filho, Pier Luigi Farnese (1503-1547), o qual atribuiu a maquinações imperialistas, rompeu com o imperador e fez tudo o que estava ao seu alcance para formar uma aliança dos Estados Italianos com a França contra Carlos V; mas o imperador permaneceu inflexível e determinado a prosseguir o plano de reconciliação, mesmo sem a ajuda do papa. Esse foi o objeto do famoso *Interim Augustanum* e da *Formula Reformationis Ecclesiasticae* que lançou no verão de 1548. Tornavam-se obrigatórias para católicos e protestantes, e, de certo modo, vinham ao encontro do ponto de vista protestante em questões como o casamento do clero e a entrega do cálice aos leigos na comunhão.

Carlos V conseguiu fazer cumprir esse acordo nas cidades protestantes do Sul da Alemanha que conquistara e guarneceu com tropas, de modo que os principais reformadores, como Butzer, foram forçados a deixar as igrejas e refugiarem-se na Inglaterra. Muito mais difícil foi, no entanto, obter a aceitação, de um lado, dos príncipes protestantes do Norte e, de outro lado, do papa.

A grande fraqueza da posição de Carlos V foi a incapacidade de completar a conquista das cidades protestantes remanescentes e dos príncipes do Norte da Alemanha, devido à excessiva autoconfiança na lealdade de Moritz von Sachsen, a quem confiou a tarefa essencial de vencer a resistência da Alemanha do Norte. Moriz era, de longe, o soldado mais capaz dentre os príncipes alemães, e o imperador o gratificara pelos serviços dotando-lhe de dignidade eleitoral e com uma grande parcela das terras do primo, Johann Friedrich I von Sachsen. No entanto, Moritz continuava protestante, e ficou ressentido com a prisão de seu sogro, Philipp von Hessen, cuja rendição negociara e esperara um tratamento mais clemente.

Por isso, usou a campanha da Alemanha Setentrional para obter um acordo privado com os príncipes protestantes, com os quais, em 1552, planejou a traição suprema num acordo com o rei da França contra o imperador. Ademais, foi um ato de traição ao Império, bem como ao imperador, já que os cúmplices aceitaram ceder para a França três bispados de fronteira, Met, Toul e Verdun.

Carlos V foi completamente surpreendido. Continuou a acreditar na lealdade de Moritz, até iniciar de fato a guerra com a França em 1552 e encontrar um modo de entrar com seu exército nos Países Baixos, bloqueado por um exército protestante liderado pelo próprio Moritz e por Albrecht Alcebíades (1522-1557), o margrave de Brandenburgo-Kulmbach. Foi forçado a escapar com poucos seguidores pelos Alpes até a Caríntia.

Dessa maneira, a tentativa ambiciosa de Carlos V, bem-sucedida por algum tempo, de restaurar o Império Católico acabou de maneira súbita e inglória, e o obrigou a deixar seu irmão, Fernando, assinar uma trégua com Moritz em Passau, apenas uns dias mais tarde.

Fernando foi obrigado a suspender o *Interim Augustanum*, garantindo, na prática, a independência dos príncipes e a libertar Philipp von Hessen, embora a decisão final tenha sido adiada até a próxima Dieta, que ocorreria em Augsburgo.

Nesse ínterim, a guerra grassava mais ferozmente do que nunca. Não era mais uma guerra religiosa, mas uma guerra de todos contra todos. No Ocidente, Carlos V e o duque de Alba eram, agora, aliados do mais impiedoso dos líderes protestantes, Albrecht Alcebiades, numa tentativa desesperada de recuperar Metz dos franceses. No Oriente, Moritz uniu-se ao rei Fernando contra os turcos e, posteriormente, voltou armas contra o próprio Albrecht Alcebiades, a quem derrotara na terrível batalha de Sievershausen, onde o próprio Moritz foi ferido mortalmente. Apesar de ter, na época, apenas

32 anos, tinha feito mais que qualquer outro homem para decidir o destino da Alemanha. O imperador, profundamente desencorajado, deixara a Alemanha para sempre e decidira abdicar seus domínios em todo o mundo, enquanto seu irmão, Fernando, estava determinado a permanecer por conta do acordo que fizera com Moritz em Passau, no verão de 1552. Assim, a eliminação de dois grandes protagonistas – o imperador e Moritz – abriu caminho para o acordo final entre os dois partidos na Dieta de Augsburgo em 1555.

A base desse acordo, conhecido como a Paz Religiosa de Augsburgo, foi o reconhecimento do *status quo*. Os príncipes ficavam livres para escolher a própria religião e a decidir a religião de seus súditos. A jurisdição dos bispos católicos foi abolida dentro dos territórios protestantes, e aos príncipes foi permitido manter as terras das igrejas e monastérios que já haviam sido secularizados em 1552. Mas Fernando e os católicos estabeleceram uma condição muito importante – a famosa *reservatum ecclesiasticum* – pela qual qualquer bispo ou abade que se tornasse protestante deveria ser, daquele momento em diante, destituído dos benefícios eclesiásticos, que passariam a um sucessor católico. Por fim, todas as disposições de paz foram restritas aos luteranos – todos os outros protestantes, zwinglianos, calvinistas, anabatistas, foram totalmente excluídos.

Isso marca o final da grande luta que começara trinta e cinco anos antes, com a súplica de Lutero à nação alemã. Muitas vezes, isso é visto como um triunfo para o protestantismo alemão. Na verdade, foi uma derrota, sem dúvida, da tradicional ordem católica, na Igreja e no Estado, mas não menos dos ideais de Lutero de reforma cristã. A causa que triunfou foi a da revolução dos príncipes. Deixou a Alemanha dividida, com um modelo de igrejas territoriais e pequenos governos semissoberanos que seriam peões no jogo do poder político europeu pelos próximos trezentos anos. Lutero teve a sorte de morrer na véspera da batalha final, em 1546, de modo que não experimentou a amargura de ver a ruína da sua Saxônia e a transferência de

Wittenberg e do eleitorado para a família de seu antigo desafeto, o duque Georg der Bärtige (1431-1539).

Não há razão, entretanto, para pensar que Lutero teria feito oposição aos princípios da Paz de Augsburgo, embora, certamente, tenha deixado de realizar o que esperava. Sempre tendeu a ter uma visão muito pessimista da política, e tinha poucas ilusões a respeito dos objetivos e do caráter dos príncipes. O mundo é totalmente mau, e como podemos esperar que os príncipes que o governam façam melhor? Sua visão da história é escatológica, não política – não pretendia um novo arranjo Igreja-Estado, mas o fim, pois acreditava que o tempo era breve – o Evangelho fora pregado; o governo do papado, que era o reino do Anticristo, terminara; os turcos, que eram Gogue e Magogue,[4] preditos pelo profeta Ezequiel, tinham surgido; era somente uma questão de tempo antes de todo o drama terreno chegar ao fim e o reino do Cristo e de seus santos ser inaugurado. Em todas essas questões, os pontos de vista de Lutero estavam muito próximos aos dos anabatistas, que, em todos os outros aspectos, abominava.

Vista da perspectiva apocalíptica, a Paz de Augsburgo não era tão má, já que oferecia um estado interino em que o Evangelho poderia ser pregado livremente. Os príncipes, porém, viram o assunto sob uma luz diferente. Desfrutavam o mundo enquanto podiam e tiravam disso o melhor proveito. Consequentemente, embora o luteranismo continuasse a se alastrar por muitos anos após a Paz de Augsburgo, ele se tornou, ao mesmo tempo, restrito e confinado pelo erastianismo das igrejas territoriais e pela aridez de um confessionalismo estreito. Enquanto isso, a liderança da revolução religiosa passou da Alemanha para outras terras.

---

[4] Ver o relato em Ezequiel 38-39 e em Apocalipse 20,7-8 (N. T.)

Capítulo 6 | A Reforma da Inglaterra

A história da Reforma Protestante na Inglaterra e na França é totalmente diferente da Reforma na Alemanha. Não foi o resultado de uma revolução popular social ou religiosa que destruiu uma união Igreja-Estado imperial e levou à desintegração da unidade nacional. Tanto na Inglaterra quanto na França o senso de unidade nacional era forte e encontrou centro na monarquia nacional, a criadora do moderno Estado Nacional. Nessas terras, a Reforma se tornou uma oportunidade para o governo afirmar ainda mais sua força, ao identificar-se com a religião nacional, criando, assim, uma igreja nacional. Na Inglaterra, o governo identificou-se com a Reforma e a igreja nacional era anglicana. Na França, a religião da nação permaneceu católica e a igreja, galicana. Em ambos os casos, fosse a igreja anglicana ou galicana, o poder real era o poder supremo, e era o Estado, e não a Igreja, que decidia qual seria a religião dos súditos.

Na Inglaterra, essa união entre Igreja e Estado era especialmente próxima, devido ao fato dos bispos, por séculos, terem estado diretamente associados com o rei no governo do reino. Não eram governantes de principados independentes, como na Alemanha, nem eram provenientes, quase todos, da nobreza, como tendia a ser cada vez mais o caso noutras partes da cristandade. A Igreja da Inglaterra permaneceu, como a igreja da Alta Idade Média, uma sociedade sem classes, no sentido de que a promoção estava aberta para todos e um homem de origem humilde poderia chegar aos mais altos cargos eclesiásticos; todavia, não poderia fazer isso, via de regra, pelo exercício da sua vocação pastoral. O rei indicava os bispos e muitos outros do alto clero, com aprovação quase nominal do papa, usando esse poder para recompensar seus servos. O bispo inglês médio, no final da Idade Média, era um bom servo – trabalhador, confiável, e com algum talento administrativo. Assim, a Igreja da Inglaterra escapou de alguns dos piores abusos que predominavam no continente. Não havia espaço para indolentes e aristocratas libertinos que usavam as receitas das dioceses para proveito próprio. Perceberam a importância da educação, uma vez que, normalmente, deviam a ela o próprio progresso, e foram esses bispos estadistas da época de William of Wyckham (1320-1404) e do arcebispo Henry Chichele (1364-1443) até o bispo Richard Foxe (1448-1528) e o cardeal Thomas Wosley (1470-1530) que fundaram as faculdades e escolas para educar o clero e o laicado da Igreja da Inglaterra nas gerações futuras.

Em contrapartida, dificilmente podemos esperar que tal sistema produza líderes espirituais ou homens de mentalidade independente. As circunstâncias do episcopado inglês, sob os primeiros Tudors, era a de uma alta proporção de homens capazes e de bom caráter que, no entanto, fracassavam, com uma ou duas exceções, quando se tratava de tomar posição pelos princípios e direitos da Igreja. Devemos, contudo, admitir que estavam numa situação excepcionalmente difícil. Eram todos servos leais do rei, a quem sempre viram como um pilar de ortodoxia. Quando irrompeu a grande revolução religiosa na Alemanha, Henrique VIII fora o primeiro a defender em público as doutrinas católicas, e seu serviço foi reconhecido publicamente pelo papado, ao conferir-lhe o título – *fidei defensor* [defensor da fé] – que ainda pode ser visto nas moedas inglesas. Era o último homem no mundo que os bispos temeriam como ameaça à Igreja e à fé católica, e quando a grande questão do divórcio real surgiu pela primeira vez, foi vista, em geral, como uma matéria que seria facilmente resolvida pelo procedimento canônico. Luís XII (1462-1515) fora bem-sucedido ao ter dissolvido o matrimônio com Jeanne de Valois (1464-1505) em circunstâncias um tanto semelhantes, apenas uma geração antes.

O caso, todavia, provou ser diferente, e os bispos vieram a perceber que estavam diante de uma dificuldade incomum. Henrique VIII ainda orgulhava-se de sua ortodoxia, e tinha evidentes escrúpulos, mas a razão e a consciência seguiam o livre arbítrio; e quando sua vontade e consciência eram postos numa determinada direção, não havia poder na Terra e nos céus que poderia fazê-lo parar.

Assim, durante os anos da negociação com Roma a respeito do divórcio, ele foi levado, passo a passo, a afirmar sua supremacia com relação à Igreja e a destruir, um por um, os pilares sobre os quais a antiga ordem da Igreja e do Estado na Inglaterra repousavam. Quando ocorreu o rompimento final com o papado, em 1553, Henrique VIII já havia garantido a submissão do clero, a rendição dos poderes independentes de convocação, assim como a renúncia da dependência canônica de Roma. Jogou esse jogo de maneira tão reservada e tão cuidadosa que conseguiu induzir Roma a conferir as bulas necessárias para a instituição de Thomas Cranmer (1489-1556) como arcebispo de Canterbury, após o próprio casamento com Ana Bolena (1501-1536) já ter ocorrido. Ademais, Cranmer mesmo era um criptoprotestante que tinha contraído núpcias secretas com a sobrinha do reformador alemão Andreas Osiander (1498-1552) e, embora tenha feito os votos normais de obediência à Santa Sé, também assinou um documento declarando que via tais votos como uma fórmula vazia e considerava-se livre para trabalhar na reforma da religião e do governo da Igreja sob a coroa.

Desse modo está claro que a hostilidade original do rei ao protestantismo já tinha sido, consideravelmente, modificada nesses anos. Os luteranos ou protestantes ingleses, contudo, ainda eram muito poucos e estavam, principalmente, restritos ao pequeno grupo que se encontrava na White Horse Inn em Cambridge e ao grupo local de hereges, conhecidos como lollardos,¹ que sobreviveu nos Chilterns e em parte do Sudoeste da Inglaterra, mas que não possuíam instrução ou influência social. Mesmo assim, o primeiro grupo era composto tanto por erasmianos como por luteranos, já que tinham tido a razão despertada pelo ensinamento de Erasmo de Roterdã em Cambridge e se dedicaram a propagação dos escritos erasmianos. É um fato deveras notável que homens influenciados por Erasmo fossem os mais eminentes de ambos os lados e os primeiros a derramar o próprio sangue por princípios diametralmente opostos – de um lado são Thomas More e o bispo John Fisher; e de outro Thomas Bilney (1495-1531) e William Tyndale (1492-1536). O rei, por sua vez, não foi muito adiante na aproximação com os luteranos, e se usou Cranmer, foi porque este tinha um caráter excepcionalmente flexível e adaptável; mas, também usou o bispo Stephen Gardiner (1483-1555), que representava a maioria católica no episcopado e era menos submisso ao novo sistema, embora também tenha adaptado sua consciência e convicção à política do rei.

No entanto, o homem que, mais do que todos os outros, influenciou o curso da reforma inglesa e estava mais envolvido nos segredos reais era um leigo – Thomas Cromwell (1485-1540) – um soldado político de fortuna, que se dedicara à nova filosofia da *Raison d'État* e que não fugia dos extremos da traição e da violência para alcançar seus propósitos. Se o cardeal Reginald Pole (1500-1558) estava errado, como creio que deveria estar, ao dizer que Thomas Cromwell admitira estar em débito com Nicolau Maquiavel já em 1529,² estava

---

¹ Os lollardos faziam parte de um movimento político e religioso surgido na Inglaterra no final do século XIV e início do século XV. Exigiam a reforma da Igreja católica, não acreditavam na hierarquia. Pregavam o conceito da "Igreja dos Salvos", a pobreza apostólica e a taxação dos bens da Igreja. As origens do movimento podem ser encontradas no famoso teólogo de Oxford, John Wycliffe. (N. T.)

² Escrito em 1513, o livro *O Princípe* de Nicolau Maquiavel foi publicado postumamente apenas em 1532, cinco anos após a morte de seu autor. (N. T.)

correto em princípio. De fato, Cromwell poderia ter dado aulas para o príncipe de Maquiavel na arte de manejar assembleias populares e criar a opinião pública.

Não há motivos para supor que Cromwell possuísse quaisquer convicções religiosas firmes, ou, certamente, alguma convicção religiosa própria. Favorecia os protestantes, uma vez que eram aliados úteis ou instrumentos em sua obra. Caso desejemos encontrar suas contrapartes, devemos nos dirigir não para qualquer um dos reformadores continentais, mas para juristas como Guillaume de Nogaret (1260-1313), que arquitetou o ataque ao papa Bonifácio VIII (1235-1303) e à Ordem dos Templários na França dois séculos antes; e é digno de nota que Cromwell reconhecesse essa relação, já que publicou escritos do movimento anticlerical primitivo, tais como o *Diálogo entre o Clérigo e o Cavaleiro* de John Wycliffe, e o *Defensor Pacis* de Marsílio de Pádua em traduções inglesas como armas na campanha de propaganda política. O que naquele momento, todavia, estava em jogo não era a reputação de um papa ou a existência de uma ordem religiosa particular, mas as instituições do monaquismo e do papado como órgãos da Igreja universal.

A ascensão de Cromwell ao poder foi extraordinariamente rápida. Em 1533 tornou-se secretário do rei, e logo em maio de 1535 foi indicado como vigário geral ou "vice-general dos assuntos espirituais", com poderes para conduzir um levantamento geral de todas as igrejas e monastérios do reino. Foi a cabeça por trás da legislação revolucionária de 1534 – o Ato de Sucessão, o Ato de Supremacia e o Estatuto de Traições – além do mais, foi responsável, juntamente com Henrique VIII, pelo reinado de terror que forçou todos os homens a jurar fidelidade à sucessão e à supremacia ou submeterem-se às penalidades de alta traição. Por esse procedimento a matéria religiosa, ou a questão da consciência, estava subordinada ao caso político ou ao da lealdade. Daí em diante, esse foi o caráter distintivo do conflito religioso na Inglaterra. A questão decisiva não era, como no Continente, o ponto da ortodoxia e da heresia que poderia ser resolvido por uma profissão de fé, mas a questão da supremacia real e a da fidelidade que poderiam ser resolvidas por um juramento. Quaisquer que tenham sido as intenções do governo, este nada fez para diminuir a tensão espiritual. De fato, a questão dos direitos de consciência nunca foi exposta de maneira tão nua e crua como nos dois grandes julgamentos por traição que inauguraram o novo regime em 1535.

Mesmo acostumados, como estavam, a atos de violência, a execução de um cardeal e do *Lord Chancellor*, personalidades muito conhecidas por toda a cristandade, que não cometeram crime algum, nem qualquer erro teológico, exceto a recusa a fazer o juramento ao rei, foi algo terrível de que nunca se ouvira falar. Thomas More tinha baseado sua defesa na injustiça do novo procedimento pelo juramento compulsório que constrangia as consciências dos homens. "Sou servo fiel do rei e rezo a Deus diariamente", disse, ao ser interrogado: "não faço mal a ninguém, não digo nada mau, não penso nenhum mal, mas desejo o bem de todos. E se isso não é o bastante para manter vivo um homem, de boa fé, não desejo viver".[3] E, no primeiro interrogatório diante dos Lordes, disse:

> Dizeis que todos os bons súditos são obrigados a responder; mas digo que o súdito fiel está mais aferrado à própria consciência e à própria alma que qualquer outra coisa no mundo, desde que sua consciência, como a minha, não seja motivo de escândalo ou sedição, e garanto-vos que nunca revelarei o que se passa em minha consciência para qualquer dos viventes.[4]

---

[3] Carta de Thomas More a sua filha, Margaret Roper (1505-1544), por ocasião do segundo interrogatório em 2 de maio de 1553. In: *A Thomas More Sourcebook*. Ed. Gerald Wegemer e Stephen Smith. Washington, DC, Catholic University Press, 2004, p. 343-46. (N. T.)

[4] Julgamento e execução de Thomas More, segundo o relato de um jornal parisiense de 4 de agosto de 1535. In: Ibidem, p. 352-55. Vale notar que, segundo a referida fonte, a declaração acima ocorreu durante o julgamento, em 1 de julho de 1535. (N. T.)

A execução de sir Thomas More foi o caso que abriu o precedente da nova política de identificação das questões religiosas e políticas, pois se havia um homem na Inglaterra que não poderia ser suspeito de traição no sentido comum da palavra, esse era o ex-chanceler, que morreu, como ele mesmo afirmou no patíbulo, como "bom servidor do rei, mas primeiramente de Deus". No entanto, a injustiça da sentença nada faz para diminuir sua efetividade, e os líderes do partido católico entre os bispos, tais como Edward Lee (1482-1544), Stephen Gardiner e Cuthbert Tunstall (1474-1559), tornaram-se, dali em diante, totalmente subservientes à política real. Quando houve a convocação do clero, em 1536, sob a presidência de Cromwell, como vigário geral, e como representante do rei, o dr. William Petre (1505-1572), o governo não teve dificuldade de impor seu programa de reforma, muito embora isso envolvesse um avanço considerável em direção aos princípios luteranos com a publicação dos "Dez Artigos" e o repúdio da teoria conciliar na resolução que negou o direito de reunião dos concílios gerais "(...) exceto com consentimento expresso de todos os príncipes cristãos". Nem mesmo os bispos objetaram quando Cromwell editou uma série de prescrições ao clero, no verão de 1536, passando por cima da autoridade deles, estabelecendo, em detalhes, o modo pelo qual os novos princípios reformados iriam ser aplicados nas paróquias.

Tais preceitos levaram a nova ordem às pessoas comuns por todo o país e, mais ainda o fez a dissolução de monastérios menores, decidida por um ato parlamentar, na primavera de 1536, após Thomas Cromwell ter realizado uma rápida inspeção por intermédio de seus agentes, Richard Layton (1500?-1554) e Thomas Legh (†1545), durante o inverno anterior. Aí, por fim, a reforma cromwelliana encontrou com um determinado movimento de resistência. Em outubro de 1536, todo o Norte levantou armas, numa espécie de cruzada popular sob a liderança de Robert Aske (1500-1537), um advogado de Yorkshire. O governo foi pego de surpresa, e quando o exército do rei, comandado por Thomas Howard (1473-1554), 3º duque de Norfolk, chegou a Doncaster, se viu diante de um *levée en masse* dos condados do Norte e foi obrigado a conceder uma trégua enquanto os representantes apresentavam os pedidos ao rei.

O que é extraordinário na "Peregrinação da Graça", como foi chamado o movimento, foi seu caráter constitucional e ordeiro. Não foi um levante de camponeses, como os movimentos anteriores em Norfolk e em Devonshire, mas uma manifestação organizada, em que cada classe da sociedade nortista – os nobres, a pequena nobreza, os soldados de cavalaria e os camponeses – estavam totalmente representados. Quando a resposta de Henrique VIII aos seus delegados provou ser insatisfatória, os peregrinos reuniram-se em assembleia – inicialmente em York, e depois em Pontefract – que era, de fato, um parlamento do Norte, e mais representativo do que jamais fora convocado, visto que todo condado ou distrito rural em Yorkshire mandou representantes, além da nobreza e do clero. Nessa assembleia, todas as mudanças dos últimos cinco anos foram debatidas e foi elaborado um catálogo completo de queixas. A questão religiosa era, por certo, predominante, e a assembleia exigia a restauração das abadias, o reestabelecimento da supremacia espiritual da Igreja, a deposição dos bispos hereges e a punição de Thomas Cromwell, Thomas Audley († 1544) e Richard Rich (1496-1567) como "subversores das boas leis do reino e adeptos dos hereges e homens que concebem, eles mesmos, heresias". As exigências políticas, todavia, também eram importantes. Alegaram que o Parlamento Reformado era inválido por não ter sido livremente eleito, que a eleição parlamentar deveria ser modificada e mais representativa, e que um parlamento deveria ser imediatamente reunido no Norte. O Estatuto de Traições deveria ser repelido e aplicados os estatutos contra o cercamento dos campos. Por fim, foi estipulado que a princesa Mary Tudor (1516-1558) deveria ser reconhecida como legítima.

Essa foi a primeira proclamação livre do povo inglês, e Henrique VIII foi obrigado a ceder naquele momento. Rapidamente, contudo, repudiou as concessões e destruiu os líderes do movimento tão logo baixaram as armas. O insucesso do movimento, no entanto, não se deveu apenas à perícia e à perfídia do rei. Assinalou também o fracasso da Igreja. O povo se levantara em defesa da Igreja e dos direitos de espiritualidade, mas os líderes da Igreja falharam em lhes dar apoio. Cuthbert Tunstall, amigo de Erasmo de Roterdã, de Thomas More e o bispo mais importante do Norte estava de acordo *in pectore* com os objetivos do movimento. Seu rebanho, em Durham, esteve entre os primeiros a se erguer sob o estandarte de São Cutberto (634-687) e foi, do começo ao fim, um dos principais elementos da insurreição. Tudo o que Tunstall fez, todavia, foi fugir para um castelo distante, na fronteira com a Escócia e lá permanecer, em total inércia, até que tudo tivesse acabado. Esse foi o comportamento típico dos principais prelados – tanto de bispos como de abades. Estavam totalmente intimidados pela política de Cromwell e nada fizeram para tirar vantagem da oportunidade única que tiveram de parar a revolução religiosa. O resultado foi Henrique VIII tomar ciência de que nada devia temer daqueles homens, e continuou a destruir também os monastérios maiores e a executar inúmeros abades.

Não obstante, a insurreição não foi ineficiente na cabeça do rei. Ele percebeu a impopularidade de Cromwell e dos reformadores, e, aos poucos, começou a dar ênfase, na sua política, aos elementos conservadores e antiprotestantes. Em 1539, o Ato dos Seis Artigos (que foi peculiarmente intitulado "Ato de Abolição da Diversidade de Opiniões") reafirmou as doutrinas e os usos católicos sob severas penalidades e, no ano seguinte, o próprio Cromwell perdeu o poder, foi executado, e o dr. Robert Barnes (1495-1540), agente de Cromwell e do rei nas negociações com os luteranos alemães, foi mandado para a fogueira como herege. Uma nova declaração doutrinal autoritária, conhecida como o *King's Book* [Livro do Rei], publicada em 1543, era substancialmente católica. Quando o rei fez o último discurso no Parlamento em 1545, este foi uma súplica eloquente pela unidade religiosa baseada na caridade entre os homens e que é "o fundamento especial de nossa religião" e cuja falta faz emergir dissensões – "ocasiões nas quais são somente opiniões e nomes inventados para a continuação do mesmo. Alguns são chamados de papistas, alguns luteranos e alguns anabatistas".[5] O efeito de tal apelo pela caridade, contudo, foi enfraquecido pela condenação à fogueira de Anne Askew (1520-1546) e de três outros protestantes, em 1546. Quando o rei faleceu, em 1547, as divisões religiosas na corte e na Igreja eram mais cáusticas do que nunca. Há dúvidas se mesmo um sucessor poderoso conseguiria ter mantido intacta a forma peculiar de anglocatolicismo de Henrique VIII. Na verdade, o rei Eduardo VI (1537-1553) era uma criança, e o governo caiu nas mãos de uma nova oligarquia que surgira à sombra do despotismo Tudor. Sob o comando de Edward Seymour (1506-1552), 1º duque de Somerset, ele mesmo um verdadeiro protestante, houve uma retomada imediata do regime de repressão religiosa. Os protestantes exilados retornaram, e com eles, um influxo de refugiados protestantes vieram do continente, de todas as nações, incluindo figuras como o alemão Butzer, os italianos Pietro Martire Vermigli (1499-1562) e Bernardino Ochino (1487-1564), o polonês Jan Łaski (1499-1560) e o espanhol Francisco de Enzinas (1518-1552), conhecido como Franciscus Dryander.

Todos esses, exceto Butzer, pertenceram à ala esquerda da Reforma, e a influência deles ficou fortalecida nas mãos de Thomas Canmer e dos reformadores ingleses. O duque de Somerset, no entanto, agiu como uma influência moderadora, e foi somente na queda e ascensão

---

[5] Versão resumida do discurso citada em: H. A. L. Fisher, M. A. *The History of England: From the Accession of Henry VII to the Death of Henry VIII*, vol. V, cap. XVIII, p. 475-76. In: William Hunt e Reginald Lane Poole (eds.), *The Political History of England in Twelve Volumes*. New York / Bombaim, Longmans, Green & Co, 1906. (N. T.)

ao poder de John Dudley (1501?-1553), conde de Warwick, em 1550, que o partido mais extremado obteve o controle. Os bispos pró-católicos, como Gardiner e Tunstall foram depostos; seus postos ocupados por rematados protestantes como John Hooper (1495/1500-1555), Nicholas Ridley (1500-1555) e Myles Coverdale (1488-1569). Nessa época não havia dúvidas sobre a integralidade da mudança. A missa foi abolida, os altares foram removidos, e o *Book of Common Prayer* [Livro de Oração Comum] imposto, livro que na segunda e última versão era, sem dúvida, protestante, zwingliano e calvinista. A riqueza remanescente da Igreja e as antigas corporações foram liquidadas. Pátenas e cálices da Igreja foram derretidos e as terras das instituições de caridade, guildas e escolas, confiscadas.

Tais mudanças não eram populares. A introdução do *Book of Common Prayer* inglês gerou uma breve insurreição em Cornwall e Devon, e quando Dudley tentou garantir a própria permanência no poder e a de um sucessor protestante, proclamou a esposa de seu filho, Lady Jane Dudley (1536-1554) [conhecida como Jane Grey], como rainha. A proclamação não teve apoio no país e Mary Tudor obteve uma vitória sem derramamento de sangue, vindo a ser coroada em meio ao regozijo universal.

Com Mary I, o catolicismo, finalmente, recobrou o posto na Inglaterra. Não era, todavia, a antiga religião como existira antes de 1530 – a restauração dos monastérios estava fora de questão ou mesmo a recuperação de uma antiga unidade cristã internacional estava intacta. O catolicismo que a rainha Mary tentou restaurar foi o novo catolicismo reformado de Trento, e tinha de superar a resistência não só de uns poucos hereges dispersos, mas de um ministério organizado que estava consciente da própria força e contava com o apoio próximo das igrejas reformadas do continente – sobretudo, da Genebra de João Calvino. Além disso, o fato dos bispos católicos restaurados terem sido bispos de Henrique VIII, principalmente no caso de Gardiner, e partilhado a responsabilidade pelo cisma, os colocou em desvantagem, se comparados aos líderes protestantes, como Nicholas Ridley, Hugh Latimer (1487-1555) e John Hooper, em que nada os desabonava.

É verdade que a rainha tinha grande apoio no primo, o cardeal Reginald Pole, que era um dos principais líderes da Reforma Católica e que, agora, retornava para a Inglaterra como núncio papal e arcebispo de Cantebury. Pole começou a aplicar ou antecipar as reformas de Trento em um sínodo, o Concílio de Londres, reunido no inverno de 1555-1556. Infelizmente, o valor positivo desse trabalho foi desfeito pelos efeitos da grande perseguição que muito colaborou para afastar a simpatia das pessoas. Pela execução de bispos protestantes como Hooper, Ridley, Latimer e, finalmente, Cranmer, a igreja estatal impopular e desacreditada de Edward Seymour recuperou o prestígio pelo heroísmo de seus mártires. Não há dúvida que a perseguição religiosa no século XVI era lugar comum, aceita por todos os partidos, e mesmo nos piores anos da perseguição da rainha Mary, o número das vítimas era muito pequeno em comparação com a França ou os Países Baixos. Havia, entretanto, um movimento crescente na opinião pública contra a perseguição, e a promovida pelo governo de Mary Tudor ocorreu no momento psicológico dessa impopularidade, encontrando um eco duradouro no *Book of Martyrs* [Livro dos Mártires] de John Foxe (1516-1587), que se tornou o mais popular de todos os clássicos do protestantismo inglês. A verdadeira causa do fracasso da reação católica, porém, foi a brevidade. Mary I faleceu após um reinado de cinco anos e o cardeal Pole, faleceu um ou dois dias depois, somente quatro anos após retornar à Inglaterra. Nessa época, era dado como certo que a mudança de governo seria seguida por uma mudança de religião, e Elizabeth (1533-1603), a filha de Ana Bolena, estava comprometida, desde o nascimento, com a causa protestante.

Não obstante, a rainha Elizabeth I estava longe de ser uma fanática religiosa. De fato, foi a primeira de três governantes do final do século XVI que tentou encontrar uma solução política para as divisões religiosas – sendo seguida por Guilherme I de Orange-Nassau (1533-1584), o taciturno, e Henrique de Navarra (1553-1610). A situação política, doméstica e exterior, forçou Elizabeth a fazer aliança com os protestantes que retornaram do exílio carregados das novas ideias de Genebra e de Zurique; mas, caso seja possível definir sua posição pessoal, a rainha poderia ser descrita como uma protestante erasmiana, com mais interesse em literatura que em dogmas, e tendendo mais para os reformadores italianos que para os suíços.

Apesar da falta de interesse em assuntos teológicos, contudo, foi ela a responsável pelo caráter distintivo do arranjo anglicano. Os bispos e ministros, no início, não tinham ideia de uma *via media*. Buscavam modelos em Genebra, Frankfurt ou Zurique do que deveria ser uma igreja e eram, quase sem exceção, todos calvinistas em teologia. A rainha, no entanto, não simpatizava com as ideias genebrinas, e viu, desde o início, que sua supremacia não poderia ser mantida sem uma disciplina hierárquica estrita entre o clero. Foi fácil chegar a um compromisso com os extremistas em matéria de externalidades, pois não estava em jogo nenhum princípio, e os reformadores suíços ajudaram a rainha com conselhos de moderação endereçados aos seguidores. Todos concordavam na visão de reis e rainhas como "representantes efetivos de Deus, preservando o Reino de Jesus Cristo"; todavia, em matéria de disciplina e ordem da Igreja, o caso era muito diferente. Pouco a pouco, os reformadores vieram a perceber que o sistema episcopal era fundamentalmente inconciliável com a disciplina genebrina, que envolvia a paridade dos ministros. Tal oposição ao governo episcopal era, de fato, a essência do movimento puritano que veio a abarcar uma parte grande e influente da Igreja da Inglaterra apoiada pela Câmara dos Comuns, mas fiscalizados pela própria rainha, que agia por intermédio do Tribunal de Alto Comissariado, a corporificação da autoridade eclesiástica da coroa.

Por outro lado, Elizabeth ainda tinha de lidar com os católicos, que, provavelmente, representavam a maioria da população no início do reinado; mas os próprios católicos não estavam unidos. A maioria aceitou a supremacia real e teria ficado satisfeita com o retorno do anglocatolicismo de Henrique VIII. No entanto, isso não era mais possível, já que os bispos e o alto clero, que eram seus antigos líderes, haviam renunciado a obediência à supremacia real quando a rainha aceitara o protestantismo e negara a missa. Apesar disso, ela não era insensível a esse partido. Certamente, teria sido difícil manter-se contra os puritanos, a menos que possuísse um apoio passivo.

Havia também um forte elemento inconciliável, que era católico no sentido pleno da palavra, e inspirado pelos ideais da Contrarreforma, representado pelos católicos ingleses exilados no continente e pela missão jesuíta. Esses eram os *recusantes*, que recusavam fazer o juramento de supremacia e a efetuar o gesto de conformidade externa ao rito anglicano. Após a excomunhão de Elizabeth I por Pio V (1504-1572), em 1570, esse grupo foi submetido a uma longa e severa perseguição que custou mais de 180 vidas antes do fim do reinado. Vale a pena notar, entretanto, que poucos deles pertenciam ao antigo clero católico da época pré-elizabetana. Calcula-se que dos 123 padres executados, somente três pertenciam a essa categoria, ao passo que, do total, 54 eram convertidos do protestantismo e nada menos que nove eram ex-ministros da Igreja da Inglaterra.

É certo, portanto, que o estado de opinião religiosa até 1603, quando termina o reinado elizabetano, ainda era fluido. A *via media* da rainha Elizabeth era diferente da de seu pai, salvo na medida em que foi fundamentado no mesmo princípio basilar da supremacia real. Aos poucos, contudo, veio a adquirir sua própria doutrina e *ethos*, de modo que nos últimos anos de Elizabeth, homens como Lancelot Andrewes (1555-1626) e Richard Hooker (1554-1600) estavam a estabelecer os fundamentos de uma teologia anglicana distinta.

Até essa época, a Reforma Inglesa não produzira escritores e produzira poucas personalidades que pudessem ser comparadas com as do continente. Daí em diante, no entanto, por duas gerações ou mais, o protestantismo inglês – tanto na forma anglicana quanto na puritana – ganhou uma impressionante vitalidade intelectual e espiritual que teve um efeito de longo alcance na história da cultura ocidental. As guerras religiosas em que a Alemanha, em primeiro lugar, depois a França, e por fim a Alemanha novamente, foram mergulhadas, deixou o protestantismo continental mutilado e enfraquecido, ao passo que o protestantismo inglês se tornou bem mais forte, apesar das guerras civis e revoluções em que esteve envolvido. Por isso alguns historiadores argumentaram que a Reforma Inglesa foi um dos eventos mais importantes na história da cristandade desde o Grande Cisma do Oriente, pois produziu uma nova forma de cultura, e, de fato, um novo tipo de cristianismo, que foi ulteriormente difundido por todo o mundo, em especial na América do Norte, de modo que se tornou uma das grandes forças que moldaram o mundo moderno. Isso não é simplesmente um ponto de vista do protestantismo inglês. Na verdade, tal fato foi afirmado com bastante vigor por um escritor católico francês[6] – professor Pierre Janelle (1879-1952), autor do volume sobre Reforma Católica na obra *Histoire de l'Église* [História da Igreja], organizada por Augustin Fliche (1884-1951) e pelo monsenhor Victor Martin (1886-1945) – que é uma testemunha relativamente imparcial.

---

[6] Pierre Janelle, *The Catholic Reformation*. Milwaukee, Bruce Publishing Company, 1963. (N. T.)

Capítulo 7 | A Reforma na França

Antes de examinar a Reforma Protestante na França, algo deve ser dito sobre a Reforma na Suíça, pois exerceu enorme importância e influência decisiva no desenvolvimento do caso francês.

Essa foi a grande era da história suíça – a época em que a Confederação estava alcançando quase os limites atuais e exercia um importante papel na política europeia, porque era a grande fonte de suprimento de soldados mercenários que eram a espinha dorsal dos exércitos franceses, papais e milaneses. Praticamente, era o único governo republicano na Europa – salvo Veneza e as cidades italianas – e, em consequência, tal situação ofereceu um ambiente favorável para o desenvolvimento da liberdade religiosa ou eclesiástica.

A Suíça cresceu fora da organização eclesiástica regular do Império, em pequenos cantões campesinos ao redor do Lago Lucerna e das cidades aliadas de Zurique e Berna, e nenhuma dessas era sé episcopal. A maior parte dos territórios ficavam na diocese de Constança, uma das maiores do Império. A Basileia, que havia se unido à Confederação, no início daquele século, era muito menos importante como diocese, e Lausanne e Genebra ainda estavam fora da Confederação.

Já delineamos a carreira do primeiro reformador suíço, Zwinglio, e o entrelaçamento estreito entre atividades políticas e religiosas. A derrota e a morte no campo de batalha não destruíram o tipo característico de comunidade protestante que estabelecera.

A cidade-igreja republicana ou a igreja-cidade aos moldes de Zurique continuaram a ser a forma característica do protestantismo suíço. A liderança política, no entanto, agora tinha passado para Berna, que se tornara a mais poderosa das cidades e estendera o controle político e a influência religiosa em territórios vizinhos, especialmente os de língua francesa ao redor do Lago Léman, onde os bispos católicos de Lausanne e Genebra eram aliados do duque de Saboia. Em 1536, Berna conquistou esses territórios de Saboia, expulsando o bispo de Lausanne e introduzindo o protestantismo em todos os locais; mas Genebra ainda permanecia independente. Crescera como cidade pequena, mais ao estilo italiano que alemão, sob o governo nominal do bispo, que era extremamente dependente da casa de Saboia. A vitória de Berna sobre Saboia permitiu que os genebrinos expulsassem o bispo e estabelecessem um regime republicano livre. Embora aceitassem a reforma, que foi levada a cabo pelo reformador francês Guillaume Farel (1489-1565), em 1535, todavia, recusaram a abrir mão da independência para Berna, e permaneceram em condição um tanto anômala entre a Suíça, a Saboia e a França, aliada à Berna, mas fora da Confederação Suíça. Foi essa a condição em que Calvino encontrou Genebra em 1536, e foi essa posição independente que permitiu que a cidade se tornasse, sob sua liderança, um ponto de reunião para a Reforma na França e, certamente, para grande parte da Europa.

O curso da Reforma na França diferiu enormemente da evolução na Alemanha e na Inglaterra. A situação parecia a da Inglaterra, uma vez que o poder real era um fator decisivo em ambos os casos, mas na França foi exercido em apoio à Igreja, ao passo que na Inglaterra foi utilizado ditatorialmente para destruir a antiga ordem e impor um novo acordo eclesiástico. Nessas circunstâncias, poderíamos esperar que, desde o início, não houvesse esperança para a causa do protestantismo na França, especialmente quando o sentimento popular em Paris e nas demais localidades era de um fervoroso catolicismo; mas esse não foi o caso. O protestantismo francês produziu o maior gênio organizador da Reforma, João Calvino e, ainda que tenha sido forçado a passar toda a vida no exílio, deu ao protestantismo francês uma coesão e um poder de resistência que o permitiu conservar-se firme diante do poder do governo real e da força da reação católica. Como consequência, na França, o choque entre forças religiosas opostas foi mais severo, se manteve por muito tempo e a oposição entre eles foi mais aguçada. Aí não havia espaço para aqueles esforços de conciliação e entendimento que foram tão frequentes durante a contenda na Alemanha e uma série de guerras religiosas dolorosas e inconclusivas colocavam em perigo a própria existência do Estado.

Tudo isso, no entanto, aconteceu na última parte do século XVI, quando o desenvolvimento da Reforma Alemã estava completado e a inglesa também. Pertence ao mesmo período da Contrarreforma católica: de fato, Calvino era muito mais jovem que o fundador dos jesuítas (cerca de dezoito anos), embora este tenha progredido antes. Isso significa dizer que a Reforma Calvinista foi o segundo estágio da Reforma, mesmo na França, e as grandes mudanças religiosas ocorreram antes de Calvino entrar em cena.

Em primeiro lugar, a postura da monarquia para com a Igreja foi decidida antes que começasse a revolução religiosa, pela assinatura da Concordata de Bolonha, em 1516, entre o rei Francisco I (1494-1547) e o papa Leão X. Determinava as relações entre a Igreja e o rei para os séculos vindouros e preservava um arranjo eclesiástico em matéria de vital interesse para a coroa. Por tal acordo, o rei da França abandonou as reivindicações independentes da igreja galicana, incorporou a sanção pragmática de Bourges de 1438 e recebeu, em troca, o direito de indicar os candidatos para as 92 dioceses e aquidioceses, para as 527 grandes abadias e muitos outros benefícios eclesiásticos. Dessa maneira o rei obteve, por meios pacíficos, a maioria das vantagens que Henrique VIII assegurou por uma revolução religiosa.

Também foi capaz de usar as propriedades da Igreja como um enorme fundo de pensão para recompensar seus ministros e servos, e usou esse poder plenamente, sem muito considerar os interesses da Igreja e a adequação dos candidatos. O rei, no entanto, estava, por isso, comprometido não só a apoiar a Igreja contra os hereges, mas a apoiar os abusos da Igreja contra os reformadores. Esse sistema, pelo qual o rei indicava leigos ou clérigos seculares para abadias e para receber benefícios eclesiásticos era, por si mesmo, o maior dos abusos e continuou a ser fonte permanente de fraquezas para a igreja galicana.

Nos assuntos puramente intelectuais, o rei Francisco I não era insensível à reforma, e protegeu os humanistas cristãos e Erasmo contra as perseguições da Sorbonne, que representava os padrões mais intransigentes de ortodoxia escolástica. Sua irmã, Marguerite de Angoulême (1492-1549), mais conhecida como Marguerite de Navarra, era, ela mesma, membro do grupo de humanistas cristãos de Jacques Lefèvre d'Étaples (1450-1537), um piedoso platonista cristão, patrono e protetor dos primeiros reformadores, como o poeta Clément Marot (1496-1544), bem como de livre-pensadores como Bonaventure des Périers (1501-1544), autor do *Cymbalum Mundi*. Embora mantivesse um mínimo de conformidade exterior, as simpatias de Marguerite estavam com os protestantes e, finalmente, ela mesma desenvolveu uma religião própria, uma mistura de humanismo, misticismo e protestantismo que era característica do espírito individualista, inquiridor e inquieto que predominou na França durante a geração que precedeu a ascensão do calvinismo.

Enquanto isso, as fronteiras estavam abertas para influências que vinham do Reno e de mais além. Francisco I era aliado dos protestantes alemães, e as relações que mantinha com os grandes centros ocidentais de protestantismo, como Estrasburgo e Basileia, eram cooperativas. Quando o rei percebeu a extensão da penetração protestante, reagiu violentamente, mas de modo intermitente. Somente ao final do reinado e durante o governo do sucessor, Henrique II (1519-1559) de França, que durou de 1547 a 1551, uma política sistemática de perseguição foi adotada; mas, nessa época, Calvino tornara-se um poder organizado.

João Calvino era o filho de um notário de origem humilde em Noyon, na Picardia. Foi extremamente bem educado nas universidades de Paris, Bourges e Orleans, vindo a se tornar um estudioso dos clássicos, advogado e teólogo. Ao longo dos anos 1523 a 1532, tornou-se protestante, mas praticamente nada sabemos a respeito das circunstâncias da mudança de credo. Nisso, como em tudo mais, é a antítese de Martinho Lutero. Parece nunca ter experimentado dúvida, temores ou crises psicológicas, mas seguiu uma linha reta, com convicção absoluta e certeza, um homem austero, reservado, autocontrolado, com uma razão poderosa e lógica e um senso forte de autoridade e ordem. Apesar do período seguinte de sua vida, de 1533 a 1541, ter sido muito agitado com contínuas viagens à França, Alemanha, Itália e Suíça, seus princípios permaneceram imutáveis, e foi durante este período, provavelmente enquanto estava na Basileia no início de 1535, que produziu a primeira edição da grande obra que iria dominar a mentalidade protestante por duzentos anos ou mais – *Institutio Christianae Religionis* [Institutas da Religião Cristã] – que foi publicada pela primeira vez no ano seguinte, 1536, e traduzida para o francês em 1541.

Não menos importante foi a instituição da Igreja de Genebra, onde, em 1541, após um julgamento preliminar de 1536 a 1538, estabeleceu seu modelo de sociedade cristã. Tornou-se a sede do protestantismo francês, um modelo de organização para todas as igrejas protestantes do Ocidente e, por fim, de muitas localidades da Europa Oriental.

Do ponto de vista puramente doutrinário, as diferenças entre Lutero e Calvino são extremamente pequenas. Ambos baseiam seus sistemas no dogma central da justificação somente pela fé, e ambos dão ênfase à importantíssima doutrina da predestinação e à necessidade de o crente possuir a consciência de sua justificação; ambos tornam a Bíblia a única regra da fé excluindo toda a tradição eclesiástica; ambos denunciam o papado como Anticristo; e ambos concebem a verdadeira Igreja católica como uma sociedade invisível de santos eleitos. Assim, a margem de diferença teológica é muito estreita, e é fácil, em teoria, acolher a noção de um protestantismo comum. Não obstante, o espírito dos dois sistemas diferiu tão amplamente quanto o espírito dos dois reformadores. A teologia de Lutero é sempre cristocêntrica, ao passo que a das *Institutas* é teocêntrica e centrada no mistério dos decretos de Deus. É na execução prática dos dois sistemas, sobretudo, na organização e na disciplina da Igreja, que as diferenças são mais extremas. A reforma de Lutero era, desde o início, dirigida contra a Igreja como a encarnação de um poder espiritual e contra o direito canônico como expressão desse poder, resultando na destruição completa do poder espiritual e a Igreja deixada sob a supremacia do poder temporal. Calvino, por outro lado, estava determinado a apoiar e defender a autonomia da Igreja. Não tinha paciência com a confusão de pensamento, a anarquia dogmática e a desordem moral que acompanhava a primeira fase da Reforma na França mais do que em qualquer outro local.

De acordo com o ponto de vista de Calvino, o ponto de partida básico de uma igreja reformada era ser reformada na disciplina e na moral. Para isso, trouxe de volta a autoridade espiritual e a lei da igreja de uma maneira ainda mais drástica que a da Igreja Católica; a associação do laicato com o clero numa instituição comum: o consistório, que incluía as quatro ordens de mestre, pastor, ancião e diácono (ou, ao menos, as últimas três). Essa autoridade exerceu controle e supervisão extremamente estritos na fé de toda a congregação. O consistório, é claro, não possuía jurisdição civil, mas possuía o poder de excomunhão e o direito de advertir e impor penalidades públicas. Dessa maneira, a qualidade de membro da Igreja e a admissão aos sacramentos era controlada pelo consistório em minúcias.

Todo ano, antes da Páscoa, toda casa de família era visitada por um ministro e um ancião, que perguntavam a respeito da aptidão dos futuros comungantes e que poderiam reportar ao consistório qualquer desordem moral ou violação da prática religiosa. Essa inquirição doméstica era muito mais eficaz e prática que a Inquisição papal, uma vez que não era dificultada pelas formalidades e procedimentos da burocracia eclesiástica.

Assim, após desfrutar de uma geração livre e individualista, de maneira quase irrestrita, o protestantismo trouxe de volta os padrões mais estritos de conformidade religiosa, tanto na ideologia quanto no comportamento. A tensão era severa, mas a força interior da disciplina genebrina deu às Igrejas Calvinistas o poder de não resistir somente à pressão hostil, mas a reagir com sucesso à agressão e à ação revolucionária. Calvino não era um revolucionário político. Respeitava os direitos da autoridade civil, e sempre teve esperanças de que o rei pudesse tolerar a religião reformada, ou mesmo que se tornasse seu protetor. Os discípulos que partiram de Genebra para organizar a igreja reformada diante da perseguição implacável, no entanto, tinham um temperamento ainda mais militante e estavam preparados para o choque de forças no espírito do Antigo Testamento.

As novas igrejas, organizadas conforme o modelo de Genebra durante a sexta década do século XVI – na França, nos Países Baixos e na Escócia – quase imediatamente se tornaram um impressionante poder político e militar. Mesmo onde o número de membros era relativamente pequeno, era mais bem organizada que a maioria católica e era mobilizada com muito mais facilidade. Assim, os santos se tornaram soldados e a disciplina genebrina produziu um novo tipo de protestantismo militante, que deverá ser visto nos exércitos de huguenotes e puritanos.

Tal calvinismo militante apareceu, pela primeira vez, na Escócia, em 1557, na primeira aliança, quando os "Lordes da Congregação"[1]

---

[1] "Lordes da Congregação" eram um grupo de nobres protestantes escoceses que pregavam a reforma da igreja segundo os princípios protestantes, bem como a aliança entre escoceses e ingleses. Fizeram oposição ao casamento da

deram como penhor as próprias vidas para defender a Congregação do Cristo contra as forças que a ameaçavam. O espírito instigador era John Knox (1514-1572), talvez o maior dos discípulos de Calvino e o homem cuja teologia e organização de Genebra tornou-se a base da *Scottish Kirk* [igreja escocesa] e, por fim, da Igreja Presbiteriana inglesa, irlandesa e norte-americana.

John Knox começara, em 1556, a organizar as igrejas na Escócia, até a perseguição o forçar a refugiar-se mais uma vez em Genebra. Aí, publicou em 1558 *A Letter Addressed to the Commonalty of Scotland* [Uma Carta Endereçada à Comuna da Escócia], na qual proclamou os direitos das pessoas, como "criaturas de Deus, criadas e formadas à Sua imagem", à defesa de sua consciência diante da perseguição e à provisão do bem-estar da religião. Esse apelo aos direitos naturais é característico de Knox, talvez mais que do próprio Calvino, e também aparece em sua instrução que em épocas de perseguição todo homem é "bispo e rei" na própria casa, a fim de constituir, como o eram, células apartadas da verdadeira Igreja.

Knox retornou à Escócia logo em 1559 e colocou-se, juntamente com os "Lordes da Congregação", na liderança da revolução que depôs a regente Mary de Guise (1515-1560) e expulsou as tropas francesas com a ajuda do exército inglês. Nessas circunstâncias ocorreu a Reforma do Parlamento de 1560. A confissão de fé que fora preparada em moldes estritamente calvinistas por Knox e três outros pregadores foi aprovada e ratificada pelos representantes dos estamentos sociais, e três leis foram aprovadas – a primeira aboliu a jurisdição do papa; a segunda revogou as antigas leis eclesiásticas; e a terceira proibiu a

---

jovem rainha Mary Stuart (1542-1587) com o delfim da França, o futuro rei Francisco II (1544-1560), rei de França, e formaram tropas, em 1557, para apoiar John Knox contra o exército da rainha regente, Mary de Guise (1515-1560). Com a morte da rainha regente, acordaram o fim das hostilidades no Tratado de Edimburgo e, em 1560, o Parlamento da Escócia reconheceu a Reforma Escocesa. (N. T.)

realização ou o comparecimento à missa, pública ou secreta, sob pena de confisco de bens (na primeira transgressão), banimento (na segunda), e morte (na terceira), conferindo poder a todos os xerifes, bispos e reitores de investigarem em todos os locais para descobrir e prender tais criminosos. Por fim, o *Book of Discipline* [Livro da Disciplina] de Knox foi aprovado em 1560, o que permitiu a aplicação da disciplina genebrina a toda a igreja nacional escocesa.

A revolução religiosa não poderia ter sido mais completa e, sem dúvida, isso se deveu, principalmente, à energia e à eloquência furiosas com que Knox conduzira a luta. O que a tornou tão significativa para o futuro, no entanto, foi seu caráter político. Knox estava ciente de que fazia parte de um jogo de alta política. O fortalecimento da nova monarquia protestante na Inglaterra e o enfraquecimento do partido católico que controlava o governo francês foram parte integrante do projeto. Não somente o destino da Escócia, mas o da França e o dos Países Baixos também estavam em jogo. Já os líderes dos calvinistas franceses, que correspondiam aos "Lordes da Congregação", estavam organizando as forças. Calvino, agora nos últimos anos de vida, ainda era avesso à violência e escreveu uma carta vigorosa ao almirante Gaspard de Coligny (1519-1572) em 1559, afirmando que era melhor todos perecerem centenas de vezes do que o Evangelho ficar exposto ao opróbio como causa da guerra civil e da carnificina.[2] Apesar disso, nada fez para impedir a aliança dos protestantes franceses com a oposição política, com os partidários dos Bourbons contra o partido dos Guises, que iria levar, dentro em pouco tempo, à guerra civil e religiosa. A identificação dessas facções políticas com as forças religiosas que dividiam o país é que tornou o conflito tão cruel e implacável. Como já disse, o espírito calvinista era essencialmente militante e tirou tal inspiração de diversas passagens bélicas

---

[2] *Letters of John Calvin, Compiled from the Original Manuscripts and with Historical Notes*. Ed. Jules Bonnet. Philadelphia, Presbyterian Board of Publication, 1858, vol. IV, carta DLXXXVIII, p. 176. (N. T.)

do Antigo Testamento. Quando irrompeu a guerra, como aconteceu em 1562, dois anos antes da morte de Calvino, os huguenotes prontamente provaram suas qualidades militares, e quando, em 1572, a rainha Catarina de Medici (1519-1589) e os Guises destruíram todos os chefes da oposição política de um só golpe, no Massacre da Noite de São Bartolomeu, em 23 e 24 de agosto de 1572, deixando o partido sem liderança, foram as igrejas de La Rochelle e de outras cidades protestantes que salvaram a situação por resistirem heroicamente.

Não há dúvidas que, do ponto de vista religioso, as guerras civis foram um desastre para o protestantismo francês. Embora tenha sobrevivido no Sul e no Oeste, todas as congregações afastadas foram destruídas e a possibilidade do calvinismo se tornar a religião nacional da França estava definitivamente terminada. O próprio sucesso dos exércitos aumentou a impopularidade, pois o avanço das tropas foi marcado por um rastro de igrejas destruídas, monastérios incendiados, e a iconoclastia, característica tão marcante do calvinismo em todos os locais, colaborou imensamente para ascender as paixões na maioria católica, que poderia ter ficado neutra, caso as guerras tivessem sido um mero conflito entre os Bourbon e os Guise.

Ao longo de todo o curso das guerras até o momento da mudança de religião de Henrique IV, o conflito preservou um caráter duplo – de inimizade entre famílias dinásticas aliado a uma cruzada religiosa. No entanto, esse segundo elemento foi o que deu à luta sua importância europeia, de modo que se tornou o centro de um conflito mais amplo e que iria envolver a Inglaterra, a Espanha e os Países Baixos, mudando todo o equilíbrio de poder na Europa.

Quando irromperam as guerras religiosas na França, os Países Baixos também estavam à beira de uma crise semelhante, que ficou ainda mais aguda porque envolveu a questão da independência nacional. O imperador Carlos V – Carlos de Luxemburgo – nascera e fora criado nos Países Baixos, logo, os tutores, conselheiros e companheiros eram holandeses ou burgúndios. Quando foi assumir o governo da Espanha em 1516, levou consigo os ministros do Norte e cortesãos, de modo que, primeiramente, foi a Espanha e não os Países Baixos que ficou ressentida com a política externa. Quando Carlos abdicou em favor de seu filho Filipe II (1527-1598), em 25 de outubro de 1555, o caso foi totalmente alterado. Filipe II era um típico espanhol no temperamento e nas maneiras. Cercou-se de cortesãos espanhóis e confiava nas tropas espanholas. Era inevitável que um forte movimento nacional antiespanhol se desenvolvesse, dedicado à defesa dos direitos constitucionais das províncias dos Países Baixos, e fosse liderado por grandes nobres, como Lamoral (1522-1568), o conde de Egmont, e o príncipe Guilherme I de Orange-Nassau.

Ao mesmo tempo, também havia, como na França, um forte movimento de inquietação religiosa. Desde o início da Reforma, o protestantismo fizera consideráveis progressos nos Países Baixos, apesar da feroz perseguição a que foi submetido. As principais vítimas eram os anabatistas, numerosos na Holanda e nas províncias do Norte.[3] A partir de meados do século XVI, o calvinismo começou a penetrar nos Países Baixos, tanto pela França como pelos portos da Antuérpia. Em 1559, congregações e consistórios organizados por ministros de Genebra e Estrasburgo, espalharam-se com extraordinária rapidez por todas as províncias de Hainault, Artois e Flandres. Os números desses protestantes ganharam reforço pelos inúmeros refugiados calvinistas franceses durante a Primeira Guerra Religiosa (1562-1563), e os ministros começaram congregar grandes encontros a céu aberto para os quais afluíam muitas pessoas, apesar da ferocidade das leis contra heresia.

Assim, havia dois movimentos distintos – a oposição aristocrática constitucional que estava centrada em Brabant e em Bruxelas, e o movimento religioso popular que encontrava apoio entusiasmado entre

---

[3] Calcula-se que dos 878 protestantes executados por religião nos Países Baixos, 717 eram anabatistas. Do total, 223 sofreram durante o reinado de Carlos V e 655 no reinado de Filipe II.

o proletariado urbano de Flandres e Artois, que passava por uma séria crise econômica durante esses anos. A oposição constitucional era predominantemente católica, embora fosse a favor do relaxamento das leis contra a heresia; mas existia um pequeno partido entre a baixa nobreza, liderado por Nicolas de Hames (†1568), Hendrik van Brederode (1531-1568) e os irmãos Filips van Marnix (1540-1598) e Jan van Marnix (1537-1567) que eram calvinistas, e estavam em contato com ambos os movimentos.

No outono de 1565, formaram uma associação comprometida na resistência à introdução da Inquisição espanhola e para obter algumas medidas de tolerância. Afiliou-se a tal associação Louis de Nassau (1538-1574), o irmão protestante do príncipe de Orange, e isso evoluiu para um movimento muito difundido, conhecido como a Liga dos Mendigos [*Les Gueux*], que pretendia unir todos os elementos descontentes na política e na religião. Em Flandres, os calvinistas foram imensamente encorajados por tal apoio, e o embaixador inglês na Antuérpia relata que os pregadores atraíam grandes multidões de milhares de pessoas para os encontros fora da cidade.

Repentinamente, no verão de 1566, esse movimento religioso assumiu um caráter revolucionário e tomou a forma de um ataque sistemático às igrejas. O movimento começou em 10 de agosto entre os trabalhadores da região de Armentières e Hondschopt e, dentro de poucos dias, todas as grandes igrejas de Flandres, exceto as de Bruges foram destruídas. O embaixador inglês, sir Thomas Gresham (1519-1579), escreve sobre a destruição da catedral de Antuérpia que testemunhou em 19 de agosto, ao chegar na igreja de Nossa Senhora: "parecia um inferno onde ardiam mais de mil tochas, e um estrondo tão grande como se céus e infernos tivessem se unido, com imagens despencando e obras valiosas sendo destruídas".[4] De Flandres os

---

[4] Charles MacFarlane, *The Life of Sir Thomas Gresham, founder of The Royal Exchange*. London, Charles Knight & Co., 1845, cap. VII, p.139. (N. T.)

distúrbios rumaram para o Norte, na direção da Holanda e da Zelândia, e para o Sul, dirigindo-se para Tournai e Valenciennes.

A violência e a ampla distribuição desses surtos tornaram claro o caráter revolucionário do novo movimento religioso, e isso não deixou espaço para a política moderada de oposição constitucional que buscava combinar catolicismo e lealdade à coroa com liberdade e tolerância religiosa. Daí em diante foram os calvinistas que se tornaram os líderes do movimento de resistência nacional, e os constitucionalistas, que se quisessem ser efetivos, tinham de partilhar a causa dos extremistas religiosos.

A insurreição calvinista, é verdade, em Flandres e Artois, seguida aos tumultos, foi facilmente reprimida pelo governo, e Orange ainda evitava apoiá-los abertamente. Filipe II, no entanto, pôs um fim em todas as dúvidas e hesitações. Estava determinado a esmagar o movimento de resistência de uma vez por todas. Enviou o 3º duque de Alba, Fernando Álvarez de Toledo y Pimentel (1507-1582), para os Países Baixos com um enérgico destacamento de tropas espanholas e instruções para estabelecer a ordem a todo custo, exterminando impiedosamente a heresia. Com relação a isso não havia distinções entre constitucionalistas e revolucionários, ou entre católicos e hereges. Os líderes da oposição aos católicos, o conde de Egmont e Philip de Montmorency (1524-1568), o conde de Hoorne, foram presos e executados, e, sem dúvida, o príncipe de Orange-Nassau teria partilhado da mesma sina, caso não tivesse se refugiado na Alemanha. De lá publicou seu famoso manifesto e passou a recrutar soldados para a guerra contra os espanhóis com a ajuda dos protestantes alemães, dos huguenotes franceses e dos exilados dos Países Baixos que fugiram para a Inglaterra.

O duque de Alba com um exército de veteranos não teve dificuldades em derrotar Guilherme I de Orange, seus mercenários alemães e aliados huguenotes, e a reduzir os Países Baixos à submissão pela implantação sistemática do terror. Louis de Nassau, contudo, tomou os quartéis em La Rochelle, a cidade livre dos protestantes que era o centro da resistência huguenote, e daí organizou uma campanha marítima contra as costas e frota naval dos Países Baixos. Foi uma guerra impiedosa de pirataria e represálias, não só contra os espanhóis, mas contra os católicos e os pacíficos habitantes dos territórios costeiros. Foi levado adiante por aventureiros de diversas nacionalidades – refugiados holandeses, huguenotes e outros – *Les gueux de la mer* [os mendigos do mar] – unidos pela sede por pilhagens e ódio aos espanhóis e católicos; mas suas incursões foram mais efetivas que as campanhas oficiais de Guilherme de Orange, uniformemente mal-sucedidas.

Por fim, em abril de 1572, os "mendigos" asseguraram bases seguras na Ilha de Walcheren, em Brill e em Flushing. Foram rapidamente fortalecidos por Louis de Nassau com tropas huguenotes de La Rochelle e pela rainha Elizabeth I, que mandou uma pequena expedição sob o comando de sir Humphrey Gilbert (1539-1583). A partir daí, a revolta se espalhou pelas províncias da Zelândia e da Holanda, e em junho, um encontro dos representantes das províncias da Holanda, em Dort, proclamaram Guilherme I de Orange como *estatuder* da Holanda e de outras províncias do Norte. Dessa maneira foi estabelecido um ponto de reunião que nunca se perdeu e veio a tornar-se o núcleo das Províncias Unidas. Em todos os demais lugares, porém, o protestantismo foi derrotado. Em Brabante, o grande empenho de Orange e seu irmão Louis de Nassau, foi esmagado e todos os vestígios de resistência nas províncias do Sul foram extintos. No mesmo momento, na França, os huguenotes sofreram o desastre maior do Massacre da Noite de São Bartolomeu. Parecia que a causa protestante estava perdida na França e nos Países Baixos; mas Guilherme de Orange não perdera as esperanças. Resolveu lançar a sorte com uma nova revolta ao Norte, e a partir do outono de 1572, fez da Holanda sua base de operações.

De fato, escolhera – ou melhor, fora forçado a escolher – um ponto vital estratégico na luta com a potência mundial da Espanha.

A Holanda possuía uma enorme força potencial por conta da frota de navios e da população de homens do mar. Desde o início representou uma séria ameaça ao controle espanhol dos mares, já que mantinha relações próximas com a Inglaterra e com La Rochelle. O sonho de Filipe II de um império mundial espanhol baseado numa aliança da Espanha, do Império Austro-húngaro e dos católicos franceses a serviço da Contrarreforma foi destruído pelo surgimento dessa nova combinação protestante de Holanda, Inglaterra e protestantes franceses que vieram a controlar os caminhos marítimos, a tábua de salvação do Império Espanhol. Quinze anos após a Holanda ter declarado independência, a armada espanhola foi derrotada em Flushing pelos esforços conjuntos de ingleses e holandeses. E, nos anos seguintes, os huguenotes franceses deram sua parcela de contribuição para essa revolução internacional com a resistência obstinada e as tentativas contínuas de coordenar as forças protestantes. Foi a intervenção de Filipe II contra os huguenotes, em 1589 e no ano seguinte, que salvaram as Províncias Unidas no momento em que estavam sofrendo maior pressão dos exércitos espanhóis, pois naquele momento, haviam se dispersado para ajudar os católicos franceses. Assim, um novo Estado protestante fora criado em uma única geração e, quase imediatamente, se tornou a maior potência naval comercial da Europa e um dos principais centros da nova cultura protestante.

Os efeitos dessas mudanças na religião são muito difíceis de estimar. Do ponto de vista protestante, o calvinismo perdeu, e não ganhou, por estar associado durante tanto tempo com causas políticas e com líderes que pouco se importavam com a religião, salvo como uma arma na guerra de partidos e nações. Do ponto de vista católico, a perda foi ainda maior. A Igreja, a mãe comum de todo o povo cristão, ficou prostrada e indefesa enquanto diferentes facções, ditas católicas ou reformadas, lutavam por seu corpo. A cristandade estava dividida não apenas pela guerra de palavras e o conflito de opiniões, mas por rios de sangue, incontáveis execuções e exílios, e o espírito de vingança que habitou nas atrocidades do passado.

E, como assinalei mais de uma vez, as divisões religiosas dessa cristandade cindida não foram determinadas somente por forças puramente religiosas – pelos ventos da doutrina ou da corrente de opinião – mas pela guerra, pela política e pela diplomacia. Desse modo, Flandres, que era o berço do calvinismo nos Países Baixos e o grande centro de protestantismo popular é, hoje, uma das regiões católicas mais fervorosas no Norte da Europa, e a mudança foi realizada ou possibilitada pela campanha de Alessandro Farnese (1545-1592), o duque de Parma, de 1583 a 1585. De maneira similar, o Nordeste da Inglaterra, que era o centro de resistência popular à Reforma na época de Henrique VIII se tornou, nos séculos posteriores, a fonte de novos movimentos protestantes que influenciaram todo o mundo de língua inglesa – a região de William Brewster (1567-1644), o pai dos peregrinos, e de John Wesley (1703-1791) e Charles Wesley (1707-1788), os pais do metodismo.

Isso não significa que a religião é escrava da política ou que as forças puramente religiosas são impotentes para abalar o curso da história. Significa que o processo é complexo e só pode ser compreendido pelo cuidadoso estudo histórico. Assim, vemos emergir a tolerância religiosa da guerra e perseguição religiosa. Isso, no entanto, não era a vontade dos perseguidores ou dos perseguidos, mas de um terceiro partido cuja influência só foi sentida quando as facções religiosas vieram a ficar exaustas. Caso as facções religiosas tivessem dominado todo o campo da cultura, a Europa teria sido dividida por uma cortina de ferro teológica. Nesse caso, iríamos ter duas culturas distintas na Europa Ocidental, tão separadas uma da outra quanto o Oriente bizantino e o Ocidente católico latino. A existência desse terceiro partido, contudo, interferiu em tal evolução, e ainda restou uma cultura ocidental comum em que católicos e protestantes podem se unir, desde que partilhem a mesma disciplina das humanidades.

As pessoas comuns, todavia, não a partilham, pois para elas a cortina de ferro religiosa é total. Dessa maneira, a Europa Ocidental ficou dividida durante séculos entre dois mundos – o católico e o protestante – cada um com desenvolvimento cultural próprio, embora o estágio final da segregação cultural nunca tenha sido alcançado.

Capítulo 8 | O Concílio de Trento e a
Ascensão dos Jesuítas

Por fim, chegamos ao lado católico da história. Esse é um assunto altamente controverso. Durante séculos, estudiosos e teólogos debateram as causas e efeitos da Reforma, e mesmo entre os católicos houve grande diferença de opiniões. No passado, geralmente, era aceita a visão de que a Reforma foi seguida por uma reação, conhecida como "Contrarreforma", quando a Igreja Católica tentou pôr a casa em ordem novamente e lançou uma contraofensiva liderada pelos jesuítas, que reconquistaram muito do terreno que fora perdido. Historiadores católicos mais recentes, no entanto, tais como o já citado professor Pierre Janelle[1] e Léon Christiani (1879-1971),[2] opuseram-se a tal visão afirmando que o renascimento católico já começara antes da revolta protestante e não sendo esse movimento uma reação contrária, mas algo independente que tinha raízes no passado e seguiu um caminho próprio de evolução.

É verdade que o estado espiritual do catolicismo não era, de modo algum, tão degenerado quanto geralmente defendem os historiadores protestantes do período. Havia uma série de movimentos de renovação espiritual na Itália e na Espanha, em especial no final do século XV e no início do XVI, e santos, como Santa

---

[1] Pierre Janelle, *The Catholic Reformation*. Milwaukee, Bruce Publishing Company, 1963. (N. T.)

[2] Leon Christiani, *The Revolt Against the Church*. New York, Hawthorn Books, 1962. (N. T.)

Catarina de Siena, exerceram uma influência profunda na vida religiosa do período. Também no Norte, o reformador e místico beneditino Louis de Blois (1506-1566), compatriota e contemporâneo de João Calvino, dava continuidade às mais elevadas tradições da espiritualidade medieval.

Isso, no entanto, não muda o fato de a hierarquia e de o governo da Igreja estarem em um estado de grave desordem e falharem, repetidas vezes, em encontrar um remédio para os piores abusos ou em tomar providências nas necessidades mais urgentes da época. O papado envolvera-se no complicado jogo italiano de poder político e estava interessado, principalmente, na criação de um principado independente. Os bispos ao longo de todo o Norte da Europa estavam igualmente envolvidos na política nacional; fossem ministros da coroa como na França, na Inglaterra e na Borgonha, ou príncipes seculares independentes, como na Alemanha. Em todos os lugares, a Igreja curvava-se à influência das próprias posses que não serviam mais aos fins espirituais, mas eram utilizadas por reis e papas para dar dotes aos parentes ou recompensar os servos. Em consequência, a Igreja tornou-se cada vez mais secularizada, tanto por se envolver em assuntos mundanos como por ser governada por homens com propósitos em ambições seculares. Todos reconheciam a existência desses males e demandavam reformas; mas, existiam tantos interesses escusos envolvidos e havia tantos precedentes legais e exceções, que cada tentativa de reforma era repetidamente frustrada.

Durante o século XV, a ideia de reforma por um Concílio Geral se tornou odiosa ao papado devido à postura antipapal de grandes concílios como os de Constança e da Basileia, e, por conseguinte, Roma preferira lidar de modo direto com o poder secular, com autoridade superior à episcopal, pelo sistema de concordatas. No entanto, ao aumentar o controle estatal da Igreja, tal política somente ampliou a tendência à secularização. De fato, foi a tensão trina entre papa, concílio e reino que produziu uma espécie de impasse, tornando a questão da reforma em algo temporariamente insolúvel.

A dificuldade foi vencida pelo cataclisma da Reforma Protestante, que mudou completamente a situação religiosa e eclesiástica no Ocidente no espaço de uma única geração. Embora esse movimento tenha sempre sido conhecido como a "Reforma", não houve uma renovação no sentido dos reformadores católicos, mas uma revolução religiosa. Isso fica muito claro nos primeiros escritos de Martinho Lutero, especialmente nas obras *À Nobreza Cristã da Nação Alemã* e *Do Cativeiro Babilônico da Igreja*, que são uma convocação à revolta contra toda a ordem e tradição da Igreja Católica como existira por séculos. Lutero não só recorreu ao Concílio contra o papado, como apelou ao laicato contra o clero e negou a autonomia e jurisdição independente do poder espiritual. Assim, as grandes questões implícitas nas controvérsias a respeito dos benefícios e direitos tributários papais e reais foram resolvidas de uma só vez, da maneira mais drástica. Papas e bispos foram desconsiderados em detrimento dos príncipes seculares e, onde quer que predominassem as novas opiniões, os príncipes e nobres se apropriavam das dotações das igrejas e abadias e fundavam novas ordens eclesiais baseadas na jurisdição territorial do príncipe ou da cidade, cuja autoridade derivava dos magistrados seculares.

Durante os dez anos do pontificado de Clemente VII, a situação deteriorara de maneira catastrófica e os adiamentos e desculpas contínuos para a postergação de um concílio criaram uma sensação de desesperança e desgosto entre os reformadores católicos na Alemanha. Georg der Bärtige, duque da Saxônia, o único príncipe que nunca hesitou em apoiar a Igreja Católica, escreveu nessa época:

> Se a Igreja Romana tivesse de perder dez mil ducados de receita, excomunhões seriam violentamente proferidas, espadas seriam desembainhadas e toda a cristandade seria chamada à ajudar; mas se cem mil almas são arruinadas por fraude do demônio, o Pastor Supremo ouve

os conselhos daquele que está continuamente empenhado em prejudicar e escravizar a cristandade.[3]

O duque da Saxônia refere-se ao encontro de Clemente VII com Francisco I em novembro de 1533, em que o rei da França persuadiu o papa a não convocar um concílio. Somente após a eleição, em 1534, do papa Paulo III, cujo nome de batismo era Alessandro Farnese, que a questão de um concílio geral pôde ser levada adiante com esperança de sucesso.

Paulo III foi um típico filho da Renascença, e seus primeiros anos de carreira foram associados aos escândalos que desgraçaram a corte de Roma no início daquele século. Emendou-se, entretanto, na época do V Concílio de Latrão em 1511, e em 1519 foi ordenado sacerdote. Já não era sem tempo, pois detinha bispados há vinte anos e era cardeal há vinte e seis anos! Daí em diante, no entanto, foi a principal esperança dos reformadores entre os cardeais italianos, e caso fosse eleito papa, como esperava ser em 1523, a história da Igreja poderia ter sido muito diferente.

Quando o novo papa decidiu em favor ao Concílio, teve de se ver com as suspeitas de católicos e de protestantes de que suas intenções não eram sérias, e posteriormente, teve de superar a oposição descomunal do rei francês, que não teve escrúpulos em se aliar aos protestantes alemães e a Henrique VIII para tornar impossível tal convocação. Foi aí, contudo, que Paulo III mostrou suas qualidades. Era um excelente diplomata e reunia os dons do tato e da inteligência, aliados à vasta experiência com homens e negócios. Acima de tudo, teve êxito na manutenção de uma postura neutra entre potências rivais, de modo que os franceses não podiam tratá-lo como

---

[3] Carta ao núncio apostólico do Sacro Império Romano-Germânico, Pier Paolo Vergerio (1498-1565), o jovem, então encarregado de realizar um concílio em Mântua, datada de 14 de junho de 1534. Citada em: Ludwig von Pastor, *History of the Popes: From the Close of the Middle Ages*. London, Taylor & Francis, 1938, vol. XXII, p. 321-22. (N. T.)

um instrumento eclesiástico da política imperial. Posteriormente, ao fim do pontificado, essa imparcialidade veio a ser prejudicada pela predisposição desfavorável que tinha por Carlos V. No início, todavia, não fora assim e lutara por anos, de modo incansável, contra todos os obstáculos, enfrentando decepções e desapontamentos reiterados até que, por fim, após dez anos, o Concílio de Trento se tornou uma realidade.

Nesse ínterim, as forças da reforma católica aos poucos se fizeram sentir em Roma. O papa, no primeiro de seus consistórios, declarara que a reforma da cúria e do colégio dos cardeais deveria começar imediatamente, e afirmara ter apontado uma comissão para lidar com a questão. Ainda mais importante foi a decisão de chamar ilustres reformadores católicos à Roma para fazê-los cardeais e confiar-lhes a comissão a respeito de toda a questão da reforma. O primeiro desses homens era um leigo, Gasparo Contarini (1483-1542), um patrício veneziano que servira à República como embaixador na Alemanha, Inglaterra e Espanha; mas era um homem erudito e um cristão piedoso, universalmente conhecido como líder do partido reformista católico. Foi feito cardeal em maio de 1535 e, daí em diante, foi o conselheiro papal mais influente, vindo a ser o presidente de um conselho seleto, nomeado em 1536, para informar ao papa a respeito da reforma católica. Os demais membros – Giovanni Paolo Caraffa (1476-1559), futuro papa Paulo IV; Gian Matteo Giberti (1495-1543), o santo bispo de Verona; o grande reformador beneditino, Gregorio Cortese (1483-1548); Jacopo Sadoleto (1477-1547), o humanista cristão; Reginald Pole, primo e adversário de Henrique VIII; e o bispo Federigo Fregoso (1480-1541) –, todos amigos ou homens de ideias similares. Foi o próprio Contarini quem persuadiu o papa Paulo III a acrescentar dois outros membros, Girolamo Aleandro (1480-1542), especialista na situação alemã, e o dominicano Tommaso Badia (1483-1547). Nenhum desses, exceto Contarini, era cardeal, mas Pole, Sadoleto e Caraffa foram criados cardeais poucas semanas após a nomeação para o conselho, Aleandro em 1538, Fregoso em 1539, Cortese e Badia em 1542.

Esses homens compunham o núcleo do movimento de Reforma Católica, e o relatório que entregaram, em março de 1537, tocou no âmago do problema, pleiteando reformas drásticas tanto no que dizia respeito ao sistema administrativo da cúria quanto a respeito do uso das prerrogativas papais na distribuição de benefícios eclesiásticos. As propostas encontraram fortíssima oposição nos elementos conservadores da cúria, com a alegação de que os luteranos tratariam tais propostas como justificativa para a própria posição; mas, Contarini respondeu:

> Tenham certeza de que nada aplacará as calúnias dos luteranos e intimidará mais efetivamente o rei da Inglaterra que a reforma da cúria e do clero. A tentativa de justificar todas as ações de todos os papas seria uma empresa árdua e, certamente, infindável. Não jogamos pedras nos vossos predecessores, mas, de vós, o mundo espera coisas melhores.[4]

Na verdade, os temores dos partidos hostis eram parcialmente justificados. O relatório caiu em mãos inamistosas, traduzido para o alemão, e por fim, publicado pelo próprio Lutero, que desferiu um tratamento violentamente áspero para com os "patifes atrevidos que estavam a reformar a Igreja com bajulação e mentiras". Mas essa violência frustrou os próprios fins. Se Lutero acolhesse sem restrições a jogada dos cardeais e mantivesse esperanças de reconciliação teria destruído ainda mais a causa dos reformadores católicos do que o resultado que obtivera com a denúncia desenfreada. O papa continuava a apoiar firmemente o cardeal Contarini e seus reformadores, apesar da oposição, os primeiros passos práticos em direção à reforma foram dados e mais tarde dariam frutos na própria obra do Concílio.

---

[4] Hubert Jedin, *A History of the Council of Trent*. Trad. Dom Ernst Graf. St. Louis, B. Herder Book Co., 1957, vol. 1, p. 431. (N. T.)

Devemos, contudo, admitir que os esforços desses reformadores católicos em Roma, embora importantes, estavam, em alguns aspectos, distantes da verdadeira luta que estava sendo travada na Alemanha e no Norte. Martinho Lutero começou com a grande vantagem de ser um homem do povo e falava ao povo alemão de homem para homem, como vemos na obra *Tischreden* [Conversas à Mesa]. João Calvino, Ulrich Zwinglio, Martinho Butzer e os outros eram representantes da baixa classe média, que estivera, até aquele momento, sem voz. Os reformadores católicos, no entanto, eram, essencialmente, pessoas da classe alta – patrícios genoveses e venezianos, príncipes italianos, e o único nortista era Reginald Pole, um homem que estava na linha de sucessão da coroa inglesa. Por mais que sentissem profundamente a Reforma Protestante, só podiam falar como eruditos e cavalheiros. Estavam mais à vontade nos círculos da corte de Urbino ou Ferrara que nas verborrágicas disputas de jargões teológicos que se tornaram comuns no Norte. Por obra da Providência, no entanto, exatamente no momento em que os cardeais estavam debatendo suas propostas de reforma, apareceu em Roma um pequeno grupo de peregrinos espanhóis e da região da Savoia, ex-alunos de Paris, guiados por Inácio de Loyola, um ex-soldado de Navarra, que se oferecera como voluntário para servir a Igreja e ao papado onde e como fosse mais necessário. Contaram com a mesma oposição que os cardeais reformadores e foi por intermédio do próprio cardeal Contarini que as propostas para uma nova sociedade foram entregues ao papa.

Eis a origem, em 1540, da Companhia de Jesus, que se tornaria, em poucos anos, o instrumento mais eficaz de reforma da Igreja. Inácio de Loyola, o fundador, era somente alguns anos mais jovem que Martinho Lutero e, em 1522, atravessara, como Lutero, uma crise psicológica de conversão religiosa. Em todos os outros aspectos eram totalmente antitéticos: o basco e o saxão; o soldado e o frade; o homem de disciplina férrea, de inibição consciente de impulsos e o revolucionário, cuja liberdade de expressão era, ao mesmo tempo, sua grande força e fraqueza. As obras de Martinho Lutero possuem milhares de páginas, de modo que estudá-las é trabalho para toda uma vida. Santo Inácio foi o homem de uma única obra – um breve livro, praticamente um livreto, que expunha uma série de diretrizes a serem seguidas ao longo dos "exercícios espirituais", tomados no sentido mais literal da expressão. Tais exercícios foram concebidos para despir a mente de todos os obstáculos que causam distração e colocá-la face a face com as questões últimas da vida cristã, vistas à luz da fé e em relação à vida de Cristo, assim como é registrada pelos Evangelhos. O propósito é estritamente prático – chegar a uma decisão e escolha de um modo de vida. Cada membro da nova sociedade realizava tais exercícios e, por fim, os realizaram quase todas as pessoas, clérigos ou leigos, que exerceriam um papel importante na reforma católica. Os *Exercícios Espirituais* de Santo Inácio de Loyola oferecem um modelo psicológico e de motivação pessoal no qual o trabalho de renovação religiosa, eclesiástica e social deveria ser baseado. Esse livro de *Exercícios* é, de muitas maneiras, um texto fundamental da restauração católica.

Os *Exercícios Espirituais* iniciam com um parágrafo chamado "Princípio e Fundamento" que define o propósito moral em termos simples e sem adornos, passível de ser aceito pelo mais rigoroso dos puritanos.

> O ser humano é criado para louvar,
> reverenciar e
> servir a Deus, nosso Senhor
> e, mediante isto, salvar a sua alma.
> As outras coisas sobre a face da terra
> são criadas para o ser humano e
> para ajudarem a atingir
> o fim para o qual é criado.
> Daí se segue que ele deve usar das coisas
> tanto quanto o ajudam para atingir o seu fim,
> e deve privar-se delas tanto quanto o impedem.

> Por isso, é necessário fazer-nos indiferentes
> a todas as coisas criadas,
> em tudo o que é permitido à nossa livre vontade
> e não lhe é proibido.
> De tal maneira que, da nossa parte, não queiramos
> mais saúde que enfermidade,
> riqueza que pobreza,
> honra que desonra,
> vida longa que vida breve,
> e assim por diante em tudo o mais,
> desejando e escolhendo somente
> aquilo que mais nos conduz ao fim para o qual somos criados.[5]

Desse único e simples princípio seguem os exercícios, após uma semana de contemplação, até o Reino de Cristo, que é o segundo fundamento e aí, novamente, o recurso moral é endereçado à vontade e dá ênfase à necessidade de decisão pessoal, como pode ser visto na "meditação das duas bandeiras",[6] culminando no exercício para a "Eleição" de estado de vida[7] que é o centro de todo o livro. Qualquer que seja a escolha, toda a disposição da obra dirige-se para a decisão pessoal, o empenho espiritual e a dedicação de todas as forças e recursos do homem para o serviço de um propósito supremo – AD MAIOREM DEI GLORIAM.[8] Do começo ao fim há pouca teologia e nenhum debate intelectual. É um apelo direto à vontade, baseado em um axioma espiritual, e à imaginação estimulada pela contemplação da vida em Cristo. Isso, contudo, foi suficiente para mudar a vida de

---

[5] Santo Inácio de Loyola, *Exercícios Espirituais*. Apres., trad. e notas Centro de Espiritualidade Inaciana de Itaici. São Paulo, Loyola, 2000, § 23. (N. T.)

[6] Referência à "Parábola das Duas Bandeiras": a bandeira de Cristo, "sumo capitão do homem" e a de Lúcifer, "caudilho dos inimigos" da natureza humana, cuja meditação ocorre no quarto dia da segunda semana dos *Exercícios Espirituais* (§ 136-148). (N. T.)

[7] A chamada "Eleição" é o tema da meditação do último dia da segunda semana dos *Exercícios Espirituais* (§ 169-189). (N. T.)

[8] "Para a maior glória de Deus" (§ 185, § 339, § 351). (N. T.)

milhares de homens e para efetuar mudanças de longo alcance na sociedade e na cultura.

Foi sobre tais princípios que se baseou a ação missionária dos jesuítas. Quando foram para a Alemanha, advertiram-lhes que não se envolvessem em controvérsias teológicas, mas para que se restringissem à obra de reforma moral. Um dos primeiros desses jesuítas na Alemanha, Pierre Favre S.J. (1506-1546), escreveu para Diego Laínez S.J. (1512-1565) pouco antes de morrer:

> Quem quiser ser útil aos hereges de sua época deve estar desejoso de ter-lhes muita caridade e amar-lhes verdadeiramente, excluindo todos os pensamentos que tendem a arrefecer a estima para com eles. Em segundo lugar, é necessário conquistar-lhes a boa vontade, de modo que possam amar-nos e guardar-nos no coração. Isso pode ser alcançado numa relação familiar, ao falar de algo que tenhamos em comum e ao evitar todo o argumento controverso [...].
> Quando encontramos um homem, não somente perverso nas opiniões, mas mau na própria vida, devemos tratar de persuadi-lo a abandonar os vícios antes de lhe apontar os erros de fé. Sucedeu a mim, por exemplo, de vir um deles a pedir que lhe satisfizesse acerca de alguns erros que nutria, em especial, o *coniugio sacerdotum*, e eu, conversei com ele de maneira tal que me falasse a respeito de sua vida, em pecado mortal por estar em concubinato há muitos anos. Fi-lo de modo que deixasse tal vida, sem entrar em disputa no tocante à fé; uma vez apartado do pecado, vendo-se livre para poder, com a graça do Senhor, viver sem mulher, livrou-se dos erros, sem dizer uma só palavra a respeito [...]. Tais pessoas necessitam de admoestações e exortações morais sobre o temor e amor de Deus, sobre as boas obras, têm de ter contrariadas as fragilidades, as distrações, as tepidezes e outras aflições que não derivam, principalmente ou em primeiro lugar, do entendimento, mas das mãos e pés do corpo e da alma.[9]

---

[9] A referida carta data de 7 de março de 1546 e pode ser encontrada na íntegra em *Fabri Monumenta. Beati Petri Fabri (...) Epistolae, Memoriale et Processus (...)*, M H S J, Madri, 1914, p. 399-402. (N. T.)

É claro que esse espírito de ativismo moral não estava restrito aos jesuítas. É encontrado em todas as novas ordens que estavam preocupadas com a restauração católica no século XVI – tais como a ordem dos Clérigos Regulares de São Caetano de Thiene (ou Teatinos) e a ordem dos Frades Menores Capuchinhos. Na verdade, é atribuída a um autor teatino, Lorenzo Scupoli (1530-1610), a mais popular de todas as obras ascéticas do período – *O Combate Espiritual*.

O que é mais impressionante – a mesma tendência se manifesta no século seguinte entre os puritanos ingleses, apesar dos princípios calvinistas rejeitarem o livre arbítrio e a cooperação humana com a graça divina. Não obstante, havia, sem dúvida, um ascetismo puritano que se expressava nas mesmas formas literárias, como na "guerra espiritual" de John Downham (1571-1652), e mais tarde nos famosos clássicos populares *The Pilgrim's Progress* [O Peregrino] e *The Holy War* [A Guerra Santa] de John Bunyan (1628-1688). Ademais, podemos traçar a influência direta dos escritores sacros católicos nos autores protestantes, como no caso notável do *The Christian Directory* [A Direção Cristã] de Robert Parsons S.J. (1546-1610), obra, de 1582, derivada dos *Exercícios Espirituais* de Santo Inácio de Loyola, que foi adaptada para o leitor protestante e se tornou um dos livros religiosos mais populares na Inglaterra (e mesmo no País de Gales, na tradução galesa) nos séculos XVI e XVII.[10]

Os *Exercícios Espirituais* existiam antes da Companhia de Jesus e eram utilizados durante os anos de formação, quando a Sociedade ainda não tinha assumido sua forma final. Contarini, o líder dos reformadores humanistas, já havia feito os *Exercícios* antes de apresentar ao papa o primeiro rascunho da constituição da nova Sociedade, em 1539, e estavam sendo ministrados aos bispos e príncipes alemães em 1541 durante a Dieta de Ratisbona. Aí, finalmente, os

---

[10] A obra teve sete edições católicas e nada menos que vinte e nove adaptações protestantes.

homens encontraram o que estivaram buscando – uma nova abordagem ao problema da Reforma Protestante, uma renovação que partia de dentro e transformava a personalidade. Como disse o embaixador imperial em Roma, nos quarenta dias de exercícios, aprendera uma nova filosofia que nunca conhecera durante os anos em que havia sido professor na Universidade de Paris, de modo que lhe parecia, a si próprio, ser um homem diferente.

Assim, os *Exercícios Espirituais* podem ser vistos como um ponto de partida da Contrarreforma, e é muito interessante comparar o trabalho – o Evangelho segundo Santo Inácio – com o Evangelho segundo Lutero. Infelizmente, não há uma única obra de Lutero que corresponda, em vários escritos diferentes. O que está claramente além de qualquer doutrina é o nítido contraste dos tipos psicológicos. Apesar disso, contudo, existe certo paralelismo de circunstâncias e propósitos.

A grande força de Santo Inácio e de sua Companhia de Jesus era a determinação. Não eram desviados pelas partes em conflito ou pelos interesses escusos que dividiam a cúria. Eram homens desconhecidos sem interesses a defender, que não tinham compromissos com os erros do passado.

Acima de tudo, não havia o que questionar a respeito da ortodoxia – a pedra de tropeço que distinguia os reformadores católicos da antiga escola, como Contarini, Pole e Giovanni Morone (1526-1580), para não mencionar propriamente os erasmianos. Inácio de Loyola era, de uma vez por todas, um antierasmiano. Não era um intelectual e não nutria simpatias pela postura crítica em relação às questões religiosas, como podemos ver nas dezoito regras para pensar com a Igreja que concluem os *Exercícios Espirituais*. Inácio, todavia, não era exatamente um reacionário ou tradicionalista. Não era preconceituoso com relação a novos métodos ou novas ideias. De fato, foi o primeiro a romper com a antiga tradição de canto comum ou recitação do ofício pelas comunidades religiosas, e da mesma maneira, todas as regras externas e práticas foram reduzidas a um mínimo. Tudo fora planejado para tornar a Companhia de Jesus tão flexível e unida quanto possível, de modo que estaria livre para voltar as forças em qualquer direção que fosse necessária.

Paulo III foi rápido em reconhecer o valor de um contingente de homens fidedignos e desinteressados que eram totalmente dedicados à causa da Igreja e ao serviço do papado. Mesmo assim, não é fácil entender a rapidez com que a nova Sociedade evoluiu e a quantidade de atividades nas quais os jesuítas se envolveram poucos anos após a fundação. Com Jerônimo Nadal S.J. (1507-1580) em Ratisbona, o já citado Diego Laínez S.J. e Alfonso Salmerón S.J. (1516-1585) em Trento, São Francisco Xavier S.J. (1506-1552) na Índia e no Japão, São Pedro Canísio S.J. (1521-1597) na Alemanha, eram encontrados em todos os lugares nas linhas de frente. Esses foram anos decisivos quando a maré na Europa virou e a chegada dos jesuítas mostrava a natureza das novas forças que estavam começando a operar do lado católico.

A Companhia de Jesus iria, de fato, exercer uma influência mais abrangente em todos os aspectos da cultura e imprimir seu caráter em todo o período. Cada um dos períodos anteriores da cultura cristã tinha sido particularmente associado a alguma forma de vida monástica ou religiosa. Assim, a era dos padres da Igreja está relacionada às origens do monaquismo no Oriente e aos padres do deserto. A Alta Idade Média e o período carolíngio foi a grande era dos monges do Ocidente, quando as abadias beneditinas eram os centros de cultura e educação. A Baixa Idade Média foi a época dos frades, dos franciscanos e dominicanos, que representavam as novas tendências espirituais do período e que eram os líderes do grande movimento do pensar especulativo nas universidades. Da mesma maneira, agora, no período que vai da Reforma Protestante a meados do século XVIII foram os jesuítas que vieram ao encontro da época com novas formas de vida religiosa.

De todas as ordens, os jesuítas eram os mais internacionais, os mais centralizados e os de disciplina mais estrita. Consequentemente, deram um princípio de unidade entre as tendências divergentes das novas culturas nacionais e a influência deles era particularmente forte no campo da educação. Enquanto as universidades europeias se encontravam em um estado decadente, os jesuítas tiveram êxito ao suprir as necessidades da época na educação superior, e suas faculdades ofereceram um tipo de educação clássica e religiosa uniforme, de uma ponta a outra da Europa – de Vilna a Lisboa, bem como além-mar, nas Américas e em todos os cantos.

Não menos importante foi a atividade missionária dos jesuítas, um dos feitos extraordinários do período. Do período de São Francisco em diante, os jesuítas foram os principais pioneiros e organizadores da expansão missionária cristã na Ásia e nas Américas, na Índia e no Japão, na China e no Sião, no México, no Brasil e no Paraguai. Não levando em conta os aspectos puramente religiosos, essa atividade teve repercussões intelectuais importantes na cultura europeia. Já no século XVI, os relatos de missionários jesuítas eram mais que histórias de viajantes e exploradores, colaborando muito mais para transformar o conhecimento e a compreensão ocidental do mundo não europeu. Os autores dos inúmeros *Relatos* jesuítas foram os precursores dos etnólogos e orientalistas modernos, bem como dos modernos missionários.

É verdade que os jesuítas não produziram um gênio intelectual que resumisse o pensamento do período, como fizeram Santo Tomás de Aquino (1225-1274) ou São Boaventura (1221-1274), no caso das ordens mais antigas durante a Idade Média. Por outro lado, nenhuma outra ordem foi intelectualmente mais prolífica em tantos campos. Produziram eruditos, teólogos, filósofos, homens de letras, poetas, historiadores e cientistas. A produção variava de enormes obras cooperativas de amplo espectro, como a *Acta Sanctorum* dos bolandistas, a livros de elegantes poetas menores como Maciej

Kazimierz Sarbiewski S.J. (1595-1640), René Rapin S.J. (1621-1687) e Noel Sanadon S.J. (1676-1733), cujos trabalhos foram impressos juntamente com os poetas latinos clássicos pela casa editorial Barbou. Fizeram mais que qualquer outra ordem (salvo, talvez, os beneditinos mauristas) a elevar o padrão da escolaridade católica e a colocar a Igreja em contato com todas as forças culturais da época.

Instituíram, sobretudo, um padrão de humanismo cristão e de cultura literária cristã que teve ampla influência, mesmo nos países protestantes. Por exemplo, as obras em prosa de Henry Vaughan (1621-1695), o poeta anglicano, foram em grande maioria traduções de autores jesuítas como Hieremias Drexelius S.J. (1581-1638) e Johannes Eusebius Nieremberg S.J. (1595-1658).

É difícil exagerar a importância do fato de que, do século XVI em diante, o encontro das culturas ocidental e oriental ocorreu em um nível muito elevado, graças à presença de homens como Roberto de Nobili S.J. (1577-1656) e Matteo Ricci S.J. (1552-1610), que representavam os melhores elementos da cultura ocidental nas capitais e cortes dos grandes monarcas asiáticos como Akbar (1542-1605), o Grande, imperador mogol da Índia; nos governos de Oda Nobunaga (1543-1582) e Toyotomi Hideyoshi (1537-1598), unificadores do Japão e, posteriormente, dentre os fundadores da dinastia Manchu na China. Foi por intermédio dessas missões que a Europa, por sua vez, tomou conhecimento da cultura chinesa que viria a ser tão influente no pensamento ocidental no século XVIII.

Durante as décadas intermediárias do século XVI, no entanto, de 1540 a 1560, o equilíbrio de poder entre católicos e protestantes reformados ainda não estava decidido. As primeiras tentativas do papa Paulo III de convocar um concílio terminaram frustradas devido, principalmente, à rivalidade entre as duas grandes potências. Isso fez com que a França obstruísse qualquer acordo religioso que pudesse fortalecer Carlos V, que por sua vez, na ausência de um concílio, tentou fazer um acordo direto com os protestantes via conferências e conciliações.

Essa foi a última tentativa dos erasmianos de continuar o programa de concessão mútua que o próprio Erasmo advogara no último escrito, de 1533, sobre a restauração da concórdia da Igreja. Em Ratisbona, no ano de 1541, tal política parecia estar às raias do sucesso quando o cardeal Contarini, por parte dos católicos, e Butzer, pelos protestantes, chegaram a um acordo sobre a doutrina primordial da justificação que tinha, até aquele momento, sido considerada como o principal obstáculo na separação dos luteranos da Igreja. Infelizmente, logo ficou claro que havia outras razões de discordância mais fundamentais e a conferência de Ratisbona terminou sendo um fracasso. Contarini voltou à Itália e passou os últimos meses de vida trabalhando para um Concílio Geral, visto como a única alternativa que restara diante do insucesso da política conciliatória do imperador.

Na verdade, a bula que convocava o Concílio de Trento foi expedida no verão de 1542, mas ainda passariam mais três anos antes que ele se reunísse. Isso se deveu a uma outra guerra entre a França e o Império; somente com a Paz de Crépy que Carlos V, por uma cláusula secreta no tratado, induziu o rei da França a retirar a oposição. Por fim, em dezembro de 1545, o concílio se reuniu de verdade, embora tenha sido realizado em Trento, dentro das fronteiras do Império como sempre exigiram os protestantes, nenhum deles compareceu e o número de participantes foi deploravelmente pequeno. O Concílio estava atrasado em vinte anos, e Lutero, agora no fim da vida, viera a rejeitar a própria ideia de um concílio. A guerra entre o imperador e os protestantes começou efetivamente enquanto o Concílio estava em sessão.

Assim, o Concílio de Trento não podia ser visto como algo que daria uma resposta à Reforma alemã. Esse assunto estava sendo resolvido, naquele momento, pela força das armas, inicialmente, de modo favorável ao imperador em 1547, e por fim, a favor dos príncipes, em 1555. O Concílio, que foi suspenso de 1547 até o segundo encontro em 1551-1552 e, novamente, até a convocação final em 1562-1563, foi importante somente para a Igreja Católica.

Sua importância para a Igreja, todavia, não pode ser superestimada. Ofereceu condições para a Igreja recobrar as forças da ortodoxia que estavam dispersas e desorganizadas e conferiu uma base sólida de dogma e disciplina, a partir da qual novos avanços poderiam ser realizados. Acima de tudo, trouxe todo o peso da autoridade para reprimir os abusos facilmente notados que causaram a ruptura do governo eclesiástico – a ausência dos bispos e pastores dos locais em que deveriam exercer suas funções, o pluralismo ou a acumulação de benefícios, a negligência para com a oração, o descuido com a educação clerical e muitos outros. Não obstante, a reforma não podia ser aplicada sem o consentimento e a cooperação do Estado e, em alguns casos, isso não aconteceu. Assim, as cortes francesas resistiram obstinadamente ao reconhecimento do Concílio e, daí os flagrantes abusos procedentes da concordata de 1516 – sobretudo, a nomeação real dos leigos que ocupariam provisoriamente os benefícios eclesiásticos (*in commendam*, como era chamado) – continuou a prevalecer na França até a época da Revolução. O Concílio de Trento não estava cego a esse problema. De fato, na última sessão, em 1563, rascunhos de propostas para a reforma dos príncipes foram introduzidas em seguida as propostas de reforma geral.[11] As propostas, no entanto, tiveram uma oposição tão violenta dos representantes dos príncipes que foi impossível fazer mais do que passar uma resolução em termos gerais que expressava pouco mais do que a esperança de que os príncipes tentariam, devotadamente, fazer o melhor possível para proteger os direitos da Igreja!

Por outro lado, em matéria de doutrina, as decisões de Trento foram aceitas por todo o mundo católico. Não havia esperança, desde o início, de aceitação por parte dos protestantes, já que as doutrinas protestantes típicas eram explicitamente condenadas. Ao menos, não deixaram espaço para dúvidas a respeito do que a Igreja Católica

---

[11] Ver: Ludwig von Pastor, *History of the Popes*, vol. XV, p. 340-50.

realmente cria e ensinava, de modo que o estado de incerteza que favorecera a propagação de novas doutrinas na primeira metade do século não era mais possível.

A partir daí o catolicismo começou a recuperar terreno perdido. Isso não se deveu primeiramente à política de repressão empreendida pela Espanha e pelo partido católico na França – pois, como vimos, tal política só produziu uma reação igualmente forte por parte dos protestantes – mas, muito mais ao renascimento espiritual e intelectual que ocorreu tão logo os católicos tiveram certeza de sua posição.

Em primeiro lugar, houve o renascimento religioso – a renovação da pregação, da catequese e o cultivo da vida espiritual, implementado, sobretudo, pelos jesuítas e pelas novas ordens tais como os Franciscanos Reformados, conhecidos como Capuchinhos.

Em segundo lugar, ocorreu a restauração da educação do clero, segundo os decretos de Trento a respeito dos seminários e a nova educação secundária católica representada pelos colégios jesuítas, que exerceram influência ampla e profunda na sociedade secular.

Em terceiro lugar, teve lugar a igual renovação dos estudos superiores tanto em Filosofia, como em Teologia e em História. Nesses campos, em especial no estudo dos Padres da Igreja e da história da Antiguidade Clássica, os católicos adotaram o programa erasmiano e realizaram uma grande restauração dos estudos patrísticos, que alcançou o clímax no século XVII.

Por fim, em um nível espiritual ainda mais profundo, aconteceu o grande reflorescimento místico que se originara na Espanha do século XVI. Isso se manifestou, em particular, na vida e obra de Santa Teresa D'Ávila (1515-1582) e de São João da Cruz (1542-1591), e na reforma carmelita, cuja influência foi sentida por todo o mundo católico e mesmo além.

Em nenhum lugar, contudo, a renovada vitalidade do catolicismo foi mais evidente do que nas missões fora da Europa. No México e na América do Sul, na Índia, no Japão e na China, e durante algum tempo até na África, da Abissínia ao Congo. Houve um extraordinário desenvolvimento da atividade missionária, e parecia que as perdas da Igreja na Europa Setentrional poderiam ser recuperadas em décuplo na nova cristandade a surgir no ultramar. Aí, os católicos não tinham rivais, pois ainda que os protestantes tivessem parte nas viagens e descobertas da época, ainda não se preocupavam com a ação missionária. Isso é difícil de explicar quando consideramos quão forte é o interesse das igrejas protestantes nas missões nos tempos modernos. Isso pode se dever, em parte, ao modo como os primeiros reformadores protestantes depreciavam as boas obras, e a ênfase que davam na doutrina da predestinação e no pequeno número de eleitos. Qualquer que seja a causa, o monopólio que os católicos vieram a ter nesse campo era uma imensa vantagem a seu favor, já que era a justificativa prática da pretensão de uma missão universal no mundo.

Além da expansão externa, a Contrarreforma foi seguida por um movimento de expansão interna que levou novamente o catolicismo para muitas partes da Europa Central e Setentrional, de onde havia se retirado no século XVI. Algumas das partes mais vigorosamente católicas da Europa, como a região de Flandres ou do Tirol, a Irlanda ou a Polônia, derivam o caráter religioso desse período e não da Idade Média. Tal retorno à unidade católica, todavia, trouxe consigo uma séria ruptura na unidade da cultura. A religião ainda separa a Holanda da Bélgica e a Savoia de Genebra, e no passado existiram regiões da Alemanha onde a religião mudava em quase todos os vilarejos, que permaneciam mundos isolados entre si. O Concílio de Trento não é responsável por tal estado de coisas – isso é resultado do princípio *cujus regio, illius religio*, que teve origem nos primeiros anos da Reforma Protestante quando os príncipes e as cidades começaram a organizar "ordens eclesiais" separadas territorialmente nos próprios domínios.

Foi a aceitação desse princípio na Alemanha um primeiro passo na direção da Reforma Protestante – talvez, já em 1526 – que tornou impossível um Concílio realmente representativo, e foi o que levou o

Concílio de Trento a ser predominantemente composto por italianos e espanhóis. O resultado, no entanto, realçou as divisões religiosas da Europa, uma vez que o catolicismo reformado e reorganizado, fundado no Concílio, tendeu a ser tido como a cultura latina, muito mais do que fora o catolicismo medieval, sendo que os povos do Norte da Europa ficaram alienados, cultural e teologicamente, do processo. Tal oposição cultural entre o Norte protestante e o Sul católico prosseguiu no período seguinte e, embora nunca tenha se tornado tão exclusiva a ponto de destruir por completo a unidade da cultura ocidental, provou ser uma barreira quase insuperável para qualquer movimento que pretendesse uma unidade ecumênica. Ao longo de três séculos, o abismo entre o mundo católico e o protestante persistiu e cresceu cada vez mais com o passar do tempo. E foi esse cisma cultural e político, bem como religioso e eclesiástico, que, em última análise, foi o responsável pela secularização da cultura ocidental.

Capítulo 9 | Os Puritanos e a Formação da Nova Inglaterra

Deixamos a história da Reforma na Inglaterra no estado em que estavam as coisas na primeira parte do reinado de Elizabeth I. A própria rainha, creio, teria ficado satisfeita em seguir o caminho iniciado pelo pai – um caminho que desviava o mínimo possível do modelo católico tradicional, exceto em todas as questões importantes a respeito da supremacia real e naquelas relativas à separação da Igreja da Inglaterra da autoridade do papado. Infelizmente, isso não era mais possível. Os doze anos transcorridos desde a morte de Henrique VIII tinham mudado completamente a situação, ao pôr fim na separação artificial da Inglaterra do resto do continente que, isolada, tornara possível o anglo-catolicismo de Henrique VIII. Os defensores de uma *via media* tinham sido forçados a se declarar protestantes, como Thomas Cranmer e Hugh Latimer que terminaram queimados como hereges ou como católicos, como o foram Stephen Gardiner e outros bispos da época henriciana. Esses tinham jurado obediência à Igreja Romana que, naquele momento, reafirmara a posição doutrinária no Concílio de Trento.

Consequentemente, a vinda de Elizabeth trouxe consigo o triunfo do protestantismo, uma vez que a afirmação da supremacia real encontrou resistência nos bispos da época de Maria I. Tais bispos foram depostos de sua dignidade eclesiástica, aprisionados, e os postos foram tomados por Matthew Parker (1504-1575) e muitos outros, dentre eles, os líderes dos exilados no continente como Edmund Grindal (1519-1583), Richard Cox (1500-1581) e John Jewel (1522-1571).

Quase imediatamente surgiram controvérsias entre tais exilados, que olhavam para Genebra ou Zurique como o modelo daquilo que deveria ser uma Igreja. Nesse particular, no entanto, tinham de se deparar com a oposição decidida da rainha, que não nutria simpatias pela doutrina ou práticas calvinistas. Percebia, desde o início, que sua supremacia não poderia ser mantida sem uma disciplina hierárquica estrita. Com o passar do tempo, uma parcela grande e influente de genebrinos se tornou mais resoluta e franca no ataque ao episcopado, com o qual Elizabeth já havia se comprometido.

Declarou Walter Travers (1548-1635):

Afirmo que Cristo nos deixou regra e disciplina tão perfeitas, comuns e gerais a toda a Igreja, perpétuas em todos os tempos e tão necessárias que, sem elas, toda a sociedade, companhia e comunidade cristã não pode ser mantida sob Jesus Cristo, Príncipe e Rei.

Esse era, em essência, o argumento presbiteriano e puritano. Foi abertamente proclamado em Cambridge, em 1570, por Thomas Cartwright (1535-1603) e combatido por Grindal, o futuro arcebispo. Dois anos depois, todo o programa puritano estava incorporado em um manifesto chamado "An Admonition to the Parliament" [Uma Admoestação ao Parlamento], que denunciava toda a liturgia e ordem da nova Igreja estatal, e clamava por novas reformas ainda mais drásticas. Isso marca abertamente a ruptura entre os bispos apoiados e guiados pela rainha, e os puritanos, que receberam considerável, senão intermitente, apoio da Câmara dos Comuns. Em 1572, o primeiro presbitério fora instituído em Wandsworth e, daí em diante, houve um contínuo movimento para a introdução de princípios presbiterianos na Igreja da Inglaterra. Visto que os presbiterianos acreditavam que qualquer episcopado era anticristão, toda a congregação ou igreja local tinha de escolher o próprio ministro, que se submetia, posteriormente, à ordenação episcopal como uma simples exigência civil, contudo, ele via sua vocação pela congregação como o verdadeiro título do ministério.

Tal sistema não era defendido apenas como um ideal. Foi, na verdade, introduzido em grande parcela da Inglaterra sob o episcopado de Grindal. A vinda de John Whitgift (1530-1604), no entanto, pôs fim à tolerância. Desse momento em diante, a ordem episcopal e o uso do *Book of Common Prayer* foram rigidamente impostos pelo arcebispo, com o apoio da Corte de Alta Comissão,[1] que era, assim como na época de Henrique VIII, o instrumento de aplicação da autoridade real em matéria eclesiástica. Os puritanos apelaram para a Câmara dos Comuns, que muitas vezes tinha lhes dado apoio, mas se depararam com a franca oposição da rainha, que estava decidida a não aceitar a interferência do Parlamento no governo da Igreja.

Os puritanos não estavam totalmente unidos. Embora existisse um grande conjunto de opiniões que aceitavam o ideal de presbiterianismo na Igreja da Inglaterra, havia uma minoria extremista que defendia a *Reformation without Tarrying for Any* [Reforma sem tardança para todos] e que começava a se organizar para criar igrejas separadas totalmente independentes do Estado e da autoridade secular. Os "brownistas", como eram chamados por causa de Robert Browne (1540-1630) de Cambridge, questionavam se um magistrado não poderia ter autoridade sobre a Igreja, caso ele mesmo não estivesse sujeito à autoridade desta. Consequentemente, era absurdo adiar a Reforma Protestante da Igreja até que o magistrado fosse convertido. O essencial era o ato de separação pelo qual os poucos escolhidos se apartavam da assembleia dos ímpios e pactuavam um acordo com Cristo, seu rei, prometendo ser fiel às Suas leis. Onde havia esse pacto, não havia necessidade de nenhuma outra autoridade além da simples congregação, nem um episcopado ou uma hierarquia de sínodos, classes, assembleias e concílios, defendidos pelos presbiterianos. Esse

---

[1] No original: *Court of High Commission* ou apenas *High Commission*. Suprema corte eclesiástica na Inglaterra instituída durante a Reforma Anglicana e dissolvida pelo Parlamento em 1641. Tinha poderes quase ilimitados – tanto eclesiásticos quanto civis. (N. T.)

desafio aberto à supremacia real provocou as mais severas medidas por parte das autoridades, e dois dos seguidores de Browne, John Coppin (†1583) e Elias Thacker (†1583), foram executados em Bury St. Edmund, em 1583. O restante dos brownistas refugiaram-se em Middleburg, na Holanda, onde já existia um número considerável de refugiados puritanos de tipo mais ortodoxo.

Assim, os últimos anos do reinado da rainha Elizabeth I e os primeiros anos de James I (1566-1625) caracterizaram um período de confusão religiosa. Os refugiados puritanos na Holanda, agora, incluíam não só presbiterianos ortodoxos, mas um número ainda maior de separatistas que mantinham os princípios congregacionalistas e a ala esquerda de sectários como John Smyth (1570-1612) e Thomas Helwys (1575-1616), fundadores da tradição batista inglesa. Mais ao centro estava John Robinson (1576-1625), líder de um pequeno grupo de exilados de Scrooby em Linconshire que, primeiramente, se estabeleceram em Amsterdã e depois em Leyden, até a migração final, à bordo do navio Mayflower, para Plymouth e para a Nova Inglaterra. O elemento mais forte e influente na Holanda, todavia, era representado por Henry Jacob (1563-1624) e Robert Parker (1569-1614), e, sobretudo, por William Ames (1576-1633) que foi professor de Teologia em Franeker.

Esses homens, juntamente com Paul Baynes (1573-1617) e William Bradshaw (1571-1618), defendiam a teoria do congregacionalismo não separatista que iria se tornar a doutrina oficial das igrejas da Nova Inglaterra desde a data da grande migração para Boston, no ano de 1630. Não é suficiente, portanto, considerar as várias formas de puritanismo e, em especial, o puritanismo dos "independentes", nas igrejas da Inglaterra e da Nova Inglaterra nos Estados Unidos como variantes locais de um modelo calvinista comum.

Uma grande mudança ocorrera naquela teologia no século decorrido entre a elaboração das *Institutio Christianae Religionis* em 1536 e a migração dos puritanos ingleses para o Novo Mundo em

1620 – uma mudança que muito colaborara para restaurar a visão tradicional da dispensação da graça sacramental e da ordem de uma igreja visível, em contraposição à ideia original de João Calvino de uma ordem eterna de reprovação e eleição divina, que deixou pouco ou nenhum espaço para a livre atividade humana.

A doutrina da "Aliança da Graça", como encarnada na Aliança das Igrejas, que foi o fundamento da existência de igrejas particulares, levou os decretos divinos de eleição e predestinação, de ordem metafísica, ao desdobramento progressivo de uma ideia federal ou pactual desde a época de Abraão até o presente. Foi por intermédio da Aliança das Igrejas, todavia, que o fiel cristão se tornou membro de uma comunidade redimida, não apenas em teoria, mas de fato – a "matéria" da Igreja era a coletividade de santos visíveis e sua "forma", a aliança que une os santos em um único corpo visível.

Escreveu Richard Mather (1596-1669):

> Deve haver dentre eles certa união ou laço pelo qual possam chegar a uma posição em um novo relacionamento com Deus e entre si, diferente da que tinham anteriormente; ou então, ainda não são uma Igreja, embora sejam o material adequado para uma Igreja; assim como alma e corpo não são um homem, a menos que estejam unidos; nem pedras e toras de madeira são uma casa, a menos que estejam compactadas e conjugadas.[2]

A teologia da Aliança, consequentemente, envolveu a crença na lei prática e pragmática da justificação para os santos que participaram da Aliança das Igrejas. Podiam aceitar livremente e desenvolver todas as graças que lhes eram apresentadas na Aliança, de modo que o "Espírito Santificador nos conduza a uma santa confederação para servir a Deus, à família, à Igreja e à comunidade".[3]

---

[2] Richard Mather, *An Apology of the Churches in New England for Church-Covenant* (1643). Shopshire, Quinta Press, 2011, p. 10. (N. T.)

[3] John Cotton, *Treatise on the Covenant of Grace* (1652). Shropshire, Quinta Press, 2006, p. 21. (N. T.)

Dessa maneira tinham, com efeito, a mesma liberdade de escolha e o mesmo poder de cooperação com a graça divina que os arminianos haviam assegurado por intermédio de teorias antipredestinacionistas, sendo que a única diferença eram as circunstâncias históricas que os levaram à predestinação dos santos e os fizeram aceitar a aliança oferecida pela ordem da Igreja congregacional.

É verdade que existia uma diferença essencial, já que abrangia a questão mais importante da fundação da Igreja e da vocação dos membros. Havia a missão histórica a que os fundadores das igrejas norte-americanas tinham sido chamados – conduzir e terminar a Reforma que não podia ser completada na Inglaterra devido aos obstáculos interpostos pelos prelados e pelo governo do rei.

No entanto, os emigrantes não planejavam fundar igrejas separadas (além do experimento isolado dos peregrinos do Mayflower em Plymouth). Como dizem que explicara um dos primeiros colonos na despedida da Inglaterra:

> Não vamos para a Nova Inglaterra como separatistas da Igreja da Inglaterra; embora não possamos fazer nada a não ser nos apartar da corrupção que nela existe. Vamos para praticar a parte positiva da Reforma da Igreja e propagar o Evangelho na América.[4]

Da mesma maneira não havia um plano de estabelecer qualquer sistema de liberdade irrestrita ou tolerância geral, como fora defendido por Roger Williams (1603-1683), fundador da cidade de Providence na colônia de Rhode Island. Apesar das igrejas de Massachusetts serem congregacionalmente independentes entre si, estavam todas unidas pela mesma lei de disciplina eclesiástica – o poder das chaves dado por Cristo para o povo, ou seja, para a

---

[4] Palavras atribuídas ao reverendo Francis Higginson (1588-1630) para os passageiros do navio ao avistar pela última vez a Inglaterra, cruzando o cabo de Land's End, em maio de 1629. Ver: Thomas Wentworth Higginson, *Life of Francis Higginson, First Minister at the Massachusetts Bay Colony...* (1630). New York, Dodd, Mead & Co, 1891, p. 29. (N. T.)

associação dos que participavam da aliança, que era exercido pelos ministros ou anciãos nomeados.

Assim, a política dos emigrantes na Nova Inglaterra diferia não só da política dos presbiterianos, que subordinavam as Igrejas Congregacionais livres a uma ordem nacional mais ampla, como a que fora introduzida na Inglaterra pelo "Parlamento Longo" e pela Assembleia de Westminster, mas também diferia daquela dos "independentes" ingleses, que foram levados pela experiência durante a Guerra Civil a abandonar a plataforma de disciplina comum das Igrejas Congregacionais e a aceitar medidas práticas de tolerância, pelas quais admitiam igualdade de cidadania na *Commonwealth* até mesmo a batistas e *quackers*.

A anuência em tolerar, o grande resultado da complexa experiência inglesa da Guerra Civil e da *Commonwealth*, foi, em última análise, uma aceitação da derrota. Significava o abandono do ideal puritano do "reino dos santos" e a admissão do princípio do Estado secular. Embora todas as consequências não tenham sido percebidas até o século seguinte, na Era do Iluminismo, as decisões vitais já tinham sido tomadas por Oliver Cromwell (1599-1658) e os líderes puritanos dentre os "independentes" e congregacionalistas em meados do século XVII.

As igrejas norte-americanas, que permaneceram fiéis ao ideal primitivo de uma aliança de Igrejas que uniria toda a sociedade sob o comando dos santos eleitos, agora se via isolada. Como escreveu Peter Bulkeley (1583-1659):

> Nós [o povo da Nova Inglaterra], somos como uma cidade erigida sobre o monte, ao alcance da vista de toda a Terra, os olhos do mundo se põem sobre nós porque professamos ser um povo em aliança com Deus [...].[5]

---

[5] Peter Bulkeley, *The Gospel-Covenant: or the Covenant of Grace Opened* (1651). cap. 4, p. 425. (N. T.)

Existem indícios abundantes para provar que o ideal de fundar uma comunidade "unida pela aliança" era um propósito claramente definido na cabeça dos líderes das grandes migrações de 1630, e que tal propósito se tornou mais explícito pelo caráter excepcional dos líderes intelectuais do movimento – por ministros como John Cotton (1585-1652), Thomas Hooker (1586-1647), Peter Bulkeley, Richard Mather, John Norton (1606-1663) e Thomas Shepard (1605-1649). Muitos deles eram famosos na Inglaterra como protagonistas da teologia da Igreja da Aliança. Assim, a Nova Inglaterra, desde o início, era muito mais educada e teologicamente articulada que qualquer outra colônia inglesa ou, certamente, que qualquer outra colônia, e os colonos foram treinados pela constante propaganda política do púlpito puritano para que se considerassem um povo imbuído de uma missão – um povo enviado para um "mandato no ermo".[6]

A natureza do pacto celebrado entre as pessoas foi apresentado por John Winthrop (1587/88-1649), durante a própria migração, nos seguintes termos:

> Eis como está posta a causa entre Deus e nós. Estabelecemos uma aliança com Ele para esta obra. Assumimos uma comissão. O Senhor nos permitiu redigir os próprios artigos. Professamos empreender estes e aqueles esclarecimentos, sobre estes e aqueles fins. Temos, depois disso, lhe suplicado graça e bênção. Agora, se for agradável ao Senhor nos ouvir, e trazer paz para o lugar que desejarmos, então terá ratificado esta aliança e selado nossa comissão, e esperará uma observância rigorosa dos artigos nela contidos. Se negligenciarmos, contudo, a observância desses artigos, que são os fins aos quais nos propusemos, e, usarmos de dissimulação para com o nosso Deus, ao abraçar o mundo presente e ao dar seguimento às intenções carnais, buscando grandes coisas para nós mesmos e para a nossa posteridade, o Senhor

---

[6] Ver o sermão de Samuel Danforth (1626-1674), de 11 de maio de 1670: Samuel Danforth, *A Brief Recognition of New's England Errand into the Wilderness*. Cambridge, Massachusetts, 1670. (N. T.)

certamente lançará sua fúria contra nós; vingar-se-á de tal povo [pecador] e nos dará a conhecer o preço da violação de tal aliança.[7]

No início, os puritanos da Nova Inglaterra sentiam estar na frente da batalha pela Reforma. Quando irrompeu a Guerra Civil na Inglaterra, ainda estavam conscientes dos interesses comuns que os uniam aos "Santos" da Inglaterra. Isso parecia tão evidente que quando os ministros da Igreja holandesa em Middleburg escreveram para a minoria dos "independentes" na Assembleia de Westminster, a elaboração da resposta foi confiada a John Norton de Ipswich, Massachusetts. Foi publicada em 1647, com prefácio de Thomas Goodwin (1600-1680), Philip Nye (1595-1672) e Sidrach Simpson (1600-1655), líderes do partido "independente" na Assembleia. Esses líderes estavam de acordo com as igrejas da Nova Inglaterra em manter os padrões de um congregacionalismo não separatista. A oposição aos princípios conformistas da maioria presbiteriana na Assembleia, no entanto, os forçaram a ser cada vez mais os defensores da liberdade e da tolerância religiosas, de modo que, com o passar do tempo, se aliaram às seitas e aos representantes da grande maioria da opinião na nação e no exército.

A partir daí, o congregacionalismo nos Estados Unidos e na Inglaterra seguiu dois caminhos diferentes. O primeiro era muito antitolerante e estava fortemente ligado à Aliança das Igrejas e aos próprios postulados funcionais, ao passo que o último foi tão longe no zelo pela tolerância que veio a negar totalmente o direito do Estado intervir em questões religiosas. Ademais, alguns líderes dos "independentes", como John Goodwin (1594-1665), chegaram a questionar a doutrina fundamental do calvinismo, ensinando uma doutrina quase ilimitada de redenção livre e generalizada, aceitando todas as consequências filosóficas do arminianismo. Nisso Goodwin se distingue do julgamento geral da "Independência" que, no geral,

---

[7] John Winthrop, *A Model of Christian Charity* (1630), §14. (N. T.)

permaneceu fiel às ideias da Confissão de Westminster. À medida que Oliver Cromwell e o exército se tornaram "independentes", adotaram, com sinceridade, os princípios de tolerância religiosa, de modo que os "independentes" ingleses vieram a apresentar como característica (juntamente com os batistas, que adquiriram grande influência no exército) uma forma de espiritualidade sectária que se tornou a encarnação derradeira do espírito puritano da Inglaterra durante o século XVII.

Faltava apenas um único passo, dado, de fato, por George Fox (1624-1691) e a comunidade *quacker* – a "Sociedade dos Amigos". Representavam o maior prolongamento possível dos princípios espirituais – a renúncia mais completa de tudo que poderia limitar a liberdade da ação do Espírito. Consequentemente, a ida dos *quackers* para a Nova Inglaterra, entre 1656 e 1662, provocou a intolerância do regime congregacionalista nas colônias, extinta pela intervenção da coroa inglesa. A teocracia dos ministros na Nova Inglaterra era o exemplo mais extremo da postura calvinista para com a liberdade religiosa, e os *quackers*, por quem foi derrotada, representava o polo oposto do puritanismo inglês.

Capítulo 10 | As Divisões Nacionais da Cristandade Dividida

Vimos como o grande cisma do século XVI foi precedido por um processo longo e gradual de desintegração que transformou a unidade internacional da Alta Idade Média em uma sociedade de Estados soberanos independentes, divididos entre si eclesiástica e politicamente. Assim, a divisão da cristandade pela Reforma estava intimamente relacionada ao crescimento do Estado soberano moderno. De fato, como ressaltei, o início do movimento luterano deveu o sucesso imediato e revolucionário ao apelo direto que fazia ao espírito do nacionalismo, como vimos na obra de Lutero *À Nobreza Cristã da Nação Alemã*, seu primeiro trabalho de propaganda política, que remonta a agosto de 1520. A tendência ao nacionalismo eclesiástico é menos óbvio, é claro, na Europa católica que manteve-se leal ao papado e ao princípio da unidade católica. Não obstante, tal tendência não estava ausente. Na verdade, de todos os fatores comuns ao mundo protestante e ao católico, o mais importante de todos é a tendência ao nacionalismo eclesiástico, de modo que a união entre Igreja e Estado é a característica mais típica da cultura europeia, tanto protestante quanto católica, durante todo o período que vai da Reforma Protestante à Revolução Francesa. Os Estados Unidos foram o primeiro país a romper com essa tradição, embora devamos lembrar que, dificilmente, isso foi menos característico da Nova Inglaterra que da antiga Inglaterra, de modo que, somente em 1833 essa instituição veio a ter um fim determinado pela lei da Igreja Protestante da Nova Inglaterra.

A base desse nacionalismo eclesiástico foi lançada na Baixa Idade Média pela tendência geral do poder secular insistir no controle da Igreja, um movimento que encontrou expressão na legislação antipapal do Parlamento inglês no século XIV, na *Sanção Pragmática* de 1438, ao afirmar os direitos da igreja galicana em face do papado e em reivindicações semelhantes na Alemanha. Embora tais reivindicações fossem regularizadas, até certo ponto, em uma série de concordatas, o Estado nunca abandonou realmente os ganhos feitos durante o período. Mesmo quando a concordata concedia direitos ao papado, o fazia à custa do poder eclesiástico e não do temporal. O rei mantinha os ganhos e continuava a controlar a Igreja em seus domínios. Indicava os bispos e exercia amplo controle sobre o clero e a propriedade eclesiástica. Os direitos autônomos das igrejas locais estavam perdidos e a suprema autoridade do papado estava limitada e reduzida. Nesses aspectos, a primeira Reforma inglesa só levou à conclusão lógica as tendências erastianas ou regalistas da Baixa Idade Média. Henrique VIII não era protestante. Era um regalista intransigente que estava decidido a ser o único senhor do próprio reino e não estava mais satisfeito com a parcela de três quartos até então concedida.

Qual era a situação dos reinos que permaneceram católicos? O rei da França, pela concordata de 1516, adquirira um controle muito maior sobre a Igreja que o rei da Inglaterra tivera antes do cisma. Tinha o direito de nomear não só bispos, mas também abades e abadessas, e pelo exercício desses poderes estava sujeito, em princípio, ao direito de confirmação papal, mas esta era considerada como algo garantido. Assim, sob a concordata, o rei da França ganhou um controle quase total sobre a igreja galicana, no que dizia respeito aos quadros de pessoal, embora não tivesse, é claro, controle nas questões doutrinárias. Os resultados foram especialmente sérios no caso do monaquismo, já que as grandes abadias eram utilizadas pelos reis como uma espécie de fundo de pensão para recompensar os servos, sem impor-lhes nenhuma obrigação de residir ou mesmo de ser membro da ordem religiosa em questão. Esse foi o maior de todos os males do sistema, já que tornou a reforma das antigas ordens religiosas quase impossível. É verdade que males similares existiram no passado devido à facilidade com que personalidades importantes, como o cardeal Wolsey na Inglaterra, acumularam uma diversidade de benefícios eclesiásticos nas próprias mãos, mas o sistema francês como estabelecido na concordata se tornou a regra, e não a exceção, e enfraqueceu para sempre os ideais e tradições do monaquismo medieval.

Do ponto de vista católico, no entanto, a concordata francesa teve uma vantagem importante. Assegurou os interesses do governo do lado da Igreja e deu ao rei fortes motivações econômicas para manter a ordem existente contra qualquer mudança revolucionária, ao passo que na Alemanha, e em certo grau, em todos os outros territórios protestantes, os príncipes obtiveram pela Reforma Protestante um aumento importante no poder temporal e nos recursos econômicos. A igreja galicana, contudo, não era somente um grande investimento, era parte integral de uma constituição nacional sem a qual a monarquia, como existira desde a época de São Luís IX e mesmo antes, não poderia ter sobrevivido. Por conseguinte, quando as longas e morosas guerras de religião foram extintas pela aceitação do catolicismo por parte de Henrique IV, a decisão se deveu não ao mero cálculo de conveniência política nem à uma mudança puramente espiritual de convicção religiosa, mas, ao contrário, a um sentimento de contradição inerente entre a posição oficial do rei como "o filho mais velho da Igreja", o protetor das liberdades e patrono das causas eclesiásticas e sua posição como líder do partido huguenote dedicado à destruição da Igreja.

Tal elo entre a igreja galicana e a nação, personificado na figura do rei cristão, continuou a dominar a história francesa e chegou ao auge no reinado de Luís XIV com a revogação do Édito de Nantes, em 1685, e o estabelecimento de uma total unidade religiosa. Funcionou também noutra direção, contra a unidade católica internacional e a aceitação total da supremacia papal. Desde antes da Reforma Protestante e até a Revolução Francesa, os líderes da igreja galicana, como o cardeal Charles de Lorraine-Guise (1524-1574) no Concílio de Trento e Jacques-Bénigne Bossuet (1627-1704) no final do século XVII, enquanto afirmavam lealdade ao papado como cabeça da Igreja universal, continuavam a defender a teoria conciliar – a doutrina do Concílio de Constança como contrária a do Concílio de Florença. Esse galicanismo eclesiástico era relacionado, consciente ou inconscientemente, com um nacionalismo político que provou ser inconciliável com o ideal da Contrarreforma de uma aliança internacional de todas as potências católicas contra o protestantismo. Tal nacionalismo já emergira no período da Reforma Protestante na política de Francisco I, que aliou-se com os protestantes alemães e até com os turcos contra os Habsburgos, e uma política semelhante foi seguida nos negócios com a Espanha por Henrique IV após sua conversão; trilhada pelos cardeais de Richelieu (1585-1642) e Giulio Manzarino (1602-1661) ao realizarem uma aliança com a Suécia na Guerra dos Trinta Anos (1618-1648); e, finalmente, observada por Luís XIV, cujo longo reinado foi dedicado a busca obstinada pelo enaltecimento nacional e pessoal em detrimento de qualquer outro poder, dentre os quais, o próprio papado.

Em comparação com a França galicana, a Inglaterra anglicana e a Suécia luterana, o poder dos Habsburgos sempre teve certo caráter internacional. Isso era especialmente nítido na época da Reforma Protestante, quando Carlos V pareceu personificar os mesmos ideais internacionais do Sacro Império Romano pela universalidade de seus domínios e independência de uma única nacionalidade. Ele era igualmente alemão e espanhol, mas, sobretudo, borgonhês, e a própria Borgonha era uma unidade internacional e se estendia das fronteiras da Savoia até o Golfo Zuiderzee. Ademais, Carlos V estava plenamente consciente de sua responsabilidade universal, tanto como defensor da cristandade contra os turcos, assim como defensor da Igreja contra a heresia. O esforço perseverante e consciente de empreender essa missão dupla ofereceu as bases políticas para a construção da nova ordem da Contrarreforma e da cultura barroca. Não obstante, seus esforços teriam sido em vão, caso não estivesse lastreado nos recursos e na vontade nacional dos espanhóis. No governo de seu filho, Filipe II, a aliança entre o poder nacional espanhol e a causa religiosa da Contrarreforma se tornou fator dominante na história europeia.

O império espanhol não era menos internacional em composição que o império de Carlos V, uma vez que englobava grande parte dos territórios da Itália e da Borgonha na França oriental e nos Países Baixos, para não mencionar grande parte do Novo Mundo até então conhecido, para não dizer a totalidade, após a anexação de Portugal. Não havia mais questionamentos quanto à fonte desse poder. O rei da Espanha, do palácio-monastério do Escorial, estava no centro de uma vasta organização política e militar. E apesar de Filipe II se considerar, não sem razão, como o defensor internacional da causa da Igreja, não havia dúvida de que essa causa também era nacional, já que a Igreja e o povo espanhóis se fundiram numa unidade indissolúvel sob a liderança da monarquia. O principal agente dessa obra de unificação foi a inquisição espanhola, que fora criada no século XV durante a fase final da reconquista para fazer cumprir o padrão de ortodoxia total nos diversos elementos religiosos e raciais na Espanha. Não foi, como a inquisição medieval, um órgão internacional de uma sociedade espiritual universal. Era uma instituição nacional, controlada por um governo nacional para fins nacionais, ainda que estritamente religiosos. Isso conferiu à monarquia espanhola, portanto, um poder e prestígio eclesiástico que nenhum outro governo europeu possuía.

Esse também não foi o único poder que notabilizou a monarquia espanhola. A descoberta e a conquista da América foi na intenção, e em certo grau na prática, uma empresa missionária. Pretendia instituir a Igreja cristã no Novo Mundo, e a parcela de governo na fundação e na organização da nova Igreja deu ao rei um poder de patrocínio universal e de controle exclusivo muito maior que qualquer poder temporal até então existente na Europa. Nas Índias, o rei da Espanha era, de fato, uma espécie de bispo universal – era o fiscal e o superintendente de todas as igrejas; e a expressão de uso comum nas Índias – "a serviço de ambas as majestades" (a saber, Deus e o rei) – bem expressava o ideal do império espanhol em unir religião e política em um sistema de autoridade uniforme e inclusivo.

Tudo isso sugere que a Igreja da Espanha e da América espanhola era totalmente dependente do poder secular, e que não havia espaço para a liberdade espiritual. Na verdade, esse não era o caso. Os Habsburgos espanhóis, diferente dos Bourbons, ainda eram fiéis ao princípio católico medieval de primazia do espiritual. Conquanto o rei controlasse a Igreja, agia de maneira muito consistente nos interesses eclesiásticos, de modo que se um dos parceiros tivesse de ser sacrificado na aliança entre Igreja e Estado, este seria o Estado e não a Igreja. A Igreja espanhola entrara numa nova era – um período que começou com a conquista de Granada e a descoberta da América – em condições muito mais saudáveis e ativas que a Igreja na Alemanha, na França ou na Inglaterra. Já passava por um processo razoavelmente drástico de reforma que antecipara a Reforma Protestante e o movimento de reforma católica iniciado pelo Concílio de Trento. O principal agente dessa obra era o frade franciscano Francisco Jiménez de Cisneros, que veio a ser, sucessivamente, confessor da rainha Isabel I (1451-1504) de Castela e primaz da Espanha, cardeal, grande inquisidor e, por fim, regente de Castela. Além disso, também foi o reformador do clero e das ordens religiosas, fundador da nova universidade humanista de Alcalá de Henares e um estudioso letrado em grego, hebraico e siríaco responsável pela primeira grande edição da Bíblia na língua original – a famosa Bíblia Poliglota Complutense.

Foi o cardeal Cisneros, apoiado pela rainha Isabel até a sua morte, que instituiu a tradição reformista teocrática unitária da nova monarquia espanhola, e foi essa tradição a transmitida a Carlos V, a Filipe II e aplicada a nova situação do império espanhol d'além mar. Dessa maneira, foi graças à intervenção pessoal do próprio cardeal Cisneros que o governo da Espanha ouviu as queixas de Bartolomé de Las Casas (1484-1566) contrárias à opressão dos índios e inaugurou uma política de proteção e controle que, por fim, deu frutos com o famoso código dos índios – as *Leis Novas* (1542).[1]

Em que pese o nacionalismo da Igreja e do Estado espanhóis, esses nunca esqueceram de suas responsabilidades, em especial das responsabilidades religiosas para com os povos a eles submetidos. Não houve tentativa de hispanizá-los ou incorporá-los como membros inferiores de uma sociedade colonial dominante. O governo ficava entre os colonos europeus e os nativos como protetor e guardião. O regime das missões do Paraguai, criado pelos jesuítas no século XVII, foi a expressão fiel da política da nação e do império colonial espanhol. Assim, em muitos aspectos, o nacionalismo religioso da Espanha durante o período da Contrarreforma não é um espécime típico do novo crescimento nacionalista tal como vemos na França e na Inglaterra.

A Espanha não era uma nação unida, mas, ao contrário, um amontoado de povos e reinos que, há pouco tempo, tinham sido unidos; portanto, seria mais correto falar de um nacionalismo castelhano que espanhol. Em segundo lugar, a expansão religiosa dos povos hispanos diferiu da expansão dos povos do Norte. Esses foram unidos pela religião durante oito séculos e, naquele momento, estavam

---

[1] No original: *"Leyes Nuevas para la gobernación de las Indias, y buen tratamiento y conservación de los índios"*. Esse código real, peça de maior relevância entre as leis indigenistas do século XVI, foi motivado não só pelo humanitarismo cristão, mas por inúmeras denúncias de maus-tratos aos índios que circulavam na Europa (especialmente nos meios protestantes). A decretação do Código foi o meio da coroa espanhola dar fim aos privilégios dos conquistadores e diminuir o grau de controle dos "encomenderos", tanto o controle político que possuíam na colônia quanto o controle que exerciam sobre os índios. (N. T.)

se dividindo, ao passo que os povos espanhóis estiveram divididos durante toda a Idade Média entre cristãos e muçulmanos e, naquele momento, estavam se unindo quando o restante do mundo se dividia. A mentalidade nacional (especialmente a mentalidade católica) fora formada pela tradição da Reconquista e os séculos de luta com os infiéis – uma cruzada que também foi uma guerra civil, já que os mouros também eram espanhóis. Isso explica em grande medida o espírito intensamente religioso do patriotismo espanhol que encontrou sua expressão característica não na igreja estatal nacional, no sentido galicano ou anglicano, mas, em vez disso, numa espécie de califado católico em que o rei era o comandante dos fiéis. Tal aspecto universal da concepção espanhola de monarquia foi aumentada pelo fato do primeiro verdadeiro monarca da Espanha unificada, Carlos I da Espanha (Carlos V do Sacro Império Romano), também ser o imperador, o chefe temporal da cristandade.

Durante a grande era da nova monarquia no século XVI, sob o comando de Carlos V e Filipe II, os propósitos universais e o espírito cruzado do imperialismo espanhol a fez transcender os limites de uma política puramente nacional e empreender uma cruzada quase mundial pela causa católica. A empresa não era de todo impossível – ao menos não parecia ser, naquela ocasião. A Espanha não era só a maior potência mundial, mas também tinha se unido, em 1580, a Portugal, dono de outro grande império colonial, e estava unida por laços dinásticos muito próximos ao império dos Habsburgos na Europa Central. A França estava enfraquecida pelas guerras religiosas e Paris era mantida por uma tropa de soldados espanhóis. Acreditava-se que os católicos ingleses e os partidários de Mary Stuart (1542-1587) dariam boas-vindas à invasão espanhola empreendida por Alessandro Farnese, duque de Parma, o maior general da época, com a ajuda da armada espanhola. Como nos casos de Napoleão Bonaparte (1769-1821) e de Adolf Hitler (1889-1945), no entanto, a derrocada na invasão da Inglaterra foi seguida do gradual colapso da hegemonia da Espanha no continente, vindo a sair do conflito sem deter a supremacia econômica nem a militar.

Ademais, a aliança da Contrarreforma com o imperialismo espanhol provou ser, no final das contas, desastrosa para a causa espanhola devido ao fortalecimento inevitável das antipatias naturais ao catolicismo como uma ameaça à independência nacional. Isso pode ser visto no Extremo Oriente, onde as grandes perseguições do início do século XVII praticamente destruíram a florescente Igreja do Japão, acionada pela suspeita de que os missionários fossem agentes do imperialismo espanhol. Isso também pode ser visto na repressão constante e crescente do catolicismo na Inglaterra que acompanhou o conflito com a Espanha durante a segunda metade do reinado de Elizabeth I: daí em diante, o temor do poderio espanhol se tornou uma parte essencial da tradição anticatólica inglesa, que ainda encontra eco no século XIX, na obra de poetas e romancistas como Lord Alfred Tennyson (1809-1892) e Charles Kingsley (1819-1875).

Ainda assim, mesmo depois da derrota no Ocidente, a Espanha continuou a exercer um papel de liderança como defensora internacional da causa católica e foi devido a seu apoio que o ramo austríaco dos Habsburgos foi capaz de tentar a restauração do catolicismo na Alemanha e na Europa Central durante a Guerra dos Trinta Anos. Aí, contudo, diferente do Ocidente, não havia uma relação clara entre religião e nacionalidade, visto que as divisões religiosas atravessam fronteiras nacionais e linguísticas. A Áustria nunca foi uma nação antes de 1918, e o poder dos Habsburgos austríacos representava um amálgama de dinastia, religião e cultura. Como na Alemanha, na Boêmia e na Hungria, os protestantes eram o partido nacional em qualquer sentido de nacionalidade que possa ter existido. Certamente, existiu na Boêmia e na Alemanha, como vimos, a Reforma Protestante originalmente apelou muito para o sentimento nacional. No entanto, com o desenrolar das coisas, foi o estado territorial local, e não a nação, que se tornou a base da nova organização eclesiástica, e o princípio – *cujus regio, ilius religio*[2] – que era favorável ao nacionalismo nos reinos do Norte e do Ocidente teve exatamente o efeito oposto na selva de jurisdições nacionais que crescera na Alemanha nos territórios do Sacro Império Romano. A Guerra dos Trinta Anos, que iniciara como um simples conflito entre católicos e protestantes com relação à coroa da Boêmia, se espalhou como uma epidemia por toda a Europa Central, dividindo a Alemanha de uma ponta a outra e, aos poucos, envolvendo todas as potências europeias adjacentes e algumas mais distantes, como Suécia, Espanha, França e Transilvânia. Logo deixou de ser uma guerra religiosa alemã e se tornou um conflito internacional, incessante e inconclusivamente combatido por exércitos mercenários a expensas da Alemanha. Isso deixou a Alemanha mais fraca e mais dividida que antes, e do ponto de vista religioso nada ficou decidido. Serviu como prova de que a guerra não era a solução para as diferenças religiosas, uma conclusão que já era bastante clara antes da guerra ter começado.

Do caos e da destruição, no entanto, emergiu um feito positivo. A criação da Áustria, que durante esses anos começara a adquirir, se não nacionalidade, ao menos um caráter social e cultural distinto. A cultura barroca da Áustria só chegou ao pleno desenvolvimento no início do século XVIII, após a reconquista dos turcos, mas já nos governos de Fernando II (1578-1637) e Fernando III (1608-1657), Viena se tornara o centro de uma sociedade católica cosmopolita, um local de encontro de elementos espanhóis, italianos e germânicos – uma porta aberta por onde a cultura mediterrânea alcançava a Europa Central. Sob tais influências o século que se seguiu à Paz de Westfália (1648-1750) assistiu

---

[2] O princípio significa "Tal príncipe, sua religião", ou seja, a religião do governante dita a religião do governado. Apesar de ser um princípio antigo, foi retomado como uma ideia inovadora no século XVI, vindo a ser utilizado na Paz de Augsburgo, em 1555, dando fim aos conflitos entre católicos e protestantes no Sacro Império Romano. (N. T.)

a um impressionante renascimento da arte religiosa por toda a Alemanha católica e Áustria. E ainda que os grandes monastérios barrocos e igrejas de peregrinação no vale do Rio Danúbio e nos Alpes devessem muito ao trabalho dos arquitetos e pintores italianos, esses possuíam uma característica única que demonstra a vitalidade religiosa e cultural da nova cultura católica austríaca e do Sul da Alemanha. Tal cultura não teve expressão literária – talvez devido à variedade de povos e línguas no império dos Habsburgos, o uso do latim como língua oficial e a prevalência do espanhol e do italiano na corte. Por outro lado, teve uma grande tradição musical que estava intimamente relacionada com o espírito do barroco do Sul da Alemanha. Foi uma tradição apoiada pelos próprios Habsburgos, pois Fernando III era um músico talentoso, de modo que quase desde o início Viena foi um centro de cultura musical.

O principal significado histórico da Áustria nos séculos que se seguiram à Guerra dos Trinta Anos, no entanto, foi ser a única grande potência europeia que não se identificava com uma nacionalidade em particular. Foi a única exceção à tendência geral da sociedade moderna de identificação do nacionalismo com a cultura, e ainda manteve vivo, até o século XIX, o ideal de uma sociedade cristã comum que abarcasse povos e línguas diferentes sob uma única autoridade política permitindo, ao mesmo tempo, diferenças consideráveis entre instituições, usos e costumes.

Nesses aspectos, o contraste entre as culturas católica e protestante surge claramente no século XVIII com o progresso de uma nova e grande potência no Norte da Alemanha – a monarquia prussiana. Prússia e Áustria não eram somente rivais políticas, incorporavam ideais sociais diferentes, de modo que Berlim e Viena se tornaram polos opostos da cultura germânica. É verdade que a Prússia, originalmente, era uma nação assim como a Áustria; um conjunto de territórios, dispersos e enfileirados que iam do Mar Báltico até as províncias do Baixo Reno. A política de centralização rigorosa e de forte disciplina militar, todavia, transformou-a em um centro de unidade ao redor do qual se reuniram as novas forças de um nacionalismo alemão no século XIX. O conflito austro-prussiano, que começou em 1740 e terminou em 1866, nunca foi um conflito religioso, mas envolveu vigorosas forças com simpatias e preconceitos religiosos, de modo que a exclusão da Áustria da Alemanha em 1866, imediatamente foi seguida pela tentativa de Otto von Bismarck (1815-1898) – a chamada *Kulturkampf* (1871) – de destruir a influência cultural do catolicismo no império germânico. Mas aí, novamente, temos o exemplo da ineficácia da repressão política para resolver questões puramente religiosas. A *Kulturkampf* não só foi ineficiente, na verdade, agiu como estímulo para as forças católicas na Alemanha, de modo que os católicos alemães ganharam novas forças e autoconfiança ao longo da luta.

Mais ao longe, na fronteira entre a cristandade ocidental e a oriental, estava a Polônia – cujo credo católico e latino era professado por esse povo eslavo. A Reforma Protestante produziu uma invasão de três formas distintas e mutuamente hostis de protestantismo – luteranos, calvinistas e unitaristas. Um líder italiano antitrinitário, Fausto Paolo Sozzini (1539-1604) [ou Socinus], tinha alcançado sucesso na Polônia e conseguido adeptos. Muitos dos magnatas locais, governantes menores, dentro dos próprios domínios adotaram uma dessas profissões conflitantes, podendo até mesmo impor a própria escolha aos súditos. Diante dessa situação, a monarquia católica adotou uma política de total tolerância, convencida – e como os acontecimentos provarão, muito corretamente – de que a hostilidade mútua entre as confissões protestantes tornaria impossível para eles substituir o catolicismo oficial por uma religião protestante, como os calvinistas franceses unificados estavam tentando fazer na França. A Confederação de Varsóvia, de 28 de janeiro de 1573, garantiu total liberdade a todas as confissões não católicas. Essa política de tolerância prosseguiu no governo de dois monarcas firmes e bem-sucedidos, o húngaro Estêvão Báthory (1533-1586), cujo reinado começou em 1575, e seu sucessor, o sueco, Sigismundo III (1566-1632), eleito em 1587.

Foi assim que o unitarianismo, perseguido por todos os demais lugares e por todos os governantes protestantes, encontrou abrigo na Polônia, onde poderia até manter um seminário para treinar ministros. Por outro lado, esses monarcas fizeram o máximo para fortalecer a Igreja católica na Polônia, ao promover uma reforma moral e o ensino religioso. Nesse particular, os jesuítas foram encorajados a ensinar e a pregar.

No século seguinte, é verdade, os protestantes perderam a tolerância plena que desfrutaram por tanto tempo. A vitória católica, contudo, já era certa e o protestantismo fora, decisivamente, derrotado sem perseguições. Daí em diante, até a destruição pela união das forças da Rússia ortodoxa, da Prússia protestante e da (relutante) Áustria católica, o reino polonês seria católico. De fato, após a perda da independência política, o povo polonês permaneceu um bastião de catolicismo no Leste, bem como os irlandeses, também sujeitos a um governo estrangeiro, o foram no Ocidente.

Por fim, devemos levar em conta o caso italiano, que é de excepcional importância para o estudo do catolicismo, uma vez que, ao longo de todo o período moderno, o governo e a administração da Igreja foram conduzidos por italianos, a partir da Itália, por um período maior que qualquer outro na história da Igreja. O caso da Itália, entretanto, também é bastante excepcional em outros aspectos. Na época da Reforma Protestante, a Itália era o país, culturalmente, mais desenvolvido na Europa e possuía uma forte percepção da própria superioridade cultural. No entanto, nenhum outro povo na Europa ocidental tinha menos unidade nacional ou menor poder de autodeterminação nacional. A Itália era, na verdade, quase um território colonial. Dois dos maiores e mais ricos estados italianos – o reino de Sicília e Nápoles e o ducado de Milão – estiveram sob ocupação espanhola ou controle até o início do século XVIII e permaneceram, posteriormente, sob governo austríaco.

A característica mais marcante da vida política italiana, contudo, era o poder temporal dos papas, que governavam a maior parte da

Itália Central, de Roma a Bolonha. Isso impediu o domínio completo da Itália por grandes potências não italianas, mas, ao mesmo tempo, era um obstáculo para a unificação nacional e, consequentemente, objeto de amargas críticas por parte dos pensadores políticos, como Nicolau Maquiavel e Francesco Guicciardini (1483-1540), que acalentavam o ideal de unidade nacional. O anticlericalismo político se aliou às tendências secularistas do pensamento da Renascença para produzir um movimento de oposição ao catolicismo não muito forte, mas que nunca desapareceu por completo; diferente do protestantismo italiano que obteve poucos convertidos célebres no início do século XVI, como Bernardino Ochino e Fausto Sozzini, mas exerceu pouca influência na cultura italiana.

A Itália, mesmo na época do domínio estrangeiro, continuou a ser, predominantemente, um território de cidades-estado, e nas cidades, a influência da Igreja era tão forte e suas relações com a vida das pessoas era tão próxima que não havia espaço para o desenvolvimento de nenhum movimento dissidente. Assim, o sucesso da restauração católica na Itália se deveu menos à influência do Estado que na Áustria, na França ou mesmo na Espanha. Aconteceu graças ao prestígio e à influência de indivíduos particulares em determinadas cidades – como São Carlo Borromeo (1538-1584) em Milão e São Filipe Neri (1515-1595) em Roma ou, num período anterior, ao bispo Gian Matteo Giberti em Verona.

Certamente, o catolicismo italiano possuía traços nacionais característicos – assim como qualquer outro país na Europa – mas isso não se devia à política unificadora de uma dinastia ou de uma igreja estatal. Tinha raízes profundas no passado, na história medieval da cidade-estado italiana e na cultura característica da Itália que chegou à maturidade numa época em que as outras nacionalidades ainda estavam em um processo de formação. Não havia dúvida quanto a vantagem considerável que isso deu à Igreja Católica. Entre as intensas rivalidades nacionais e conflitos de forças dos séculos XVI e XVII, o papado foi capaz de ficar fora da batalha, em um mundo próprio de relativa estabilidade e paz. Ao longo de todo o período iniciado em meados do século XVI até a Revolução Francesa, a Itália nunca ingressara numa grande guerra, e muito embora ficasse privada de influência política, a influência cultural era muito maior. Do começo ao fim desse período, a Itália atraiu viajantes de todos os cantos da Europa – romeiros de países católicos e peregrinos culturais dos países protestantes – e em Roma as duas correntes encontravam e se misturavam: santos e intelectuais, artistas e diletantes: Richard Crashaw (1613-1649) e a rainha Cristina da Suécia (1626-1689); Johann Wolfgang von Goethe (1749-1832) e São Bento José Labre (1748-1783). E devemos lembrar que foi graças à impressão produzida pela morte desse santo que o primeiro dos convertidos de Boston – o reverendo John Thayer (1755-1815) – uniu-se à Igreja de Roma, em 1783.

Assim, as barreiras nacionais que cresceram nos séculos posteriores à Reforma Protestante nunca produziram um estado de total segregação. Mesmo assim, somente quando a cristandade foi violentamente destruída pela catástrofe da Revolução Francesa que os caminhos ficaram abertos para um contato mais amplo e generalizado entre as duas partes divididas. Nesse particular, sobretudo, o século XIX marca o início de uma nova época na história da Igreja. Os preconceitos nacionais ainda eram muito potentes, e cada povo continuava firmemente ligado às próprias tradições separatistas, não obstante, os obstáculos políticos para o relacionamento religioso foram, aos poucos, sendo ocultados e, por fim, eliminados. Assim, a Igreja recuperou o caráter universal supranacional ao mesmo tempo em que perdeu a posição privilegiada que tivera com os Estados católicos do velho regime.

Capítulo 11 | O Renascimento Católico
e a Cultura Barroca

[1]

Na segunda metade do século XVI, chegou ao fim a era da Reforma Protestante, dividindo, de modo permanente, a cristandade. O ponto em que o processo de mudança parou em cada país, por certo, é diferente. Na Alemanha, o ponto final foi a Paz de Augsburgo, em 1555. Na Inglaterra, o "Acordo Elizabetano", em 1559. Na França, foi o término das Guerras de Religião e o Édito de Nantes, em 1598, ao passo que, nos Países Baixos, as decisões vitais foram conquistadas ao longo de quarenta e dois anos de luta com a Espanha, entre os anos de 1567 e 1609.

No entanto, para a Europa católica como um todo é o Concílio de Trento que marca a mudança, e o renascimento católico, que já estava demasiado adiantado na época do Concílio, chegou ao fim nos anos de 1563-1564. Tal renascimento católico tem dupla importância – em primeiro lugar, criou os ideais espirituais, as normas teológicas e a administração eclesiástica do catolicismo moderno; em segundo lugar, inspirou novas formas de humanismo ou de cultura pós-humanista, geralmente conhecida como barroca, que viria a dominar o século XVII. Em ambos os aspectos, foi um movimento internacional e instigou todas as diferentes tradições que já tinham começado a se fazer sentir na primeira parte do século, em especial na Espanha e na Itália.

Primeiro, houve o movimento do humanismo cristão, representado, no Norte, pelos seguidores de Erasmo e, na Itália, pelos platonistas cristãos. Essa tradição foi a fonte, ou uma das fontes, do restabelecimento dos estudos cristãos que renovaram o estudo da Teologia, da Patrística e da História Eclesiástica nos cem anos entre 1560 e 1660, e que também exerceu profunda influência nas literaturas vernáculas, por exemplo, na obra de Luís de León (1527-1591).

Em segundo lugar, havia a tradição do misticismo e pietismo italiano que sobrevivera por toda a época da Renascença. Foi a tradição de São Francisco de Assis, continuada ou revivida em São Bernardino de Siena no século XV, pelos Capuchinhos no século XVI, e que ganhara nova expressão na vida de São Filipe Neri, que a manteve na época da Contrarreforma e no novo instituto do Oratório Romano, os elementos humanistas das tradições espirituais.

Em terceiro lugar, havia a tradição do misticismo espanhol que surgira entre os franciscanos espanhóis na primeira metade do século XVI. Na segunda metade, alcançou o ponto mais alto nas vidas e escritos de Santa Teresa D'Ávila e São João da Cruz, se tornando, assim, um dos elementos dominantes do renascimento católico. No início do século XVII fora introduzido na França pela ordem de Santa Teresa na reforma carmelita e, a partir daí, contribuiu para o desenvolvimento do renascimento espiritual francês que iria produzir ricos frutos ao longo das duas próximas gerações.

O movimento místico, contudo, era somente um aspecto da vida religiosa espanhola. O século XVI foi o auge da era espanhola. Testemunhou uma extraordinária explosão de energia nacional em quase todos os campos, tanto seculares quanto religiosos. Para um observador contemporâneo, o gênio espanhol deve afigurar-se ativo e não contemplativo, algo dinâmico em vez de místico, e esse parecia ser o caso na religião, bem como nas questões seculares. De fato, a maior contribuição espanhola ao renascimento católico foi o novo dinamismo moral que introduziu no mundo eclesiástico, há tanto paralisado pelas forças conflitantes de conservadorismo e reforma, os interesses escusos da oligarquia clerical e as ambições predatórias dos príncipes seculares.

Os exemplos clássicos desse dinamismo moral foram Santo Inácio de Loyola e a Companhia de Jesus. Como já indiquei, encontra expressão clara na obra *Exercícios Espirituais*.

Na Europa católica, o renascimento religioso, nas formas ascéticas e místicas, levaram ao cultivo intensivo da vida espiritual do indivíduo tanto entre os leigos como no clero. Isso criou uma demanda por guiamento ou direção espiritual, que se tornou uma das características distintivas do catolicismo pós-reformado. Aí os jesuítas também tiveram um papel importante nessa nova evolução, ao pregar retiros que, diferente dos retiros de hoje, geralmente eram direcionados para indivíduos e não para grupos, e pela atenção especial dedicada às teologias moral e pastoral na formação sacerdotal. Além dos jesuítas, São Filipe Neri (1515-1595), desde o início, dedicou-se a essa tarefa, de modo que, ao longo de sua longa vida, o Oratório Romano se tornou um dos grandes centros de reflorescimento da vida religiosa entre o laicato. Talvez o mais famoso dos diretores espirituais da época, contudo, tenha sido São Francisco de Sales, o bispo católico de Genebra – ao menos daquelas partes da antiga diocese que ainda pertenciam à Savoia. Era, ao mesmo tempo, humanista, místico e ativo reformador que teve papel de destaque na restauração do catolicismo na Savoia, e cuja enorme correspondência reflete, portanto, cada aspecto da vida espiritual do renascimento católico.

Essa obra de reforma moral e espiritual é, em certo sentido, a contrapartida da Reforma Protestante do Norte da Europa, que também esteve preocupada com a "interiorização" da religião, inspirada por um espírito semelhante de ativismo moral na busca obstinada do fim para o qual o homem foi criado.

Em quase todos os outros aspectos, no entanto, os dois movimentos eram totalmente opostos. Os católicos enfatizavam apenas aqueles elementos na tradição cristã que os protestantes rejeitavam – a unidade visível da Igreja, a autoridade da hierarquia, a graça dos sacramentos e a veneração dos santos. Uma vez que a Reforma Protestante destruiu os monastérios e abandonou o ideal da vida monástica, os reformadores católicos encontraram o centro de ação nas novas ordens católicas que criaram. Consequentemente, tão logo a reforma católica se tornou forte o bastante para exercer influência na cultura, foi capaz de dar seguimento à antiga tradição medieval de religião popular e, mais uma vez, agregar as antigas imagens e ideias católicas nas novas formas artísticas desenvolvidas na Renascença. Assim surgiram novas formas da cultura barroca que, rapidamente, transcenderam os limites dos países mediterrâneos, e dilatando sua influência por todo o mundo católico.

Não obstante sua grande importância histórica, a cultura barroca não tem recebido muita simpatia ou apreço dos historiadores modernos, em grande parte graças aos preconceitos nacionais ou religiosos e às próprias limitações. A própria palavra "barroco" possui um sentido pejorativo tanto para os classicistas rigorosos como para os homens do renascimento gótico. De fato, chamar a cultura barroca de "Contrarreforma" sugere, inevitavelmente, que foi um movimento retrógrado, negativo, oposto ao fluxo do progresso; contudo, a cultura barroca foi imensamente profícua – na arte, na literatura e na música.

Visto do ângulo protestante e do Norte, a cultura barroca parece ser uma versão secularizada do catolicismo medieval; do próprio ponto de vista, no entanto, representa, sim, a desecularização da Renascença e a reafirmação do poder da religião e da autoridade da Igreja na vida social. Todos os recursos da arte, arquitetura, pintura, escultura, literatura, música foram postos a serviço do catolicismo, e se para o homem do Norte o resultado parece teatral e digno de um meretrício, isso não se deveu à falta de espiritualidade. Era, no entanto, uma espiritualidade diferente. Era apaixonada, extática, mística, que pouco tinha em comum com o sóbrio pietismo do protestantismo do Norte, mas intensamente vital, como vemos pelas vidas e escritos dos santos e místicos espanhóis do século XVI, iniciadores do grande movimento do misticismo barroco que assolou a Europa católica na primeira metade do século XVII.

[2]

A cultura barroca representa a aliança de duas tradições – a tradição humanista da Renascença e a tradição do catolicismo medieval como revivido ou restaurado pela Contrarreforma. Essas tradições muitas vezes são vistas como contraditórias, mas também se unem na cultura barroca, para qual cada uma deu uma contribuição importante.

Durante o período anterior, os esforços dos humanistas foram dedicados à recuperação da literatura e ensino clássicos e à restauração da educação das antigas artes liberais num plano mais elevado de conhecimento. De modo semelhante, na arte houve um movimento correspondente de retorno aos modelos clássicos e redespertar as formas clássicas. Em ambos os casos, foi grande a ênfase na imitação do passado clássico e, igualmente forte, a revolta com a tradição da Baixa Idade Média.

Na segunda metade do século XVI, essas duas causas foram ganhas, ao menos no Sul da Europa, e o principal problema era como aplicar a nova educação e as novas formas de arte às necessidades da sociedade de então, sobretudo da Igreja daquela época, que então, não menos do que na Idade Média, foi a grande educadora e a principal mecenas das artes.

Mesmo assim, apesar da reação contra a Idade Média, é impossível não reconhecer que a arte barroca tem mais parentesco com a arte da Idade Média que o idealismo racional da Renascença clássica. Isso é expresso no espírito gótico por intermédio das formas clássicas. Não significa simplesmente que a arte barroca tenha servido às mesmas funções religiosas e sociais e empregado o mesmo simbolismo religioso da Idade Média. Parece a arquitetura gótica – em especial, o gótico flamejante da Baixa Idade Média – na tentativa de transcender os limites de matéria e espaço pela mobilidade das linhas e uma busca incansável pelo infinito. Tal tentativa produziu uma ruptura com os traços fixos e a severa racionalidade da arquitetura clássica pelo uso arrojado de curvas extensas, vastas proporções e fortes contrastes de luz e sombra. Da mesma forma é caracterizada pela exuberância extraordinária de imagens e ornamentos que utilizam todo o espaço disponível e transformam toda a igreja em um tesouro de simbolismo religioso. Da mesma maneira, também, na pintura, após a serenidade de Rafael Sanzio e o exuberante paganismo de Antonio Corregio (1489-1534), descobrimos a chama obscura e o êxtase estético dos mestres espanhóis como El Greco (1541-1614), José de Ribera (1591-1652) e Francisco de Zurbarán (1598-1664).

[3]

Assim, o século XVII viu a ascensão de uma nova arte religiosa que, por se tornar a linguagem artística corrente da Igreja, representou uma popularização de uma tradição renascentista mais aristocrática e moldou o gosto popular do mundo católico do México e Peru a Hungria e Polônia. A predominância é nítida, especialmente, no Sul da Alemanha e na Áustria, onde houve um grande restabelecimento da arquitetura eclesiástica após a Guerra dos Trinta Anos, de modo que o estilo barroco é tão universal e típico das igrejas e monastérios da Europa Central quanto foi o estilo gótico na Inglaterra e França durante a Baixa Idade Média.

Por tal razão, a época barroca criou uma nova unidade cultural baseada, como na Idade Média, em um fundamento religioso, porém não mais totalmente abrangente; procedia de uma sede mediterrânea em vez de um centro medieval no Norte da França. Não havia movimento semelhante na Europa protestante, devido ao divórcio entre arte e religião, e na medida em que o estilo renascentista penetrou na Europa Setentrional, preservou a tradição mais clássica da primeira Renascença.

Na literatura e na pintura, todavia, a cultura barroca tinha um alcance quase europeu e se difundiu, mesmo no Norte da Europa, pela influência das cortes que eram, então, salvo na Holanda, as grandes patrocinadoras das artes e da cultura. Essa cultura cortesã não poderia, é claro, atingir a vida de toda a nação como fizera a arte popular e religiosa da Idade Média. Era privilégio de poucos. Dentro desse círculo estrito, contudo, houve grande estima pelos feitos artísticos, e o gênio individual tinha maior oportunidade de reconhecimento que antes ou do que tivera desde então. Homens como Peter Paul Rubens (1577-1640) e Diego Velásquez (1599-1660) não tinham de lutar para obter o simples sustento e ao longo de toda a vida puderam exercer de modo triunfante a arte; Gian Lorenzo Bernini (1598-1680), sobretudo, ostentou uma posição por toda a vida que poderia, hoje, ser comparada a de uma estrela de cinema ou a de um magnata da imprensa.

Em um ponto, no entanto, a influência da corte se uniu ao público em geral para criar uma grande arte popular – o teatro da Renascença, e fosse em Londres, Paris ou Madri, esse período favoreceu tamanho florescimento do gênio dramático que só pode ser comparável à grande era do drama ático. O próprio William Shakespeare (1564-1616) foi um gênio barroco,[1] e por mais que pareça transcender as limitações de sua geração, pode ser plenamente compreendido somente como um filho da mesma época e cultura que gerou Tommaso Campanella, Galileo Galilei, Félix Lope de Vega (1562-1635) e Miguel de Cervantes (1547-1616) – a era que se expressou, em pedra, na grande colunata de Bernini na Praça de São Pedro.

---

[1] Os elementos católicos do drama shakespeariano é objeto da seguinte obra: Peter Milward, S.J., *Shakespeare the Papist*. Washington, D.C., The Catholic University of America Press, 2006. (N. T.)

Não menos importante que o teatro foi o desenvolvimento das literaturas nacionais europeias em poesia e prosa. Foi a época dos grandes ensaístas, de filosofias populares do mundo erudito, Michel de Montaigne, Francis Bacon e Francisco de Quevedo (1580-1645), do fundador do romance moderno, Cervantes, que talvez seja quem mais se aproxime do gênio de Shakespeare, de todos os homens desse período. Na poesia não há somente grandes nomes como Torquato Tasso (1544-1595) e Edmund Spenser (1552-1599), John Milton e Joost van den Vondel (1587-1679), mas inúmeros poetas líricos. Desses, alguns dos mais famosos, como Giambattista Marino (1569-1625) e Luís de Góngora (1561-1627) eram barrocos no mau sentido da palavra, desfigurados pelo ornamento meretrício e fantásticas extravagâncias verbais, mas a maioria dos poetas, tal como John Donne e Richard Crashaw, Luís de León e São João da Cruz, Johann Scheffler (1624-1677) e Friedrich von Spee (1591-1635), expressam o espírito mais íntimo da época, o pensamento profundo e as emoções místicas.

Nem todas essas coisas exauriram a criatividade da época. Ela também assistiu o início da música moderna. A cultura barroca criou não só uma nova arte religiosa, mas também uma nova música sacra, que encontrou seu grande expoente em Giovanni Pierluigi da Palestrina (1525-1594). A nova arte cresceu, especialmente, em íntimo contato com a Contrarreforma, e foi São Filipe Neri, grande amigo de Palestrina, a quem devemos a instituição do oratório,[2] o primeiro ancestral da ópera italiana.

Não há lugar em que a vitalidade e a fecundidade da cultura barroca estejam mais bem manifestadas que no México e na América do Sul, onde houve um rico florescimento de tipos regionais de arte e arquitetura, alguns dos quais apresentam considerável influência dos

---

[2] O gênero de composição musical cantada e de conteúdo narrativo deriva do próprio nome da Congregação do Oratório de São Felipe Neri, que realizava esse tipo de apresentação de música sacra em Roma de 1571 a 1594. (N. T.)

índios nativos. Essa capacidade da cultura barroca de assimilar estruturas estrangeiras é um dos seus traços característicos e a distingue nitidamente do estilo artístico e da cultura da área anglo-americana.

O grande volume de empreendimentos materiais da cultura barroca hispânica na América é extraordinário: dúzias de catedrais, centenas de monastérios e milhares de igrejas, muitas delas ricamente adornadas com esculturas, pinturas e trabalhos de metal. Toda essa atividade artística é a expressão de um grande esforço cultural que também teve aspectos religiosos e intelectuais como, por exemplo, a fundação das universidades e as vidas de grandes missionários e santos.[3]

Nada disso recebeu atenção adequada por parte dos historiadores da cultura e da arte, e apenas nos dias de hoje estão sendo feitas tentativas para proteger ou tombar os monumentos sobreviventes.

A causa de tal negligência é, em parte, a falta geral de apreço, no século XIX, pela cultura barroca e todas as suas obras, agravada ainda mais pela ruptura catastrófica no desenvolvimento cultural após as guerras de independência e separação da América Latina espanhola. A cultura barroca da América Latina não era somente uma cultura colonial, era uma cultura altamente centralizada e hierarquizada, que derivava todo o ímpeto de dois centros, a Igreja e o Estado. O conjunto do edifício central era sustentado por uma intensa força de vontade por parte de uma classe governante muito pequena, e quando tal esforço foi interrompido por circunstâncias históricas, todo o edifício foi estilhaçado de cima a baixo. Os *criollos* (espanhóis nascidos na América) não estavam em posição de continuar tal empresa pois eram, essencialmente, intermediários entre os governantes e a população. Os grandes vice-reinos do México e do Peru eram, na verdade, estados indígenas sob a autoridade paternal do governo europeu.

---

[3] Para uma visão da arte barroca nas Américas Central e do Sul, é indispensável o estudo ricamente ilustrado de Paul Kelemen, *Barroque and Rococo in Latin America*. New York, Macmillan, 1951.

Isso não quer dizer, contudo, que a cultura barroca da América foi uma reprodução artificial e mecânica de uma cultura estrangeira original. O cristianismo penetrou muito profundamente no novo ambiente das Américas, e houve uma verdadeira colaboração entre os elementos europeus e indígenas: muito maior que a da arquitetura e da arte na América Latina independente do século XIX. Ademais, a predominância da Igreja e a influência das ordens religiosas levaram imigrantes excepcionais para as Américas – missionários, santos e eruditos – como Bartolomé de Las Casas (1474-1566), São Pedro Claver S.J. (1580-1654), o beato Diego Álvarez de Paz S.J. (1560-1620), São Toríbio Alfonso Mogrovejo (1538-1606) que foi arcebispo de Lima, o arcebispo Juan de Zumárraga O.F.M. (1468-1548) do México, o místico leigo e servo de Deus Gregorio López (1542-1596), Bernardino de Sahagún (1499-1590), o historiador dos astecas e muitos outros. O estímulo dessa elite espiritual teve profunda influência na América e responde pela expansão súbita e quase miraculosa da cultura barroca dos séculos XVI ao XVIII. A revolta da América Latina pôs um fim a essa transfusão de vigor cultural e igualmente desastrosa foi a dissolução das ordens religiosas, em especial dos jesuítas. Além disso, tal cultura ainda estava viva e produtiva às vésperas da ruína. Como no México e no Brasil português, algumas das obras de arte e da arquitetura mais originais pertencem às últimas décadas do período colonial; e foi o último Barroco, cujas reminiscências chegam ao século XIX, que os missionários espanhóis levaram para o Norte das Américas: para Flórida, Texas, Novo México e Califórnia.

Apesar do colapso prematuro do desenvolvimento da cultura cristã do Barroco na América, ele guarda sua importância histórica. Mesmo nos Estados Unidos, em todo o Oeste e o extremo Sudoeste, subjazem os traços dessa cultura nas origens da civilização norte-americana contemporânea, desde a Flórida, passando pelo Texas e Novo México até o Oceano Pacífico e se estendendo ao Norte, até encontrar o movimento paralelo dos missionários católicos franceses que se alastrou para o Sul e Oeste, a partir do Canadá. E quando percebemos como foi extremamente esparsa a colonização e como era pequena a população, é impressionante o quanto foi feito por poucos homens notáveis, como o padre Eusebio Francisco Kino S.J. (1645-1711) e o beato Junípero Serra O.F.M. (1713-1784), nas fronteiras espanholas e pelos missionários e mártires jesuítas do Canadá.

No Canadá, a luta para criar uma cultura cristã americana que incluísse a população indígena não era menos intensa que na América espanhola, mas as condições materiais eram muito mais difíceis e o meio ambiente muito menos amistoso e mais desfavorável que o das colônias puritanas da Nova Inglaterra. O heroísmo dos missionários e mártires jesuítas como Santo Isaac Jogues S.J. (1607-1648) e São Jean de Brébeuf (1593-1649) foi incapaz de dominar a resistência feroz dos índios iroqueses, que, repetidas vezes, destruíram o trabalho deles. A base econômica da colônia era o comércio de peles, que adentrava até o Oeste e levou à descoberta do interior do continente; contudo, era uma economia que não oferecia base para a criação de uma cultura estável. A qualidade do material humano, porém, era excepcionalmente alta.

O que havia de melhor na grande idade da espiritualidade francesa – os amigos do cardeal Pierre de Bérulle (1575-1629), São Vicente de Paulo C.M. (1581-1660), Jean-Jacques Olier de Vaudreuil S.S. (1608-1657) e Henri de Bernières (1635-1700) – cooperou nesse trabalho. Uma das maiores místicas francesas, Madame Marie [Guyart] Martin (1599-1672), mais conhecida como a venerável irmã Marie de l'Incarnation, a quem Bossuet chamou de a "Santa Teresa do Novo Mundo", passou a vida num convento das ursulinas em Québec, de onde escreveu cartas memoráveis para o filho, Dom Claude Martin O.S.B. (1619-1696), que figuram como os documentos mais interessantes da América do século XVII.

À primeira vista, parece que não deveria ter sido permitida a perda de um material humano excepcional em solo tão estéril – que os grandes místicos devessem educar pequenos índios huronianos ou que o irmão mais velho de François Fénelon (1675-1715) devesse viver à base de angu de milho em *wigwams* [tendas indígenas]. Ao menos, foram lançados fundamentos mais firmes do que em qualquer outra parte da América, de modo que o Canadá francês, diferente da América espanhola, sempre permaneceu firmemente ligado à tradição religiosa instituída no século XVII.

Capítulo 12 | A Cultura da Cristandade Dividida

[1]

Por todo o período colonial não há comparação entre os feitos católicos e protestantes no Novo Mundo. Toda a América do Sul e Central era católica e as missões se espalhavam pelas planícies do Sudoeste até a costa do Pacífico. Devia parecer ser uma questão de tempo até que toda a América do Norte a Oeste do Mississipi e ao Norte de Ohio pudesse ser espanhola ou francesa em idioma e católica em religião. Ninguém poderia supor que as colônias inglesas, que mal lograram êxito em se estabelecer ao longo da costa do Atlântico, estivessem destinadas a engolir o progresso espanhol e impor uma civilização de língua inglesa para todo o continente, do Atlântico ao Pacífico e do Golfo do México aos Grandes Lagos.

As causas dessa mudança revolucionária, certamente, não são religiosas, pois tanto a cultura católica espanhola quanto a francesa demonstravam um espírito missionário muito mais forte e uma maior compreensão dos povos nativos que os colonos ingleses ou holandeses do Leste. Nem foi devido à falta de espírito empreendedor, pois os espanhóis e franceses tomaram a dianteira na exploração do continente. O fator decisivo, creio, é quase todo encontrado na esfera da organização política e social. Na América católica, o movimento de expansão veio de fora e do Velho Mundo. As grandes ordens missionárias, como os jesuítas e os franciscanos, tinham os centros na

Europa e recrutavam os missionários nos países de origem. De modo semelhante, a obra de conquista e exploração foi controlada de cima e de fora, de modo que a população branca nativa – os *criollos* – sempre esteve numa posição muito subordinada. As colônias protestantes inglesas, todavia, tenderam a formar, desde o início, centros independentes de cultura de língua inglesa em solo norte-americano e, em que pese o controle à distância do governo inglês, eram livres para criar a própria sociedade e instituições sociais. Isso é especialmente claro na Nova Inglaterra, onde o desejo por independência, sobretudo por independência espiritual do controle eclesiástico, foi o principal motivo inspirador da colonização.

Ainda assim, os colonos protestantes ingleses, a seu modo, não estavam menos preocupados que os contemporâneos católicos com a instituição de uma civilização cristã no Novo Mundo; mas era um tipo de civilização muito diferente, assim como era um tipo muito diferente de cristianismo. De fato, em nenhum local o contraste social entre católicos e protestantes era mais vívido que nas Américas durante o período colonial. Na América Latina, as condições de conquista e colonização somente fortaleceram os aspectos da unidade autoritária do catolicismo, ao passo que, nas colônias inglesas, as tendências separatistas e individualistas do protestantismo eram exageradas no novo ambiente.

Até certo ponto, isso pode ter ocorrido pelo fato do governo inglês, deliberadamente, ter usado as colônias como válvula de segurança para elementos da oposição e ter encorajado a emigração de minorias religiosas, não só para a Nova Inglaterra, mas também para Maryland, para a Pensilvânia e, posteriormente, para a Geórgia. O curso da separação, entretanto, continuou em solo norte-americano e permaneceu como um traço característico do protestantismo estadunidense até nossos dias. Nessa sociedade protestante, a seita ou a igreja e, em muitos casos, a congregação individual eram a verdadeira unidade cultural. Eram a fonte da educação e a geradora da opinião pública, exercendo, normalmente, uma supervisão muito íntima no comportamento do indivíduo, quer por pressão moral, quer pela promulgação direta de leis. Acima e dentro da Igreja, o único padrão de crença e conduta era a Bíblia, sobretudo, o Antigo Testamento. De fato, em muitos aspectos, o movimento puritano, principalmente na Nova Inglaterra, representa um retorno cristão ao judaísmo, em que a lei mosaica substitui o direito canônico da Igreja Católica e as personagens do Antigo Testamento substituem os santos católicos como arquétipos de perfeição espiritual.

Uma cultura religiosa desse tipo era, sem dúvida, limitada e restritiva, mas estava bem adaptada às necessidades da sociedade. O ascetismo moral do *ethos* puritano estava em harmonia com o utilitarismo estrito da economia colonial, pois ao cortar tudo o que era supérfluo, ao restringir as oportunidades de prazer e manifestação pública, tendia a concentrar as energias dos homens em tarefas necessárias e econômicas, sobre as quais repousava o bem-estar da comunidade. Pode parecer paradoxal que a religião que depreciava as boas obras e negava os méritos humanos tenha produzido uma raça de incansáveis e sagazes comerciantes, mas esse é o paradoxo do calvinismo e onde quer que os ideais e a disciplina calvinistas tenham triunfado, seja entre os huguenotes franceses, os presbiterianos escoceses ou os puritanos ingleses e norte-americanos, encontramos semelhante espírito de vigor moral e atividade social que produziram, em todos os lugares, resultados importantes nos campos político e econômico. Assim, o padrão social da cultura puritana é extraordinariamente diferente do catolicismo barroco, e em nenhum lugar as diferenças são mais acentuadas e contrastantes que no Novo Mundo, principalmente, entre a Nova Inglaterra e a Nova Espanha.

Entrementes, na Europa protestante, em especial nos países calvinistas, a Reforma Protestante varrera para longe os tesouros artísticos acumulados na Idade Média, o simbolismo religioso e destruíra o caráter litúrgico da cultura popular – o ciclo de festas e jejuns anuais e o teatro religioso. Não que a Reforma Protestante tivesse deliberadamente a intenção de secularizar a cultura; pelo contrário, desejava elevar o padrão do conhecimento e prática religiosos. Fizeram, no entanto, por meios totalmente intelectuais e racionais. A pregação assumiu o lugar da liturgia. A leitura da Bíblia, o lugar das imagens e simbolismo religiosos; o caráter comunal dos festivais medievais e as peregrinações foram substituídos por um tipo individualista de piedade que era, contudo, muito diferente do praticado pelo eremita ou asceta medieval, uma vez que inculcava o estrito cumprimento dos deveres sociais e econômicos.

O calvinismo não encontrou sua verdadeira esfera de atividade nas cortes e entre os nobres, mas entre as novas classes comerciantes e industriais que estavam começando a surgir nas cidades da Holanda e da Inglaterra. Havia uma afinidade natural entre o espírito puritano e o espírito da burguesia. O ascetismo estrito do ideal puritano, que reprime severamente a tendência natural do homem para o ócio e o prazer, condenando toda a demonstração exterior como vaidade mundana, inculcou a diligência e a frugalidade como os primeiros deveres dos cristãos, dando uma sanção sobrenatural às virtudes que eram caras ao coração da burguesia.

Dessa maneira, o calvinismo deu às classes médias um suporte espiritual e moral que lhes permitiu afirmar a independência social e a construir uma nova ordem com base no esforço individual e na iniciativa, em vez de confiar na responsabilidade corporativa e na sanção social hereditária. Já no século XVII podemos traçar a emergência de um novo tipo – o comerciante trabalhador, honesto e respeitável que estava destinado a substituir o nobre, o cortesão e o padre como liderança na sociedade.

Assim, o contraste entre a amadurecida cultura barroca da Europa Central e do Sul e a nascente cultura burguesa da sociedade calvinista era um contraste imediato entre ideais espirituais e tendências sociais opostas. A cultura barroca da Espanha e da Áustria era a de uma sociedade de príncipes e monastérios – mesmo que de palácios monásticos como *El Escorial* – e dava, comparativamente, pouco espaço para o mercador e o artífice. Era uma cultura *antieconômica* que gastava seu capital de maneira pródiga, temerária e esplêndida, tanto para a glória de Deus como para o ornamento da vida humana.

A cultura puritana da Holanda e da Inglaterra, por outro lado, era a cultura de uma sociedade de comerciantes, soldados de cavalaria e artesãos, cujas vidas estavam centradas nas casas de reunião, nas firmas de contabilidade, na fazenda e na oficina. Não tinham tempo nem dinheiro para gastar em criações artísticas ou em espetáculos externos. Todas as forças estavam concentradas na tarefa de salvar as almas e de ganhar o sustento, e computavam cada momento do tempo e cada centavo dos gastos como algo que deveriam prestar contas exatas ao grande capataz, no dia do Juízo Final. Assim, enquanto a cultura barroca gastava a riqueza em Igrejas para peregrinação, palácios e monastérios, os puritanos estavam lançando os fundamentos sobre os quais a ordem capitalista do futuro seria construída.

O ideal da cultura burguesa é manter um padrão médio alto. Suas máximas são: "A honestidade é a melhor política", "Fazei o que quereis que vos façam", "Deus ajuda a quem se ajuda". Mas o espírito barroco vive no e para o momento triunfante de êxtase criativo. É tudo ou nada. Suas máximas são: "Tudo por amor e não teremos perdido a vida em vão";[1] "*Nada, nada, nada*" e:

> Que pedes pois e buscas, alma minha?
> Tudo isto é teu e tudo para ti.
> Não te rebaixes nem repares nas migalhas que caem da mesa de teu Pai.
> Sai para fora de ti e gloria-te da tua glória,
> esconde-te nela e goza,
> e alcançarás as petições do teu coração.[2]

---

[1] No original: *"All for love and the world well lost"* é um ditado baseado na peça *All for Love, or the World Well Lost*, tragédia que retrata o drama de Antônio e Cleópatra, escrita por John Dryden (1631-1700), em 1677. (N. T.)

[2] São João da Cruz, "Oração da alma enamorada". Ver: Eulogio Pacho, O.C.D. (Coord.), *As Mais Belas Páginas de São João da Cruz*. Marco de Canaveses, Edições Carmelo, 2006, p. 177. (N. T.)

Essa ideia mística inspirou a cultura barroca na Espanha e na Itália no final do século XVI e no século XVII. Não estava totalmente ausente na Alemanha, na Holanda e na Inglaterra do século XVII, onde encontrou expressão literária na obra de poetas convertidos como Johann Scheffler ("Angelus Silesius") na Silésia; Joost van den Vondel na Holanda e Richard Crashaw na Inglaterra. Foi na França, no entanto, durante as décadas iniciais e médias do século XVII, que, no curso da reforma católica, foram obtidos os resultados mais diretos. Aí, a aplicação das reformas tridentinas foram postergadas pelas guerras religiosas e pelos obstáculos criados pela concordata e pelo sistema de comendas.

No século XVII, todavia, inúmeros homens notáveis se dedicaram à reforma do clero. Primeiramente, surgiu a obra do cardeal Pierre de Bérulle, e de seu sucessor Charles de Condren (1588-1641) na fundação da Congregação do Oratório francesa; em segundo lugar havia São Vicente de Paulo, fundador da Sociedade da Missão e das Irmãs da Caridade. E, em terceiro lugar, havia as orações do padre Jean-Jacques Olier de Vaudreuil S.S., fundador do famoso seminário de Saint-Suplice em Paris, cujos membros tiveram muita importância na introdução do catolicismo nos Estado Unidos e no Canadá.

Esses homens, especialmente o cardeal Bérulle e o padre Olier, são de enorme relevância para a história do pensamento religioso francês, pois criaram uma nova escola de misticismo, baseada na teologia da Encarnação e na doutrina paulina da incorporação do homem na humanidade divina. Essa doutrina, que foi primeiramente anunciada no livro de Bérulle, *Des Grandeurs de Jésus*,[3] publicado em 1623, teve uma influência enorme em todo o movimento de espiritualidade francesa ao longo do século XVII até a época de Bossuet e mais adiante. Pode muito bem ter sido um ponto de contato com a espiritualidade

---

[3] Atualmente partes selecionadas da obra podem ser encontradas na seguinte edição: Pierre de Bérulle, *Des Grandeurs de Jésus*. Ed. René Boureau. Paris, Editions du Cerf, 1996. Vale lembrar que este era um dos livros favoritos do movimento jansenista. (N. T.)

contemporânea dos puritanos ingleses, ainda que de maneira menos mística, mas, até onde sei, nenhum dos escritos típicos dessa escola de pensamento haviam sido traduzidos para o inglês naquela época.

Vale notar, no entanto, que esse movimento teve influência direta no catolicismo da América do Norte, assim como o puritanismo inglês teve influência direta na fundação da Nova Inglaterra. Padre Olier, juntamente com um leigo piedoso, Jerôme le Royer de la Dauversière (1597-1659), fundaram a sociedade de Nossa Senhora de Montreal, que instituiu a primeira colônia em Montreal como um centro missionário, em 1642, e, como vimos, uns poucos anos depois, uma das maiores místicas do século XX, Marie de l'Incarnation, fundou o famoso convento das ursulinas em Québec, que teve um papel importante no desenvolvimento da cultura católica no Canadá.

Na própria França, todavia, esse intenso movimento religioso não sobreviveu ao século XVII. O reinado de Luís XIV foi seguido por mudanças culturais e religiosas que se mostraram fatais tanto para o renascimento espiritual católico como para a própria cultura barroca, e tal mudança, aos poucos, se espalhou para o restante da Europa. Não foi, contudo, prerrogativa da França ou do mundo católico, pois encontramos processo semelhante em curso na Inglaterra, o que levou à derrota do puritanismo inglês na última metade do século XVII.

A secularização da cultura ocidental, que alguns historiadores consideraram implícita na Renascença, mas que fora, de certa maneira, postergada pela Reforma Protestante e pela restauração da cultura católica no período barroco, ficou claramente manifesta nos últimos anos do século XVII pelo movimento perfeitamente descrito por Paul Hazard (1878-1944) no livro *La Crise de La Conscience Européenne* [A Crise da Consciência Europeia].[4]

---

[4] Paul Hazard, *La Crise de la Conscience Européenne*. Paris, Bovin, 1935. [Em português, a obra pode ser encontrada na seguinte edição: Paul Hazard, *Crise da Consciência Europeia (1680-1715)*. Trad. e notas Óscar de Freitas Lopes. Lisboa, Edições Cosmos, 1948. (N. T.)]

[2]

Comum às duas metades da cristandade dividida está o desenvolvimento da ciência moderna, uma obra desse período. Como escreveu Alfred North Whitehead (1861-1947):

> Uma descrição breve e suficientemente precisa da vida intelectual das raças europeias, durante os dois séculos e um quarto seguintes até nossos dias, é que viveram do capital acumulado de ideias que lhes ofereceu o gênio do século XVII.[5]

As Europas, católica e protestante, contribuíram quase igualmente para essa obra e houve uma colaboração próxima entre intelectuais, apesar das diferenças religiosas. Isso, entretanto, não se deveu ao avanço da secularização, pois alguns eram extremamente religiosos. Existiu, de fato, certa afinidade entre o pensamento religioso e científico e a ideologia do período. Em ambos os casos era dada ênfase na *via experimentalis* [via experimental]: na religião, isso significou o caminho interior de experiência religiosa; em ciência, envolveu o estudo empírico da natureza. E não era tanto uma questão de raciocínio indutivo *versus* raciocínio dedutivo, foi um culto à contemplação intuitiva direta da natureza em oposição ao simples conhecimento literário e teórico de segunda mão, derivado dos pensadores do passado.

É inquestionável a importância da nova ciência e do novo método científico, já que teve um efeito revolucionário em todos os aspectos de nossa civilização. E não há dúvidas de que é a realização original da cultura ocidental nesse período. Os motivos do aparecimento dessa nova ciência naquele momento e local, contudo, são menos claros. É curioso que tão poucos estudos tenham se dedicado ao tema.[6]

---

[5] No Brasil, encontramos a obra na seguinte tradução: Alfred North Whitehead, *A Ciência e o Mundo Moderno*. Trad. Hermann Herbert Watzlawskied. São Paulo, Paulus, 2006. (Col. Philosophica) (N. T.)

[6] Além do breve capítulo na obra de Whitehead citado anteriormente, temos: Herbert Butterfield, *The Origins of Modern Science*. New York, Macmillan, 1958;

Pessoalmente acredito que a ciência moderna não seja mera criação da cultura ocidental, mas da cultura ocidental cristã, embora a influência da tradição grega e humanista também seja de fundamental importância; mas é muito difícil ver quais foram os fatores decisivos nos primeiros estágios de desenvolvimento. Uma coisa é clara, o movimento era internacional e não estava confinado a um único país ou à Europa Católica ou Protestante. Itália, Inglaterra, França, Alemanha, Holanda e Polônia, todos, deram contribuições importantes.

O internacionalismo da ciência seguiu o caminho que já fora aberto pela cultura clássica, que foi um grande laço de unidade entre as províncias divididas da cristandade ocidental. Ao longo de todo o período, o latim continuou a ser a língua comum da cultura e havia uma comunicação relativamente livre entre os estudiosos clássicos de diferentes países.[7]

O mundo comum da cultura clássica era o pano de fundo para o mundo comum menor e mais esotérico dos cientistas, e ambos tinham

---

A. R. Hall, *The Scientific Revolution*. Boston, Beacon Press, 1956 [cuja edição anotada de 1983, publicada pela Longman de Londres como *The Revolution in Science, 1500-1750* foi atualizada pelo prof. Richard S. Westfall com a bibliografia existente até aquele momento (N. T.)] e A. C. Crombie, *Medieval and Early Modern Science*. New York, Anchor, 1958 são estudos úteis. [O debate historiográfico mais recente vem contestando o conceito de "Revolução Científica" propagado, principalmente, por Alexander Koyré (1862-1964) a respeito desse período da história. Nesse sentido, um dos trabalhos importantes é a obra de 1996 do professor Steve Shapin, *The Scientific Revolution*, que pode ser encontrado em português na seguinte edição: Steve Shapin, *A Revolução Científica*. Trad. Ricardo Afonso Roque. Lisboa, Difel, 1999. (N. T.)]

[7] O mundo perdido da cultura clássica é brevemente examinado de maneira competente na obra de sir John Edwin Sandys (1844-1922), *History of Classical Scholarship* (Cambridge University Press, 1908, 3 vol.); mas a relação entre cultura clássica e medieval e a literatura em vernáculo foi tratada com alguma profundidade na obra de Ernst Robert Curtius (1886-1956), *Europäische Literatur und Lateinisches Mittelalter*, publicado em inglês com o título *European Literature and the Latin Middle Ages* (New York, Pantheon Books, 1953). [Edição Brasileira: *Literatura Europeia e Idade Média Latina*. 3. ed. Trad. Teodoro Cabral. São Paulo, Edusp, 2013. (N. T.)]

os centros nas academias e não nas universidades, embora, é claro, as universidades ainda desempenhassem um papel considerável. A Universidade de Pádua foi de particular importância para as origens da ciência na Itália e, certamente, na Europa. Oxford foi importante para ciência inglesa (especialmente o grupo que fundou a Royal Society) e a Universidade de Leiden para cultura clássica. O surgimento de academias, no entanto, era um dos traços mais distintivos dessa época e de um momento um pouco mais adiante, dos séculos XVI ao XVIII. Esse foi outro aspecto da cultura europeia um tanto negligenciado pelos historiadores. A mudança da universidade para a academia corresponde à uma mudança considerável nas posições e técnicas intelectuais: uma mudança do ensino *ex cathedra* do professor para a discussão livre de um grupo de pares, juntamente com grandes oportunidades de pesquisa individual.

Relacionada à ascensão da ciência moderna está a imensa abertura do horizonte intelectual da cultura barroca pelo movimento de descoberta geográfica, comércio e colonização. O avanço da descoberta dependia do conhecimento científico, e este, por vez, dependia do crescimento do conhecimento geográfico. Também está intimamente associado à expansão missionária que era uma das principais atividades religiosas da cultura barroca, e os missionários jesuítas, em particular, estavam entre os agentes de difusão do conhecimento mais ativos do mundo não europeu. Isso fica muito evidente nos escritos de Giovanni Botero (1544-1617), um dos grandes popularizadores do período barroco. Ao ler suas obras, imediatamente, ficamos pasmos com a mudança total de visão de mundo graças aos novos recursos de conhecimento, e deixa claro que sua principal fonte de informação, especialmente do Extremo Oriente, eram os relatos e livros dos missionários jesuítas.

Todo esse novo saber, mesmo nos séculos XVI e XVII, envolvia um grande desafio e problema para a cultura cristã. No passado, por exemplo, na Alta Idade Média, quando a cristandade era pequena, frágil e pobre, não havia problema, pois a média dos cristãos ignorava a própria situação e acreditava que a cristandade era o centro do mundo. Nesse momento, contudo, em que a cristandade se tornara poderosa e começara um curso triunfante de expansão mundial, os cristãos, de súbito, perceberam quão grande era o mundo e quão pequeno era o lugar ocupado por essa cristandade. As reações católicas e protestantes foram um tanto diferentes, uma vez que a visão calvinista de eleição acostumara a mentalidade dos homens à ideia de que a igreja deve formar uma porção infinitesimal da humanidade. Nos católicos, e especialmente, com aqueles mais civilizados e sofisticados como os italianos, o novo conhecimento muitas vezes produzia certa reação contra o antigo etnocentrismo do mundo cristão, como vemos no caso de Botero. No tratado *Delle Cause della Grandezza delle Città* [Da Causa da Grandeza das Cidades] de 1588, há uma tendência a enfatizar a superioridade das culturas do mundo não europeu. Igualmente, em autores secularizantes como Montaigne, o novo conhecimento leva à relatividade cultural e ao ceticismo.

[3]

Enquanto a Europa Ocidental progredia em poder e riqueza durante o período barroco, para as culturas cristãs do Oriente todo esse período foi um tempo de decadência. À exceção do pequenino reino da Geórgia, no Cáucaso, o Oriente estava dividido entre os dois impérios da Turquia e da Rússia. Os povos cristãos dos Balcãs, praticamente, tinham perdido a independência cultural e se tornaram servos camponeses de senhores muçulmanos. Somente os gregos estavam em posição privilegiada, mas apenas porque tinham dado funcionários para o serviço público otomano. Mantinham as tradições da cultura bizantina, mas esta não mais se mantinha viva ou criativa. A Rússia, por outro lado, obteve novo prestígio como a única potência ortodoxa sobrevivente. Esteve exposta, contudo, às pressões culturais, bem como políticas, do Ocidente, e a revolução cultural que iria transformar a sociedade russa no século XVIII já estava começando a fazer sentir sua influência nesse período. É importante lembrar que o Grande Cisma, que representa a reação tradicionalista e nativista diante da influência estrangeira, pertence não ao período de Pedro I (1682-1725), o Grande, mas ao tempo de seu pai, Aleixo I (1629-1676) da Rússia.

Existiam duas principais fontes de ocidentalização nesse período: (1) a Europa Ocidental, por intermédio dos mercadores e mercenários alemães, holandeses e ingleses; e (2) a Europa Central, via Polônia, Ucrânia, que naquela época era palco de um intenso conflito entre ortodoxia e catolicismo. A primeira delas predominou no período petrino, mas no século XVII, a influência das culturas de Kiev, da Ucrânia e da Polônia era muito forte. De fato, o renascimento do saber que começara em Moscou, em meados do século XVII, teria sido impossível sem a importação de estudiosos de Kiev que sabiam latim e polonês.

Da mesma maneira a Bielorrússia [literalmente "Rússia Branca"], que desfrutara de grande prosperidade durante o governo da Lituânia, também se tornara um canal para a difusão da cultura ocidental em uma sociedade eslavo-ortodoxa e a retomada da cidade de Smolensk por Aleixo I em 1654, embora de menor importância cultural que a anexação de Kiev em 1654, ofereceu mais oportunidades para contato entre Moscou e o Ocidente. Sem dúvida, o espírito da Rússia permaneceu intensamente antiocidental no século XVII, como vemos nos "Velhos Crentes", sobretudo no seu grande líder Avvakum Petrov (1620-1682), e nos cossacos dos rios Dnieper e Don, que preservaram uma subcultura própria e independente. O fato central na história russa, no entanto, é o início do processo de aculturação, que fez com que a Rússia, passo a passo, entrasse na órbita da cultura ocidental.

Capítulo 13 | A Era de Luís XIV e a
Formação da Cultura
Francesa Clássica

Por volta da segunda metade do século XVII, a Europa parecia ter se recuperado dos distúrbios que se seguiram à Reforma Protestante e ao período das guerras religiosas para retornar, mais uma vez, à estabilidade e à ordem. O fim da Guerra dos Trinta Anos deixou esgotadas as regiões na Europa Central, ansiosas apenas pela paz e submissas à vontade dos príncipes. Na Inglaterra, a Grande Rebelião terminara na restauração da monarquia e no triunfo do sentimento monarquista, ao passo que na Escandinávia, o poder real se tornara absoluto, tanto na Dinamarca quanto na Suécia. Foi na França de Luís XIV, no entanto, que o triunfo da autoridade e da ordem chegou ao auge.

Por volta de 1655, as forças da desordem, finalmente, tinham sido vencidas e todos os recursos materiais e espirituais da nação foram unidos na estrutura grandiosa e impositiva de um Estado monárquico absoluto. O absolutismo de Luís XIV foi, ao mesmo tempo, mais plenamente centralizado e mais eficientemente organizado que o de Filipe II na Espanha ou o do Império Austríaco. O sucesso dos exércitos e da diplomacia franceses, o esplendor da corte de Versailles, a organização nacional da vida econômica, o progresso brilhante da literatura e da arte francesas sob o patrocínio real, tudo contribuiu para aumentar o prestígio nacional e estabelecer a hegemonia política e intelectual da França na Europa.

A liderança da Europa Católica passara da Espanha para a França, e dos Habsburgos para os Bourbons, e como a cultura barroca do Império dominara a Europa na primeira parte do século XVII, da mesma maneira, a França criou os padrões do gosto europeu e da opinião pública durante o *Grand Siècle*.

Essas duas culturas eram tão intimamente próximas que a cultura francesa da época de Luís XIV é vista como uma forma especial de Barroco. Também foi a racionalização da cultura barroca que sujeitou a vitalidade do espírito barroco às regras e fórmulas do ordenamento clássico, da mesma maneira que, na esfera religiosa, subordinou a paixão espiritual do misticismo da Contrarreforma à disciplina moral da tradição patrística.

Embora a cultura clássica francesa possua uma coesão lógica e uma ordem que falta à própria cultura barroca, no entanto, é uma ordem mais deliberada e artificial que tende a produzir um sentimento de tensão e constrangimento. Mesmo o esplendor da vida na corte começa a ficar cansativo quando o nobre não pode se ausentar de Versailles sem incorrer no desagrado do rei. Mesmo a grandeza do estilo clássico se torna opressiva quando não resta nenhuma liberdade de expressão para gostos e sentimentos individuais. Não há mais espaço para a fantasia desenfreada e para o êxtase espiritual do gênio barroco. Os motes da nova cultura eram ordem e regularidade, bom gosto e bom senso, razão e ideias claras. A época de Henrique IV e Richelieu, de fato, testemunhou um grande movimento de renascimento do catolicismo que, assim como o renascimento espanhol, no século anterior, produziu uma galáxia de santos e místicos. Diferente do renascimento espanhol, esse não era um movimento universal que englobou e inspirou toda a cultura, mas um movimento minoritário que, como o movimento puritano na Inglaterra, foi um protesto contra as tendências secularizantes da cultura nacional. As analogias com o puritanismo são especialmente visíveis na ala esquerda do renascimento católico francês, representada pelo movimento jansenista.

O jansenismo deve o próprio nome e doutrina a Corneille Janssen (1585-1638) ou Jansenius, um teólogo de Louvain que se tornou bispo de Ypres; todavia, sua famosa obra *Augustinus* foi publicada por seu amigo e discípulo, Jean du Vergier de Haurrane (1581-1643), posteriormente o abade de Saint-Cyran – dois anos após a morte de Jansenius. O verdadeiro fundador do movimento foi Saint-Cyran, já que pôs as ideias de Jansenius em contato com o renascimento católico francês, representado pela recém-reformada abadia cisterciense de Port-Royal, cujo controle pertencia à família Arnauld por intermédio da abadessa, Jacqueline-Marie-Angélique Arnauld (1591-1661) ou madre Angélique. Port-Royal já era um centro de renascimento católico, e devemos distinguir o jansenismo, como movimento teológico, de Port-Royal, como centro espiritual, e apesar dos dois surgirem juntos e de um influenciar o outro, nunca foram idênticos. O jansenismo pode ser visto como um movimento arcaizante de reflorescimento agostiniano ou uma espécie de puritanismo católico. Jansenius e Saint-Cyran o conceberam como um movimento de reforma moral e espiritual baseado em estritos princípios agostinianos, mas deram um destaque particular na necessidade de reviver a antiga disciplina da penitência, que envolvia aquilo que os presbiterianos chamavam de "comunhão fechada" ou exclusão de pecadores graves da comunhão, mesmo depois do arrependimento e confissão. Isso os colocou em conflito com os jesuítas, principais adeptos da doutrina do livre arbítrio e também vigorosos defensores da prática da comunhão frequente.

O jansenismo era, predominantemente, um movimento de classe média alta, que encontrava apoio nas famílias sérias e de excelente educação de funcionários públicos e parlamentares como os Arnaulds, os Du Fossés e a família Pascal. Os mais importantes pertenciam à enorme família Arnauld, que povoou Port-Royal – da madre Angélique, que se tornou abadessa aos nove anos de idade, a freiras como madre Jeanne-Catherine-Agnès Arnauld (1593-1671) e ao seu irmão Robert Arnauld d'Andilly (1588-1674) e aos sobrinhos, Antoine Le Maistre (1608-1658) e Louis-Isaac Le Maistre de Sacy (1613-1684) que fundaram a comunidade eremítica Les Solitaires. Estes viviam nos portões da abadia e se dedicavam à produção e à tradução de obras piedosas que muito ajudavam para espalhar a opinião jansenista. O mais importante de todos, todavia, foi o mais jovem, o vigésimo filho de Antoine Arnauld (1560-1619), também chamado de Antoine Arnauld (1612-1694) ou *"Le Grand Arnauld"*, e autor da famosa obra *De la Fréquente Communion* (1643), um infatigável controversista. Foi forçado a se refugiar nos Países Baixos, de onde continuou uma guerra incessante com os opositores do ponto de vista jansenista. Sob a liderança de Antoine Arnauld e dos jovens companheiros de exílio, como Pasquier Quesnel (1634-1719), o movimento jansenista exerceu forte influência no pensamento religioso do *Grand Siècle*, em especial na literatura, particularmente, no caso de Blaise Pascal (1623-1662), de Jean-Baptiste Racine (1639-1699) e de Nicolas Boileau (1636-1711).

No final, ao longo do século XVIII, o jansenismo se tornou tanto uma seita como um partido político que concentrava a oposição de classe média ao governo de Luís XIV, aos jesuítas e aos ultramontanos. Sua influência foi forte, em especial, entre os advogados do Parlamento de Paris. O ataque aos jesuítas feito pelo Parlamento na segunda metade do século XVIII – que foi a causa imediata da dissolução da Companhia de Jesus em 1765 – foi inspirada e apoiada por eles. No século XVII, no entanto, sobretudo em Port-Royal, ainda faziam parte do renascimento católico e exerciam vasta influência na sociedade francesa por intermédio de escolas e de escritos. Apesar de serem, por fim, derrotados, causaram profundas marcas na religião e cultura francesas, que nunca foram, de todo, apagadas. Fizeram oposição consciente ao dominante espírito de época que se expressava na política nacional de autoafirmação, enaltecimento, pompa e magnificência da corte de Versailles de Luís XIV. A corte estabeleceu o padrão que seria imitado e repetido nas cortes e palácios da Europa pelos próximos cem anos ou mais.

Entrementes, devemos retornar à cultura e à política contra as quais protestaram, em vão, o misticismo católico e a auteridade jansenista. Como já ressaltamos, a cultura francesa do *Grand Siècle* representa uma adaptação nacional da Contrarreforma barroca, representada pelas duas monarquias Habsburgos, pelos ideais clássicos de uma monarquia galicana nacional e de uma cultura francesa vernacular. O fundamento dessa cultura foi lançado na era de Richelieu pela criação da Académie Française, que instituiu padrões rígidos do classicismo francês. A cultura clássica francesa, no entanto, deveu sua difusão europeia à triunfal expansão do poder da França. Isso cercou a monarquia de Luís XIV de um halo de glória, aumentado pelas conquistas da literatura francesa e pelo esplendor da corte.

Não menos importante que a política de engrandecimento militar era a política de expansão econômica que a acompanhava e tornava tudo possível. Tal política econômica foi obra do grande ministro de Luís XIV, Jean-Baptiste Colbert (1619-1683) que se empenhou em aumentar a riqueza nacional da França por um sistema quase totalitário de proteção estatal da indústria e do comércio, e pelo desenvolvimento do poderio naval e colonial francês. Ao mesmo tempo, ao construir estradas e canais, principalmente o grande canal que liga o Oceano Atlântico ao Mar Mediterrâneo, e ao reduzir as barreiras tarifárias internas, aumentou o comércio e a prosperidade da nação.

O propósito de Colbert era tornar a França uma grande potência industrial e comercial que rivalizaria e substituiria o poderio da Holanda, cuja posição de hegemonia econômica fora alcançada pela política econômica. Acreditava que o volume de comércio europeu era quase constante, no valor de aproximadamente vinte mil navios, dentre os quais, dez a quinze mil eram holandeses, três ou quatro mil eram ingleses e somente quinhentos ou seiscentos eram franceses. Visto que a quantidade total não poderia ser aumentada, concluiu que a

França deveria levar a cabo uma guerra comercial, uma "guerra monetária" com os rivais. Para empreender com sucesso essa guerra, a França deveria concentrar todas as energias em atividades que fossem úteis a tal propósito central. Escreveu para Luís XIV:

> Devemos reduzir todas as profissões de vossos súditos tanto quanto possível às que possam ser úteis a tais grandiosos projetos. São elas: a agricultura, o comércio, as campanhas por terra e por mar. Caso Vossa Majestade possa obrigar todo o vosso povo a essas quatro espécies de profissão, pode ser que vos torneis o senhor do mundo.[1]

Ainda que Luís XIV, no início de seu reinado, tenha apoiado os esforços de Colbert para instituir e manter o poderio econômico da França à custa dos rivais, e sobretudo pela destruição do poderio da Holanda, o rei nunca compreendeu totalmente ou aceitou o ideal utilitário de concentração na produção econômica. Os ideais do rei eram os da cultura barroca: estavam centrados na glória encarnada nas suas conquistas militares, no esplendor de sua corte e na ortodoxia religiosa. Nos últimos anos do reinado, após o casamento com Françoise d'Aubigné (1635-1719), a marquesa de Maintenon, e depois de sua conversão religiosa, em 1683, ficou cada vez mais absorto nas questões religiosas. De fato, nesses anos, todo o espírito do reinado mudou. Era como se o lado espanhol da herança materna de Ana Maria Mauricia de Habsburgo (1601-1666), conhecida como Ana da Áustria, e do bisavô, Filipe II, tivesse se tornado dominante. Encarregou-se da descomunal tarefa de estabelecer a uniformidade religiosa no reino: para suprimir o protestantismo francês, revogou, em 1685, o Édito de Nantes.

Nada poderia estar em maior oposição à política de Colbert de encorajamento das classes economicamente produtivas da França. Tal decisão, pois, resultou na emigração de uma minoria que sempre se

---

[1] Citado em: Arthur A. Tilley, *Modern France: A Companion to French Studies*. Cambridge, Cambridge University Press, 1967, p. 243. (N. T.)

destacara por sua indústria e iniciativa econômica e no enriquecimento dos inimigos da França – Holanda, Inglaterra e Brandenburgo – que lucraram proporcionalmente com o influxo dos exilados huguenotes. Ao mesmo tempo, ofereceu às potências estrangeiras uma sólida quinta coluna de simpatizantes secretos ou abertos dos inimigos do governo francês. Foi essa a grande importância da Guerra de Sucessão Espanhola que mobilizou, contra Luís XIV, a Grande Aliança composta pela Holanda, Inglaterra e Áustria, enquanto a minoria huguenote em Cévennes cooperou com o inimigo, numa amarga guerra partidária, durante oito anos.

No início do século XVIII, no entanto, nada disso era óbvio. O esplendor da corte de Versailles estava no auge e a monarquia de Luís XIV não tinha rivais em poder militar e liderança cultural. Quando, por ocasião da morte de Carlos II (1661-1700) da Espanha, Luís XIV aceitou a herança dos domínios indivisos para o neto, Filipe V (1683-1746), o duque de Anjou, em novembro de 1700, destruiu o equilíbrio do poder na Europa, baseado, até então, na rivalidade das dinastias dos Habsburgos e dos Bourbons. Isso levou a França a uma posição de hegemonia mundial que o bisavô de Luís XIV, Filipe II de Espanha, fora incapaz de alcançar. Luís XIV, não menos que Filipe, não conseguiu realizar suas ambições. Seu momento triunfal uniu todas as demais potências da Europa numa grande coalizão dando início à última, maior e mais desastrosa, de suas guerras – a Guerra de Sucessão Espanhola – que ocupou todos os últimos anos de seu reinado.

Ao longo desses anos desastrosos, contudo, o caráter indômito de Luís XIV prevaleceu sobre as dificuldades externas e internas. Possuía uma ideia muito elevada da própria vocação real e dedicou todas as forças para desempenhá-la. Por mais de cinquenta anos fora o incansável "Servo do Estado". Após as mortes de Colbert em 1683 e de François-Michel le Tellier (1641-1691), o marquês de Louvois, ele mesmo cumpriu o papel de primeiro-ministro e seguiu, pessoalmente, com o trabalho do governo. Sob influência da já citada madame de Maintenon e dos sucessivos confessores jesuítas: *Père* François de La Chaise S.J. (1624-1709) e do *Père* Michel le Tellier S.J. (1643-1719), esforçou-se ao máximo, sem cessar, a partir de 1683, para realizar seu ideal de unidade religiosa. Na supressão do protestantismo e do jansenismo foi apoiado pelo fervoroso catolicismo de seus ministros e cortesãos, bem como pela piedade religiosa de seu herdeiro, Luís de França (1682-1712), o duque da Borgonha, e do último confidente, François Fénelon.

Os jansenistas, todavia, continuavam a semear discórdia nas fileiras católicas e, nos últimos anos do reinado, se uniram aos galicanos para constituir um partido de oposição tanto ao rei como ao papa, oposição corporificada na resistência à bula *Unigenitus* (1713), na qual o papa Clemente XI (1649-1721) condenara 101 proposições dos escritos de Pasquier Quesnel. Assim, apesar de Luís XIV ter escapado quase milagrosamente dos desastres de uma guerra mal-sucedida – após as derrotas entre 1704 e 1707 em Blenheim, Ramillies, Oudenarde e Malplaquet – pela dissolução da Grande Aliança e pelos termos inesperadamente favoráveis do Tratado de Utrecht, assinado em 11 de abril de 1713, estava impotente, mesmo com o auxílio do papado, para esmagar a oposição religiosa dessa minoria obstinada. Tal oposição continuou muito depois de sua morte e se tornou o centro da oposição parlamentar ao longo do século XVIII.

As controvérsias dos últimos anos de Luís XIV deixaram um desastroso legado para a Europa e para a Igreja. A cultura clássica francesa do *Grand Siècle* foi contaminada pelo espírito de controvérsia, que dividiu e enfraqueceu as forças espirituais. Vemos isso mais claramente no caso de Arnauld, que viveu para a polêmica e contribuiu enormemente para o temperamento controverso da época. Isso também foi verdadeiro no caso de Bossuet, que deu expressão a tudo que havia de mais profundo na vida religiosa de seu tempo, contudo, foi levado pela polêmica, diversas vezes – como na famosa controvérsia com Fénelon sobre misticismo e com Richard

Simon (1638-1712) acerca da crítica bíblica –, aos extremos da intolerância religiosa e da injustiça pessoal.

Consequentemente, o excepcional afloramento do pensamento e literatura católicos, que caracterizou os últimos anos do *Grand Siècle,* deixou de oferecer a síntese religiosa requerida pelo período. Sem dúvida, a vitória das ideias cartesianas contribuíram imensamente para esse resultado pela simples defesa das "*idées claires*" e o procedimento da "dúvida metódica". Isso criou uma atmosfera de crítica racionalista, que se espalhou rapidamente nos círculos intelectuais. Até a coordenação de cartesianismo e agostinianismo, característica do principal filósofo do período, Nicholas Malebranche (1638-1715), a despeito da profunda inspiração religiosa, não conseguiu conciliar a suspeita de tais agostinianos típicos como Arnauld e Bossuet, que viam sua filosofia como uma preparação de caminho para o influxo do racionalismo socianista ou do panteísmo de Baruch Spinoza (1632-1677).

A severa ortodoxia dos últimos anos de Luís XIV, portanto, não conseguiu realizar o grande renascimento generalizado da cultura católica. Apesar de toda a ação repressiva dirigida pelo rei e pela Igreja contra as formas subterrâneas de oposição religiosa, estas permaneceram muito fortes para serem suprimidas. No momento da morte do grande rei – a varíola deixou, de todos os herdeiros, somente o bisneto Luís XV (1710-1774), ainda criança, para sucedê-lo – houve uma explosão de pensamento e vida livres, cujo centro estava na corte do regente, Filipe II (1674-1723), duque d'Orléans, representante do extremo oposto das crenças do tio, tanto em caráter quanto em ideias.

Foi nessa atmosfera de laxismo moral e de reação intelectual à ortodoxia do *Grand Siècle* que o Iluminismo francês se originou. A breve entente com a Inglaterra, promovida pelo regente e pelo cardeal Guillaume Dubois (1656-1723), obteve uma reaproximação intelectual com a cultura inglesa no momento em que esta estava profundamente influenciada pelo deísmo e pela ação de exilados huguenotes, como o já citado Pierre Bayle e Jean Le Clerc (1657-1736), criadores de um centro internacional de pensamento e propaganda política anticatólicos na Holanda. O efeito de tudo isso sobre a religião, contudo, foi muito diferente no continente e na Inglaterra, e mais diverso ainda na América.

Capítulo 14 | O Movimento Wesleyano nos Estados Unidos

O século XVIII criou os modelos da vida religiosa e eclesiástica norte-americana. Foi uma época criativa e original tanto para a Inglaterra quanto para os Estados Unidos, em comparação com o desenvolvimento do continente europeu. Não há dúvidas de que o século XVII também foi muito criativo e que os puritanos, ao instituir igrejas na Nova Inglaterra, se tornaram os pais fundadores do protestantismo norte-americano. A decadência do puritanismo na Inglaterra após a Revolução Inglesa, entre 1640 e 1688, foi acompanhada e seguida por semelhante enfraquecimento do puritanismo nos Estados Unidos. O último grande representante, Jonathan Edwards (1703-1758), já era um anacronismo, e seus sucessores, como Samuel Hopkins (1721-1803), estavam conscientes de que as forças espirituais do puritanismo da Nova Inglaterra estavam se tornando estéreis e perdendo o vigor no espírito da sociedade, de modo que, no início do século XIX, a religião deixou de ser uma questão vívida nos redutos tradicionais da cultura da Nova Inglaterra. Apesar de Jonathan Edwards e do "Grande Despertamento", a história da tradição religiosa nativa na Nova Inglaterra seguiu um curso muito semelhante ao do presbiterianismo inglês, pela via do Iluminismo, para o unitarismo e o liberalismo.

A religião dos Estados Unidos do século XIX, em que pese a insistência patriótica sobre a herança dos pais peregrinos, realmente deveu muito às novas forças religiosas que tinham ingressado na

América do Norte provenientes do Velho Mundo e, em especial, as provenientes das Ilhas Britânicas no século XVIII. É impossível examinar todas as diferentes correntes de influência, e limitar-me-ei, principalmente, à contribuição inglesa como a representada, sobretudo, pelos episcopalianos e pelos metodistas (como distintas das contribuições escocesas e irlandesas).

Os episcopalianos, fatalmente, sofreram um tremendo retrocesso no período revolucionário, devido à associação da Igreja com o Estado inglês e à lealdade dos membros mais ativos à coroa. O surpreendente é que conseguiu sobreviver a tudo, e o fato de sua sobrevivência, creio, é devido, quase totalmente, às novas forças desenvolvidas no século XVIII. Se a Igreja Episcopal representasse simplesmente o *establishment* do século XVII, como o fez na Virgínia e no Sul, é bastante questionável se, de fato, teria sobrevivido. Graças aos esforços de Thomas Bray (1658-1730) e das sociedades eclesiásticas, como a Society for Promoting Christian Knowledge [Sociedade para a Promoção do Conhecimento Cristão], o século XVIII assistiu uma contínua expansão do episcopalismo por todas as colônias, especialmente em Nova York e Connecticut.

O clero enviado pela Sociedade para a Promoção do Conhecimento Cristão era composto de homens diferentes dos clérigos desinteressados e incompetentes da Virgínia e de Maryland, que, em maioria, tinham vindo para as colônias porque não conseguiam ganhar o próprio sustento na Inglaterra. Os novos missionários eram zelosos, bem instruídos, expoentes convictos e, muitas vezes, agressivos da doutrina da "Alta Igreja" episcopaliana, que não tinham medo de sustentar os próprios princípios nos redutos da antiga tradição puritana. Mantinham o contato com a sociedade-mãe por um sistema de relatórios bianuais.

Tal movimento extremamente ativo de propaganda episcopaliana obteve o maior e mais notável sucesso em Yale, no ano de 1722, quando o reitor, o dr. Timothy Cutler (1684-1765), e outros seis membros da faculdade anunciaram estar convencidos da invalidade da ordenação presbiteriana e anunciaram a conversão à Igreja Episcopal. Disse Josiah Quincy III (1772-1864): "Esse evento sacudiu o Congregacionalismo por toda a Nova Inglaterra como um terremoto e encheu de terror e apreensão todos os seus amigos".[1] Isso pode ser comparado, nos efeitos sobre a opinião pública, à secessão de John Henry Newman e de muitos de seus discípulos e o ingresso em Roma, em 1845, especialmente, quando um dos convertidos ao episcopalismo, o reverendo dr. Samuel Johnson de Connecticut (1696-1772), posteriormente, viria a fundar o King's College em Nova York (atualmente Columbia University) e se tornaria um dos principais representantes da cultura colonial.

Assim, o episcopalismo norte-americano do século XVIII começou a desenvolver novas linhas, nitidamente diferenciadas não só da tradição calvinista da Nova Inglaterra, mas também do tipo da antiga Igreja Estabelecida da Virgínia. Foi intelectualmente ativo, já que manteve contato com a cultura inglesa contemporânea pela ação da Sociedade para a Promoção do Conhecimento Cristão na instituição de bibliotecas e no encorajamento dos próprios missionários para os estudos disponibilizando-lhes a literatura inglesa da época, bem como por influenciar homens como o rev. dr. Samuel Johnson de Connecticut e o bispo anglicano George Berkeley (1685-1753), que passou três anos em Rhode Island tentando instituir uma faculdade em Bermuda, e foi um generoso patrono da cultura colonial.

Na época da Revolução, a Igreja Episcopal tinha chegado a mais de 480 paróquias e missões e, sem dúvida, poderia estar muito mais forte, caso tivesse sido possível dar apoio suficiente aos ministros norte-americanos. Isso só seria possível contanto que tivesse alguém nos Estados Unidos capaz de ordená-los. Não era nada simples

---

[1] Josiah Quincy III, *The History of Harvard University*. Cambridge, Harvard University Press, 1840, vol. 1, p. 364. (N. T.)

cruzar o Oceano Atlântico no século XVIII! O dr. Samuel Johnson de Connecticut afirma que, de todos os candidatos que foram para a ordenação na Inglaterra, mais de um quinto deles morreu antes de retornar. Sua própria experiência era emblemática, pois, dos três homens de Yale que foram para a Inglaterra em 1772, dois contraíram varíola e um morreu. A mortalidade dos missionários que chegaram aos Estados Unidos provenientes da Inglaterra era ainda maior, em especial no início do século.[2]

Assim, a questão de um episcopado norte-americano era, literalmente, uma questão de vida ou morte para a Igreja Episcopal. Todo episcopaliano nos Estados Unidos ou na Inglaterra que zelava pelo bem-estar de sua Igreja estava unido nessa questão. No entanto, nunca foram capazes de superar a oposição da Igreja Congregacional Estabelecida na Nova Inglaterra ou a indiferença do governo inglês e a dos leigos – os conselheiros paroquiais e advogados – que controlavam a Igreja Estabelecida no Sul. O medo de um episcopado norte-americano era, como observou John Adams (1725-1826), uma das primeiras causas de agitação que preparou as veredas, ao menos na Nova Inglaterra, para a Revolução Americana.

Nesse momento, todavia, surgiu um novo movimento nos Estados Unidos forte o bastante para encontrar uma solução própria para o problema do governo da Igreja e, dessa maneira, capaz de assumir o controle das atividades missionárias da Sociedade para a Promoção do Conhecimento Cristão quando estas foram suprimidas pela Revolução Americana, ampliando-as para novos campos.

Esse era o movimento metodista, intimamente ligado, na origem, à Sociedade para a Promoção do Conhecimento Cristão, cuja inspiração foi derivada, em certa medida, das mesmas fontes. O fundador, John Wesley, era, ele mesmo, um episcopaliano e membro da Alta

---

[2] John Wesley diz que, em 1738, 9/10 (nove décimos) dos missionários da Sociedade para a Promoção do Conhecimento Cristão morreram durante os primeiros quatro anos nos Estados Unidos.

Igreja que nunca tencionou fundar uma nova denominação. Via as sociedades não como rivais, mas como auxiliares à Igreja da Inglaterra, conforme o modelo das antigas sociedades eclesiais que exerceram um papel muito importante na Igreja da Inglaterra, no início do século XVIII, e que foram apoiadas pelo seu próprio pai, o poeta e clérigo anglicano Samuel Wesley (1662-1735).

Tais sociedades se originaram na época de Charles II (1630-1685) da Inglaterra, possivelmente imitando aos *collegia pietatis* característicos do movimento pietista na Alemanha e na Holanda. Entretanto, na época da Revolução aumentaram imensamente em número de membros e em fervor, sob a influência do movimento da Alta Igreja e, muitas vezes, sob a liderança dos *non-jurors*.[3] Uma das mais populares de todas as obras devocionais anglicanas – *A Companion for the Festivals and Fasts of the Protestant Episcopal Church in United States of America* [Livro de Bolso para os Festas e Jejuns da Igreja Episcopal nos Estados Unidos da América] de Robert Nelson (1656-1715) – foi escrito em 1703 por um leigo e *non-juror* para uso dos membros das sociedades.

No início do século XVIII, havia mais de quarenta sociedades em Londres e tinham começado a espalhar-se por todo o reino. Até onde sei, existem poucos estudos acerca do desenvolvimento delas no reinado de George I (1660-1727) da Grã-Bretanha, mas é evidente que proporcionaram o meio donde viria o avivamento religioso do século XVIII. Assim, foi das sociedades religiosas no Sul do País de Gales que Howell Harris (1714-1773), o primeiro evangelista leigo, começou sua obra, por volta de 1735. Sociedades semelhantes também eram fortes em Bristol e no Norte da Inglaterra antes do advento do metodismo.

---

[3] Os *non-jurors* [literalmente, não adjuradores] eram os membros dissidentes do clero anglicano que, após a Revolução de 1688, decidiram não prestar juramento de lealdade ao rei William III (1650-1702) da Inglaterra e à rainha Mary II (1662-1694) e seus sucessores. (N. T.)

Foi uma sociedade religiosa desse tipo que John Wesley, então um jovem *fellow* do Lincoln College, presidiu em 1730 e que logo seria conhecida como "clube metodista", devido ao rigor com que aderira ao "método" sistemático de exercícios espirituais e boas obras. O grupo oxfordiano de Wesley, contudo, representa a evolução extrema desse tipo de sociedade. Seguia a orientação de *non-jurors* como William Law (1686-1761) e Thomas Deacon (1697-1753), que era um colaborador muito chegado de seu amigo John Clayton (1709-1773). Deacon foi um dos líderes da ala mais avançada dos *non-jurors*, que estavam tentando, nesse momento, realizar a Contrarreforma na Igreja Anglicana ao restaurar os ritos e doutrinas da igreja primitiva, como representada pelas constituições apostólicas. O *Book of Common Prayer* revisado baseou-se nesses princípios publicados por Deacon, em 1734, e foi muito estudado por John Wesley.

Se o metodismo tivesse evoluído nessa linha, dificilmente teria evitado a ruptura com o *establishment*, e John Wesley teria entrado para a história como o fundador de uma obscura seita anglo-católica. Um velho amigo, o dr. John Burton (1696-1771), do Corpus Christy College, que estava, provavelmente, cônscio de tal perigo, propôs a Wesley e a seus companheiros que oferecessem os préstimos à Sociedade para a Promoção do Conhecimento Cristão para o serviço missionário na recém-fundada colônia da Geórgia.

Consequentemente, Wesley e o companheiro de Oxford, Benjamim Ingham (1712-1772), foram para os Estados Unidos, em 1735, como missionários da Sociedade para a Promoção do Conhecimento Cristão, ao passo que seu irmão, Charles Wesley (1707-1788), partiu com eles como secretário do governador-geral James Oglethorpe (1696-1785), seguidos por outro membro da Oxford Society, George Whitefield (1714-1770), em 1737. Durante a estadia, Wesley manteve uma conformidade escrupulosa aos regulamentos da Sociedade e às típicas doutrinas extremadas da Alta Igreja. Enquanto estava nos Estados Unidos – certamente durante a viagem – entrou em contato com morávios alemães de Herrnhut, e essa influência teve um efeito transformador na sua vida e ensinamentos. Assim, os Estados Unidos já estavam agindo como um caldeirão de raças.

Quando retornou à Inglaterra, em 1738, tornou-se colaborador próximo do missionário morávio Peter Bohler (1712-1775) e, mais tarde, naquele mesmo ano, fez uma viagem à Alemanha com seu velho amigo de Oxford, Charles Ingham, para visitar Herrnhut e encontrar o próprio conde Nicolaus Zinzendorf (1700-1760). Mesmo antes dessa época, contudo, tinha participado na criação da primeira Sociedade Metodista em Londres, na casa dos Huttons. O pai, o reverendo John Hutton, era um membro da Alta Igreja e um *non-juror*, fora muito ativo na obra das sociedades religiosas, e a nova sociedade – conhecida como Fetter Lane Society – representava uma adaptação do antigo modelo anglicano aos ideais moravianos feita por James Hutton (1715-1795), influenciado pelo próprio John Wesley.

O espírito da nova sociedade era muito diferente do metodismo original de Oxford. Wesley tinha partido para os Estados Unidos como um rigoroso eclesiástico da Alta Igreja ou, como devemos dizer, um anglocatólico. Voltou como um protestante evangélico que se convencera, pelos morávios, de que a essência do cristianismo era a experiência da conversão e a convicção imediata e pessoal da fé salvífica.

Tal mudança de direção foi reforçada pela influência do membro mais jovem da sociedade de Oxford, George Whitefield, que voltou dos Estados Unidos nessa ocasião e começou a pregar para as sociedades religiosas em Londres e Bristol para uma audiência que lotava as igrejas. Whitefield viria a ser o segundo líder do avivalismo evangélico, sobretudo nos Estados Unidos, onde se tornou um dos principais agentes do Grande Avivalismo que estava prestes a varrer as igrejas coloniais.

Embora fosse muito pior que Wesley em raciocínios originais e força de caráter, nunca teve a ligação intensa e escrupulosa de Wesley à autoridade e à prática da Igreja da Inglaterra e, consequentemente, quando percebeu que igrejas em Bristol lhe faziam oposição por meio do clero anglicano, tomou a lei nas próprias mãos e começou a pregar em praça pública para os mineiros de Kingswood, em fevereiro de 1739.

Antes de partir para a segunda visita aos Estados Unidos no mesmo ano, convenceu Wesley a voltar a Bristol e assumir o seu trabalho, tanto na sociedade religiosa como na prática da pregação em campo, algo que Wesley começou, com considerável apreensão, em abril de 1739. Quase imediatamente, isso se tornou um instrumento característico do apostolado metodista. Daí em diante, por mais de cinquenta anos, Wesley pregou diariamente (amiúde, várias vezes ao dia) em campos e celeiros, casas privadas e igrejas por todos os cantos das Ilhas Britânicas. Não há dúvidas de que Whitefield fez o mesmo, cobrindo uma área muito maior, da Nova Inglaterra à Geórgia, bem como na Inglaterra e na Irlanda. Wesley, no entanto, fez muito mais que pregar. No decorrer de sua longa vida erigiu uma organização altamente centralizada de sociedades metodistas, unidas não só pela fé e experiência religiosa comuns, mas por um sistema extremamente rigoroso de disciplina e inspeção pelo qual Wesley exercia autoridade pessoal e controle.

Foi um feito extraordinário só comparável às ordens religiosas mais centralizadas, tais como os jesuítas. De fato, a autoridade de Wesley era, ao mesmo tempo, mais universal e mais pessoal do que a de qualquer outro líder de ordem religiosa. É verdade que os membros das sociedades não eram treinados e disciplinados como os monges. Reuniam-se, quase ao acaso, vindos das estradas e dos recantos – mineiros semisselvagens de Cornwall e de Northumberland, fortes proprietários rurais de Yorkshire e Derbyshire, artesãos e comerciantes das cidades, clérigos, mestres-escola, soldados, excêntricos e visionários – todos eram recrutas do variegado exército de Wesley e marchavam juntos nas sociedades, classes e bandos ao seu comando.

E a façanha mais excepcional foi nunca professar pregar uma nova doutrina ou formar uma nova Igreja. Até o fim da vida continuou a ser um padre da Igreja da Inglaterra, e resistiu firmemente a todas as tentações de separação nos últimos anos. Por quase cinquenta anos manteve toda a grande organização suspensa entre a Igreja Estabelecida e as seitas por um simples ato de vontade autocrática.

Esse *tour de force*, executado com inabalável determinação por meio século, todavia, envolveu Wesley numa série de conflitos. Por um lado havia conflitos com a autoridade eclesiástica e, por outro, com outros líderes do avivamento religioso. Bem no início da carreira evangélica viu-se em conflito com os bispos cuja autoridade reconhecia em todas as coisas lícitas, e o bispo em questão com quem tinha de lidar não era um prelado da corte de Hanover, mas o grande bispo Joseph Butler (1692-1752), a quem Wesley reverenciava como escritor e pensador. Foi durante a entrevista em Bristol, no dia 18 de agosto de 1739, que Butler proferiu a famosa frase: "Senhor, fingir receber revelações extraordinárias e dons do Espírito Santo é algo horrível – algo muito horrível".[4] E concluiu a entrevista dizendo: "Bem, senhor, já que pediste meu conselho, lho darei francamente. Cá não tens direito algum; não tens autorização para pregar nesta diocese. Portanto, aconselho-te a saíres daqui".[5] Com qualquer outro homem isso teria significado submissão ou ruptura, mas Wesley simplesmente afirmou seu direito, como padre ordenado e *fellow* do Lincoln College. Disse possuir uma "licença indeterminada para pregar a palavra de Deus em qualquer parte da Igreja da Inglaterra".[6]

O choque com a autoridade foi imediatamente seguido por um conflito com os morávios, aos quais Wesley devia a conversão e com quem estava associado na Sociedade Fetter Lane. Apesar das novas

---

[4] John Wesley, *The Works of John Wesley A. M. – Volume XIII*. London, Wesleyan Conference Office, 1872, cap. LXIV, p. 500. (N. T.)

[5] Ibidem, p. 500. (N. T.)

[6] Ibidem, p. 501. (N. T.)

crenças evangélicas, Wesley continuou a ser um membro da Alta Igreja e recusou-se a aceitar a postura dos morávios para com os sacramentos e ritos religiosos. Revoltou-se com o pietismo introvertido do ensinamento morávio, que lhe parecia encorajar o antinomianismo e o quietismo. Consequentemente, rompeu com a Sociedade Fetter Lane, onde predominava a influência morávia; que com a minoria que o seguiu, fundou uma nova sociedade no Foundry em Moorfields, Londres, no mês de dezembro de 1739, que foi a primeira e verdadeira sociedade metodista da rede weyslesiana. Infelizmente, o rompimento com os morávios implicou na separação com os membros do antigo grupo de Oxford que lhe foram próximos, como Benjamin Ingham e John Gambold (1711-1771), que viria a ser bispo morávio, bem como com seu velho amigo londrino, James Hutton.

Quase ao mesmo tempo, Wesley se separou de George Whitefield por conta da questão calvinista. Não há lugar em que o pensamento católico de Wesley esteja mais aparente que no ensinamento sobre a graça e o livre arbítrio, e na veemência com que sempre se opôs ao que chamou de "decreto horrível" de reprovação. Whitefield, por outro lado, durante a segunda visita aos Estados Unidos, esteve sob a influência de Jonathan Edwards e dos membros da família Tennent[7] e se tornara um entusiasta e adepto de severos princípios calvinistas. Ao retornar para a Inglaterra, em 1741, não hesitou em denunciar o ensinamento arminiano de Wesley; e seus seguidores apartaram-se dos métodos metodistas de Wesley por um cisma que foi marcado por considerável amargura e *odium theologicum*. Os próprios líderes mantiveram o respeito e a admiração uns pelos outros, e mesmo no fim Wesley encontrou-se

---

[7] Família de imigrantes presbiterianos de origem escocesa e irlandesa, composta pelo reverendo William Tennent (1673-1746) e seus quatro filhos, os também pastores Gilbert Tennent (1703-1764), William Tennent Jr. (1705-1777), John Tennent (1707-1732) e Charles Tennent (1711-1771). Não só foram precursores no avivamento religioso na colônia na década de 1730, como também fundaram um seminário para o aprimoramento do clero que deu origem ao que, hoje, é a Universidade de Princeton. (N. T.)

amigavelmente com Whitefield e Howell Harris. Não foi esse o caso, no entanto, dos discípulos de Whitefield, como Augustus Montague Toplady (1740-1778), reverendo Rowland Hill (1744-1833) e William Romaine (1714-1795), que atacaram, até o fim da vida, Wesley e seu irmão com extraordinária virulência e indelicadeza.

Assim, Wesley estava isolado entre os morávios e os calvinistas evangélicos, por um lado e por outro, os extremos opostos, os típicos *Whig* anglicanos latitudinários,[8] como o bispo George Lavington (1684-1762), William Warburton (1698-1779) e o dr. Joseph Trapp (1679-1747). Esses eram inimigos jurados do entusiasmo, e não tentavam distinguir Wesley de Whitefield, ou mesmo diferenciar Wesley dos fanáticos extremistas antinominianos que vinham a reboque desses movimentos. Wesley, contudo, prosseguiu no próprio caminho com incomparável vigor e resolução.

Em que consistia sua originalidade? Para os contemporâneos parecia, primeiramente, um grande revivalista, um pregador itinerante, cujos encontros eram acompanhados por todas as manifestações de histeria coletiva que sempre caracterizaram *revivals* religiosos.

Wesley, no entanto, não pretendia ser original. A pregação em praça pública e a histeria coletiva apareceram no Sul do País de Gales (com Howell Harris) antes de chegar à Inglaterra, e aí foram introduzidas por Whitefield e não por Wesley. Ademais, o avivalismo já surgira nos Estados Unidos com os calvinistas holandeses em Nova Jersey e com Jonathan Edwards em Northampton, Massachussets. Foi nos Estados Unidos que Whitefield encontrou seu lar espiritual, e nutria mais que mera simpatia pelo presbiterianismo dos Tennents e

---

[8] Os latitudinários, em filosofia, seriam aqueles que, em alguns casos, admitem a neutralidade moral, a existência de atos e características indiferentes, do ponto de vista moral. Comportam dois tipos: os indiferentistas, que defendem que o homem não é bom nem mau, e os latitudinários da coalizão ou sincretistas, que consideram que o homem é, ao mesmo tempo, bom e mau. No contexto da igreja inglesa do século XVII, indica aqueles que acreditam numa intepretação mais aberta dos dogmas tradicionais. (N. T.)

o puritanismo da Nova Inglaterra que pela Igreja da Inglaterra, à qual pertencia nominalmente. No entanto, ele e outros líderes não eram os organizadores do Grande Despertamento. Eram, essencialmente, revivalistas, e deixaram que os frutos desse avivamento fossem reunidos ou espalhados pelas igrejas locais.

Por outro lado, Wesley era, fundamentalmente, um organizador. Era sua função especial acompanhar o avivamento com um trabalho metodológico de organização social, em que a fé dos convertidos devesse ser testada pelas obras. Havia um contraste extraordinário entre entusiasmo e emocionalismo, que caminhava junto com os *revivals*, e a experiência de conversão pessoal. Juntamente vinha o senso comum, muito prático, com que Wesley julgava o espírito de seus convertidos e pelo qual administrava os pregadores e sociedades. Esse era o segredo de seu sucesso.

Revivalismo, entusiasmo, ascetismo, misticismo, tudo isso era repulsivo à mentalidade do século XVIII, a tal ponto que a tendência natural da cultura dessa época se dirigia para uma religião puramente racional, como o deísmo, ou um irracionalismo religioso, como o do Iluminismo francês. John Wesley, no entanto, a despeito da intensidade de suas convicções religiosas, era um típico inglês do século XVIII que possuía as virtudes e limitações de sua época, nacionalidade e classe social. Muitas de suas peculiaridades e idiossincrasias, bem como muito de sua compleição física, guardava curiosa semelhança com o primo, Arthur Wellesley (1759-1852), o grande duque de Wellington e, assim como este, era, na observação de Leslie Stephen (1832-1904), acima de tudo, um grande capitão de homens.

Era um homem de autoridade e ordem que defendia que "o Evangelho de Cristo não conhece nenhuma religião que não seja social, nenhuma santidade, salvo a santidade social".[9] No *A Plain Account of the People Called Methodists* [Um Relato Simples do Povo Chamado

---

[9] John Wesley, "Preface to Poetical Works". In: *The Works of John Wesley– Volume XIV*. Ada, Baker Books, 1996, p. 321. (N. T.)

de Metodista] que escreveu para Edward Perronet (1726-1792), em 1748, John Wesley diz quase nada sobre o avivalismo ou a experiência da conversão. Traça toda a evolução do metodismo desde o princípio da sociedade de cristãos e da realização da "mesma coisa que existia desde o início do cristianismo"[10] mas que fora destruída pela secularização da Igreja, de modo que, na maioria das paróquias, pertencer à Igreja se tornara "uma simples corda de areia".[11] O propósito do metodismo era descer a comunidade cristã das nuvens para fazê-la entrar em relação imediata com as vidas das pessoas comuns da Inglaterra do século XVIII.

Dessa maneira, na ideia de Wesley, o metodismo era um retorno ao cristianismo primitivo ou uma nova Reforma, visto que significava um avivamento do espírito cristão de comunidade na vida moral e na ação social. Por outro lado, expressou repúdio a todas as inovações doutrinárias, bem como ao dogmatismo teológico e ao cisma eclesiástico ou sectarianismo. A respeito de tais pontos se tornava cada vez mais crítico da Reforma Protestante e concluiu *A Farther Appeal to Men of Reason and Religion* [Um Apelo Adicional aos Homens de Razão e Religião] com uma extraordinária passagem em que contrasta sua postura para com a Igreja da Inglaterra com a dos reformadores para com o catolicismo. Considerando que estava determinado a permanecer membro da Igreja Anglicana, "a grande pedra de tropeço"[12] dos reformadores do século XVI, "foi a separação aberta, confessa, total, da Igreja e suas veementes invectivas contra muitas das doutrinas [da Igreja da qual haviam se separado]".[13]

---

[10] Idem, "A Plain Account of the People Called Methodists". In: *The Works of the Reverend John Wesley – Volume V*. New York, J. Emory and B. Waugh Publishers, 1831, §10, p. 177. (N. T.)

[11] Ibidem, p. 178 (N. T.)

[12] Idem, "A Farther Appeal of Men of Reason and Religion". In: *The Works of the Reverend John Wesley – Volume V*. Parte II, p. 140. (N. T.)

[13] Ibidem, Parte III, p. 172. (N. T.)

Isso também era verdade para a Reforma na Inglaterra, "o obstáculo principal ainda continuava a ser a separação notória da Igreja".[14]

A concepção de Wesley do que deveria ser a relação entre metodismo e a Igreja da Inglaterra talvez possa ser vista de uma maneira melhor nas propostas definitivas que seu amigo e sucessor indicado, John William Fletcher de Madely (1729-1785), esboçou em 1775. É fácil ver que qualquer fórmula de união entre o erastianismo amorfo do *establishment* de Hanover e a organização muito centralizada das sociedades metodistas unificadas era totalmente impraticável. Não obstante, a ruptura final foi postergada, ano após ano, e quando veio, finalmente, em 1784, foi em resposta direta à situação desesperada que tinha surgido, não na Inglaterra, mas nos Estados Unidos, após a vitória da independência, quando a Igreja da Inglaterra foi abandonada sem bispo ou qualquer sistema eclesiástico de jurisdição.

Nessa época, os metodistas norte-americanos ainda eram um pequeno corpo sem influência. Foi somente em 1769 que Wesley enviou os primeiros pregadores para as colônias, e o trabalho deles apenas começara quando a eclosão da guerra com a Inglaterra interferiu no seu curso.

À primeira vista, é difícil explicar esse atraso de trinta anos em expandir a obra das sociedades metodistas para os Estados Unidos, visto que o próprio Wesley passara alguns anos na América e seu amigo Whitefield mostrara quão grande seria a oportunidade de evangelização. Devemos lembrar, contudo, quanto Whitefield diferia de Wesley, tanto em doutrina como em método, e como boa parte do sucesso de Whitefield se deveu à colaboração íntima com a escola mais extrema de revivalistas presbiterianos, cuja obra despertara forte hostilidade dos congregacionalistas conservadores e dos anglicanos no Leste. Nos primeiros anos, Wesley mantivera boas relações com o dr. Timothy Cutler, o ex-reitor de Yale, que se tornara um convertido ao anglicanismo. Nesse momento, como reitor da Christ Church, em

---

[14] Ibidem, Parte III, p. 171. (N. T.)

Boston, Cutler era o líder da oposição ao avivamento e denunciou tanto Whitefield quanto Tennent em linguagem violenta.

Escreveu o dr. Cutler, em 1743:

> Whitefield tem nos atormentado com seu testemunho. Seria uma tentativa infindável descrever a cena de distúrbio e confusão que ele ocasionou, a divisão das famílias, vizinhanças, cidades; a contrariedade dos maridos e mulheres, a desobediência das crianças e servos; as brigas entre os professores, as desordens da noite, a negligência da agricultura, a interrupção do trabalho e dos negócios e a colheita da lavoura [...]
>
> Quando o sr. Whitefield chegou aqui pela primeira vez toda a cidade ficou alarmada. [...] O camarada tratou os mais veneráveis com ar de superioridade, contudo, sempre censurava e anatematizava a Igreja da Inglaterra, e aquilo era demais. Depois dele veio um dos Tennent – um monstro! Descarado e barulhento – e disse-lhes que todos estavam condenados! Condenados! Condenados! Isso os enfeitiçou e, no inverno mais impiedoso que jamais vi, as pessoas chafurdavam na neve, dia e noite, para se beneficiarem de seus zurros bestiais; e muitos findaram os dias sujeitos a tais fadigas.[15]

A afinidade pessoal de Wesley com Whitefield e a prática da pregação ao ar livre foi contrabalançada pelo arminianismo e lealdade à Igreja da Inglaterra daquele, de modo que não é de surpreender que Wesley tenha postergado embarcar numa missão em que iria, inevitavelmente, entrar em conflito com ambos os partidos.

Ao final da década de 1760, no entanto, a situação tinha mudado. Whitefield retomara as relações amistosas com Wesley. A missão de Whitefield nos Estados Unidos estava chegando ao fim (e terminou com sua morte em Newburyport, no ano de 1770), de modo que

---

[15] Luke Tyerman, *The Life of the Rev. George Whitefield*. New York, Anson D. F. Randolph & Co, 1877, vol. II, p. 124-25. [A carta integral do rev. dr. Timothy Cutler ao dr. Zachary Grey (1688-1766), datada de 24 de setembro de 1743, se encontra na seguinte obra: John Nichols, *Illustration of the Literary History of Eighteenth Century*. London, John Nichols and Son, 1822, vol. IV, p. 303-04. (N. T.)]

quando, em 1768, o dr. Charles Magnus von Wrangel (1730-1786), representante do rei da Suécia entre os sueco-americanos, recorreu a Wesley para enviar pregadores em auxílio aos cristãos norte-americanos, "multidões que são como ovelhas sem pastor",[16] encontrou-o pronto para agir em socorro ao grupo de metodistas que já estavam estabelecidos em Nova York.

Os missionários de Wesley não tiveram o sucesso retumbante das pregações de Whitefield. O ministério metodista fazia mais sucesso entre os anglicanos ou ex-anglicanos de Maryland e da Virgínia. Ademais, como mencionei, o avanço dos missionários foi interrompido pela Revolução Americana. O próprio Wesley foi um franco defensor do rei George III (1738-1820), seus pregadores eram ingleses e os seguidores norte-americanos eram, em sua grande maioria, legalistas, de modo que é surpreendente que tenham conseguido sobreviver.

O sucesso dos metodistas se devia a Francis Asbury (1745-1816), o único dos pregadores de Wesley que foi capaz de defender sua posição por toda a Revolução. Embora fosse um homem pouco letrado, filho de um jardineiro de Straffordshire, parecia o próprio Wesley no amor pela disciplina e ordem, bem como no incansável ofício de viajante e pregador. (Dizem que percorreu mais de quatrocentos mil quilômetros e fez mais de trezentas mil conversões.) Os volumosos diários que relatam tais viagens em detalhes minuciosos não são, é claro, comparáveis aos diários de Wesley em importância psicológica e literária. São, contudo, uma fonte primária para a história das condições religiosas e sociais na época revolucionária e pós-revolucionária, ainda não utilizada, de modo competente, pelos historiadores.

Asbury era um tipo independente e contumaz que, não raro, tinha fortes diferenças de opinião com o próprio Wesley. Era, no entanto,

---

[16] Comentários de John Wesley a respeito das observações feitas por von Wrangel durante um jantar no ano de 1768. Citado em: Dee. E. Andrews, *The Methodists and Revolutionary America 1760-1800: The Shaping of and Evangelical Culture*. Princeton, Princeton University Press, 2008, p. 37. (N. T.)

fundamentalmente, leal ao líder e à ideia de Wesley de princípios e organização metodistas. Assim, quando finalmente, em 1748, Wesley começou a ordenar ministros e a criar uma Igreja Metodista autônoma nos Estados Unidos, a tarefa de implementar essa decisão coube a Asbury, que foi indicado, dentre todos os metodistas nos Estados Unidos (cerca de 15 mil), como superintendente junto com o galês Thomas Coke (1747-1814).

Tal apropriação da autoridade episcopal encontrou forte oposição por parte de Charles Wesley e de muitos outros metodistas. O próprio John Wesley protestou dizendo que era fiel à Igreja da Inglaterra e que só tomou tal decisão por uma questão de necessidade, já que os bispos se recusaram a fazer o que fosse para ajudar o rebanho disperso na América do Norte.

Esse dilema é mostrado na carta que escreveu para o bispo Robert Lowth (1710-1787), em 1780, quando este se recusou a ordenar um dos pregadores que Wesley iria enviar para os Estados Unidos porque não sabia latim e grego.

> Vossa senhoria entendeu por bem ordenar e enviar para a América outras pessoas que [diferente dos metodistas] sabiam alguma coisa de latim e grego, mas que de salvar almas sabem tanto quanto de caça à baleia. Nesse aspecto também lamento pela pobre América, pois as ovelhas estão espalhadas por todos os recantos. Parte dela não tem sequer um pastor, em especial, as colônias do Norte, e a situação das outras regiões é pouca coisa melhor, pois os próprios pastores não se apiedam delas. Não conseguem fazê-lo, pois não têm compaixão para consigo mesmos. Não pensam ou cuidam das próprias almas.[17]

Nesse momento, Wesley fora convencido (pelos argumentos do Lord Chancellor do rei) que a ordem da igreja primitiva não fazia

---

[17] John Wesley, *Letters of John Wesley: A Selection of Important and New Letters with Introduction and Biographical notes by Georges Earys*. London / New York / Toronto, Hodder and Stroughton, 1915, Livro II, cap. IV, p. 129 (carta de 10 de agosto de 1780). (N. T.)

distinções entre padres e bispos e que o poder de ordenar era comum a ambos. Não foi, entretanto, consistente nessa matéria. Quando os novos superintendentes dos metodistas na América do Norte começaram a assumir o título oficial de bispos (que era perfeitamente justificado segundo a própria teoria de Wesley), ele repreendeu severamente Asbury pela assunção do título e declarou: "Podem chamar-me de patife ou tolo, biltre, salafrário e fico satisfeito, mas nunca irão, com meu consentimento, chamar-me de *bispo*!".[18] Wesley escreveu isso em 1788 – o mesmo ano em que começou a ordenar ministros para os metodistas na Inglaterra.

Na verdade, a autoridade que Wesley exerceu sobre as sociedades metodistas era muito mais extensa que a de qualquer bispo e estava tão convencido da missão apostólica de fazer surgir um novo povo cristão, que não estava disposto a deixar qualquer ordem ou tradição religiosa ficar em seu caminho. Por isso que insistiu, na última carta aos Estados Unidos, escrita em 1791, que, o que quer que acontecesse, não deveria haver separação entre os metodistas norte-americanos e o rebanho na Europa.

> Não percam a oportunidade de declarar a todos os homens que os metodistas são um povo único em todo o mundo, e é por plena determinação que pretendem continuar assim
>
> Ainda que as montanhas se ergam e
> os oceanos se agitem para, em vão,
> apartar-nos.[19]

Esse propósito era, de fato, assegurado pela força centralizadora da obra de toda a vida de Wesley que continuou, nos Estados Unidos, por meio de uma personalidade dominante, de tendência similar, como Asbury. É verdade que o outro bispo, o dr. Thomas Coke ainda desejava manter a antiga relação com a Igreja Anglicana, e nos anos de 1791 e

---

[18] Ibidem, p. 280 (carta de 20 de setembro de 1778). (N. T.)

[19] Ibidem, p. 287 (carta de 1 de fevereiro de 1791). (N. T.)

1792, entrou em negociações como o novo bispo episcopaliano na Filadélfia (que fora sagrado na Inglaterra em 1789) para realizar a união.

Creio que não resta dúvida de que tal união teria sido de imenso benefício para a Igreja Episcopal, especialmente para a Virgínia e o Sul, onde toda a organização havia sido destruída pela Revolução. O confisco da propriedade da Igreja Episcopal na Virgínia, que se seguiu à separação Igreja-Estado, foi o golpe derradeiro que levou a Igreja à beira da dissolução.

Os metodistas, por outro lado, eram excepcionalmente fortes na Virgínia. E a união também não teria sido desvantajosa para os metodistas, uma vez que poderia ter oferecido o elemento cultural e intelectual que lhes faltava, especialmente após a morte dos dois Wesley.

Ao mesmo tempo, a índole do episcopalianismo virginiano, salvo pouquíssimos sujeitos excepcionais como Devereaux Jarratt (1733-1801), era completamente diverso da têmpera do metodismo popular, o que torna difícil imaginar como tal união poderia ser bem-sucedida. O bispo James Madison (1749-1812) da Virgínia e o bispo metodista Asbury, pertenciam a dois mundos diferentes, e as respectivas denominações seguiram caminhos opostos – o metodismo com os pregadores itinerantes, como Peter Cartwright (1785-1872), seguiram a fronteira que se movia a Oeste, e o episcopalismo mantinha o controle sobre os elementos sociais mais conservadores no Leste.

No entanto, apesar disso, existe certo paralelismo entre os dois casos. Em ambos, o rompimento de relações com a Inglaterra estremecera as bases da ordem eclesiástica e pareceu abrir caminho para uma revolução religiosa. Na Conferência Fluvanna, em 1779, os metodistas propuseram resolver os próprios problemas com a própria auto-ordenação para administração dos sacramentos, ao passo que na Virgínia e no Sul os episcopalianos propuseram reorganizar a Igreja em bases democráticas que garantiriam o controle do laicato.

Em ambos os casos, porém, os planos foram frustrados e os princípios da ordem e unidade foram mantidos pela transmissão hierárquica de autoridade, de Wesley, em 1784, a Coke e Asbury, dos bispos escoceses ao bispo Samuel Seabury (1729-1796) de Connecticut em 1784, e dos bispos ingleses aos bispos William White (1748-1836) e Samuel Provoost (1742-1815) em 1787. Assim, no mesmo momento em que o elo político entre Estados Unidos e Inglaterra estava rompido, um novo elo religioso foi instituído entre os metodistas e os episcopalianos e, por intermédio dele, as duas sociedades religiosas foram capazes de criar a primeira organização nacional norte-americana.

Capítulo 15 | A Secularização da Cultura Moderna

Toda a situação da Europa Ocidental foi transformada no século XVIII pelo advento de uma nova cultura científica e tecnológica que era comum tanto à Europa católica como à protestante. Este, todavia, estava longe de ser o único fator que colaborou para a crescente secularização da cultura ocidental. Também devemos estudar os fatores sociais mais gerais do processo. Obviamente não podemos compreender a situação atual do cristianismo na cultura ocidental a menos que estudemos as causas que levaram ao enfraquecimento ou a ocultação da cultura cristã durante os dois últimos séculos. E não basta fazer isso em abstrato: devemos traçar, historicamente, o processo na Europa protestante e na católica, sobretudo na Inglaterra e na França, onde os processos de mudança foram paralelos, mas muito diferentes no modo de operar.

A causa imediata da secularização da cultura europeia foi a frustração e o desânimo resultantes de um século de guerras religiosas, e, principalmente, o final inconclusivo. Após a Paz de Westfália, em 1648, a necessidade da coexistência de católicos e protestantes na Europa foi amplamente reconhecida, e visto que os homens ainda valorizavam a cultura coletiva, foram forçados a destacar aqueles elementos que eram comuns a católicos e protestantes, ou seja, os aspectos seculares. Isso já havia sido reconhecido pelos Países Baixos desde sua fundação por Guilherme I, o Taciturno e, em menor grau, por Henrique de Navarra na França, durante o período do

Édito de Nantes, de 1598 a 1685, e após 1648, ao tornar-se lei internacional do Império, assim como lei entre os Estados (apesar de não valer entre indivíduos). Na Inglaterra, a experiência de guerras civis e de intolerância mútua entre extremistas sectários também produziu um movimento importante de mútua tolerância apoiado pelo próprio Oliver Cromwell, conquanto a Restauração tenha retomado uma Igreja estatal e um regime de conformidade. Vale notar, no entanto, que a arma verdadeiramente bem-sucedida contra o extremismo puritano não foi a perseguição da Igreja e do Estado, mas a troça feita por literatos como Samuel Butler (1613-1680) no seu *Hudibras*[1] e John Dryden (1631-1700) em *Absalom and Achitophel*.[2]

Um dos principais fatores na mudança do clima da opinião era o crescimento dos intelectuais leigos, a criação de uma classe de jornalistas e de homens de letras profissionais na França, Inglaterra e Países Baixos. Nas camadas sociais mais elevadas, essa nova intelectualidade estava representada pelas academias, que exerceram um papel

---

[1] Poema heroico-satírico em que são apresentadas as facções da guerra civil inglesa como puritanos, presbiterianos, *roundheads* [cabeças redondas] e outras mais. Influenciado por François Rabelais e pelo *Quixote* de Miguel de Cervantes, Samuel Butler criou a personagem sir Hudibras, um cavaleiro errante, presunçoso e orgulhoso, elogiado por sua lógica, muito embora pareça estúpido, que é atacado principalmente por seu fervor religioso de "presbiteriano conservador". O escudeiro, Ralpho, apresenta o mesmo fervor na fé reformada de sir Hudibras, mas não diz ter tantas luzes. Todas as personagens são caracterizadas de maneira bastante crítica e representam algumas das personalidades históricas do período. (N. T.)

[2] O poema de John Dryden é uma alegoria que utiliza a história da insurreição de Absalão contra o rei Davi, seu pai (II Samuel 14-18) como base para discutir três acontecimentos do período, a saber: 1º) o complô papista de 1678, uma conspiração fictícia contra o rei Charles II inventada por Titus Oates (1649-1705); 2º) a crise da lei de exclusão promulgada em 1679 e em vigor até 1681, segundo a qual o futuro rei James II (1633-1701) não poderia assumir o trono da Inglaterra, da Escócia e da Irlanda por ser católico; 3º) a rebelião Monmouth de 1685, uma tentativa frustrada de depor James II, que foi liderada por James Scott (1649-1685), o 1º Duke de Monmouth, um filho ilegítimo de Charles II. (N. T.)

muito importante no desenvolvimento dos estudos científicos. Nos níveis mais baixos, cobriu um amplo espectro até os escrevinhadores sem um tostão, ridicularizados por Alexander Pope (1688-1744) na obra *The Dunciad*.[3]

Na França, em especial, essa classe tendia a favorecer o livre pensar e a lassidão moral. Eram os "libertinos", precursores dos *"philosophes"* do século seguinte, e herdeiros da tradição de François Rabelais (1494-1553) e Michel de Montaigne. O representante mais ilustre foi Charles de Saint-Évremond (1613-1703), que passou os últimos quarenta anos de sua longa vida na Inglaterra (e na Holanda), e está enterrado na abadia de Westminster.

Tais influências cresceram submersas ao longo de todo o século XVII com pensadores como Pierre Gassendi (1592-1655) e Thomas Hobbes; escritores como Cyrano de Bergerac (1619-1655), Molière (1622-1673), Samuel Butler e Jean de La Fontaine (1621-1695), até virem a tona no século XVIII e dominarem a cultura ocidental. O crescimento desse grupo de intelectuais leigos foi somente um aspecto da ascensão da classe média que já estava bastante avançada, na Holanda, por volta do século XVII e, na Inglaterra e na França, pelo século XVIII. A classe mercantil na Holanda e na Inglaterra e os advogados e funcionários públicos da França aos poucos tomaram o lugar da nobreza como os verdadeiros líderes da cultura.

---

[3] Publicado em três diferentes versões em diferentes épocas, o poema satírico *The Dunciad*, de Alexander Pope faz uma crítica mordaz a inanidade e a estupidez da sociedade de sua época. Nas primeiras versões, o poema foi publicado anonimamente, só vindo a ser reconhecida sua autoria quando foi incluído nas obras coligidas de Pope em 1735. A obra foi uma resposta às críticas do editor e escritor Lewis Theobald (1688-1744) a uma adaptação que Pope fizera das obras de William Shakesperare para o público do século XVIII. Assim, Theobald transforma-se em Tibbald, filho dileto da deusa Estupidez e soberano do reino de Pedantaria. O título da obra foi inspirado na *Ilíada* de Homero, cuja tradução para o inglês fora feita pelo próprio Pope. Em português, poderíamos verter o título como "A Burríada", visto que a palavra inglesa *"dunce"* significa asno, burro, estúpido. (N. T.)

Ao contrário dos homens de letras, a nova classe média não era, de modo algum, hostil à religião e mantinha padrões muito mais rigorosos de comportamento moral que a antiga aristocracia. Por outro lado, estava disposta a criticar a autoridade e tendia, naturalmente, a adotar um tipo sectário de religião – puritanos e não conformistas na Inglaterra, huguenotes na França. Tal classe está entre as mais fortes influências que levaram à secularização da cultura, como afirmaram tantos escritores [como Max Weber (1864-1920), Ernst Troeltsch, R. H. Tawney (1880-1962) e Bernard Groethuysen (1880-1946)]. Viam a religião como matéria privada que dizia respeito somente à consciência do indivíduo, ao passo que a vida pública era, essencialmente, a vida comercial; uma esfera em que o lucro é a motivação suprema e a moral e deveres religiosos do homem são mais bem desempenhados pelo cumprimento pontual e industrioso das atividades profissionais. Assim como era o ideal do nobre conquistar a honra no campo de batalha, da mesma maneira o ideal do burguês era ganhar o lucro no campo dos negócios, o que requeria deste tanta coragem e ousadia quanto se exigia daquele.

Por sorte, temos uma amostra do tipo da psicologia e ética do novo burguês no momento em que ocorria a grande transição para a cultura secular, nomeadamente, a vida e a obra de um dos maiores autores ingleses da era augustana[4] – Daniel Defoe (1661-1731). Defoe

---

[4] O termo "Era Augustana" costuma ser utilizado para descrever períodos marcados, no plano interno, por estabilidade política, grande desenvolvimento cultural e prosperidade econômica, bem como pela paz nas relações externas. A expressão foi cunhada, originalmente, como uma tradução do latim *Saeculum Augustum* [Século de Augusto], empregada para caracterizar a época da administração de César Augusto (63 a.C.-14 A.D.), que governou como único soberano o Império Romano do ano 30 a.C. até a morte, dando início a chamada *Pax Romana* [Paz Romana]. Durante a primeira metade do século XVIII, ao longo dos reinados de Anne (1665-1714), George I (1660-1727) e George II (1683-1760), a Grã-Bretanha vivenciou tranquilidade política e desenvolvimento econômico, acompanhados pelo florescimento de uma significativa produção artística, recebendo, também, a denominação de "Era Augustana" ou

era um autor e jornalista profissional que escreveu, e escreveu bem, sobre todos os assuntos de interesse público – história, geografia, economia, ética, religião e ficção. De fato, sua produção foi tão ampla e abrangia tantos campos diferentes que não podemos esperar ler tudo. Felizmente, sua obra mais famosa e popular, *The Life and Strange Surprising Adventures of Robinson Crusoe* [A Vida e as Estranhas e Surpreendentes Aventuras de Robinson Crusoe], em três partes[5] (muitos leitores se contentam em ler apenas a primeira parte), reflete quase todas as múltiplas facetas do gênio de Defoe. É um épico do individualismo protestante, que não é uma mera história de aventura, mas uma alegoria moral ou uma parábola, a mostrar como a consciência não conformista pode sobreviver quando enraizada no pano de fundo sociológico e forçada a chegar a um acordo com as realidades de um mundo alheio mais vasto.

"Período Georgiano" da literatura inglesa. O termo foi utilizado pela primeira vez para descrever a experiência britânica pelo poeta inglês Alexander Pope na obra *Epistle to Augustus* [Carta para Augusto] de 1737, endereçada ao monarca George II, e que apresentava o período como uma nova "Era Augustana". Tal descrição, posteriormente, foi utilizada pelo filósofo iluminista francês Voltaire (1694-1778) e pelo historiador inglês Oliver Goldsmith (1730-1774), sendo incorporada por diferentes estudiosos desse período histórico ainda em nossos dias. Além de Alexander Pope e de Daniel Defoe, merecem destaque, dentre outros autores, os romancistas Jonathan Swift (1667-1745), Joseph Addison (1672-1719), Henry Fielding (1707-1754), os poetas Ambrose Philips (1674-1749) e John Gay (1685-1732), o lexicógrafo e crítico literário Samuel Johnson (1709-1784) e os filósofos Bernard Mandeville (1670-1733), George Berkeley (1685-1753), Joseph Butler (1692-1752), Francis Hutcheson (1694-1746), David Hume (1711-1776) e Adam Smith (1723-1790). (N. T.)

[5] Na verdade, Defoe escreveu *The Life and Strange Surprising Adventures of Robinson Crusoe*, muitas vezes chamada apenas de *Robinson Crusoe* (1719), *The Farther Adventures of Robinson Crusoe* (1719) e *Serious Reflections During the Life and Surprising Adventures of Robinson Crusoe: With his Vision of the Angelic World* (1720). A terceira parte nunca foi editada em português. As duas primeiras partes podem ser encontradas, geralmente, publicadas em um único volume em diferentes edições, dentre as quais, destacamos a seguinte: Daniel Defoe, *Robinson Crusoe*. Pref. Cândido Jucá; Trad. Costa Neves e Flávio Poppe Figueiredo. Rio de Janeiro, Ediouro, 1970. (N. T.)

A despeito do temperamento secular de Defoe, o autor está plenamente cônscio da importância do elemento religioso na cultura, e a maior parte da terceira seção da obra é dedicada à discussão do estado religioso do mundo, o fracasso do cristianismo como religião mundial e a possibilidade da união dos Estados cristãos para expandir as fronteiras da cristandade. Ao longo de todo esse segmento da obra, o autor insiste muito nos absurdos e males resultantes das divisões entre cristãos, e embora defenda o tradicional conceito medieval de união de príncipes cristãos para uma cruzada contra os infiéis, por fim, admite que tais projetos estão totalmente fora do escopo da política prática. Curiosamente, a passagem final do livro em que chega a essa conclusão pessimista é a única que parece demonstrar um sentimento religioso. Diz Crusoe:

> Creio que não acharei tal zelo pela religião cristã em nossos dias, ou talvez, em qualquer outra época do mundo, até que os céus rufem os tambores e as gloriosas legiões celestes desçam à Terra com o propósito de propagar a obra e submeter todo o mundo à obediência do Rei Jesus – um tempo que, dizem alguns, não tarda, mas do qual nada ouvi em minhas viagens e instruções, nada, nem uma só palavra.[6]

A conclusão é estranha para um livro que é elogiado, justamente, como a mais realista das histórias de aventura jamais escritas, e poucos leitores sabem que essa é a última palavra de Crusoe! A terceira parte de *Robinson Crusoe*, em geral, é descartada como uma peça de encomenda para atrair o público religioso. Seja como for, lança uma luz muito interessante sobre a mente de Defoe, que reflete todo o mundo de sua época – físico, cultural e religioso – com extraordinária fidelidade. Na passagem que acabei de citar, vemos um novo mundo de individualismo burguês olhando, com

---

[6] Daniel Defoe, *Serious Reflections During the Life and Surprising Adventures of Robinson Crusoe: With his Vision of the Angelic World*. George A. Aitken (Ed.), *Romances and Narratives by Daniel Defoe*. London, J. M. Dent & Co, 1895, vol. III, p. 235. (N. T.)

uma pontada de nostalgia, as desvanecidas praias de um mundo religioso que deixara para trás.

Defoe, não obstante as dúvidas e hesitações, ainda era leal à própria moda, à tradição da cultura cristã. Já durante sua vida, e de modo crescente após 1685, um novo tipo de cultura estava surgindo e consistia numa revolta consciente contra o cristianismo, visando a criação de uma nova base racional e filosófica para uma cultura ocidental unificada. Esse era o Iluminismo, que encontrou expressão, primeiramente, nos deístas ingleses, no final do século XVII e, em segundo lugar, nos filósofos franceses e enciclopedistas, que difundiram mundialmente o movimento na segunda metade do século XVIII.

Além disso, há uma outra influência que subjaz aos dois movimentos e teve grande importância histórica em muitas direções diferentes. Refiro-me a influência dos refugiados protestantes que deixaram a França após a revogação do Édito de Nantes, em 1685, e foram para a Holanda, Inglaterra e Prússia e, certamente, para todos os países protestantes. Esses refugiados representavam os elementos mais ativos e independentes na burguesia francesa e agiram como uma via de mão dupla em termos de influência cultural entre a França e o restante da Europa, em especial, a Inglaterra. Por meio século, foram os principais jornalistas e tradutores que tornaram a cultura inglesa conhecida na França, particularmente o pensamento de John Locke (1632-1704), de sir Isaac Newton e de Anthony Ashley Cooper (1671-1713), o terceiro conde de Shaftesbury. Os refugiados tinham a mentalidade totalmente francesa, mas eram inimigos jurados de Luís XIV e do catolicismo francês, de modo que o resultado da revogação foi criar um movimento subterrâneo mais potente e mais bem organizado contra o catolicismo. A sede dessa campanha era a Holanda e o órgão principal, a imprensa livre, editada por estudiosos brilhantes como Bayle e Le Clerc, era o que chegava ao público europeu.

A força desses escritores estava no espírito crítico. Não tentaram defender o protestantismo – na verdade, não acreditavam mais nele –, mas atacar todos os pontos de intolerância e credulidade dos ortodoxos – de todos os ortodoxos, em qualquer lugar e de todas as épocas. Dessa maneira, os intelectuais exilados foram os precursores dos enciclopedistas franceses. O maior desses autores, de fato, Pierre Bayle, foi, ele mesmo, um enciclopedista no sentido literal da palavra e seu *Dictionaire Historique et Critique*[7] [Dicionário Histórico e Crítico] era o *vade mecum* indispensável de todo o racionalista e cético, do início do século até os dias de Edward Gibbon (1737-1794). A influência dos exilados huguenotes, talvez, seja mostrada mais claramente no caso de Gibbon. Seu pensamento e sua erudição foram alimentados não pelos deístas ingleses ou pelos filósofos franceses, mas pela antiga tradição de conhecimento crítico que deve as origens aos exilados protestantes na Holanda e Suíça – Bayle e Le Clerc, os irmãos Jacques Basnage de Beauval (1653-1723) e Henri Basnage de Beauval (1657-1710), Isaac de Beausobre (1659-1738) e Jean Barbeyrac (1674-1744). Não tardou muito até que a influência deles somada a dos intelectuais franceses não protestantes formassem uma nova cultura do Iluminismo. Nessa relação é altamente significativo que o discípulo, biógrafo e editor de Bayle, o huguenote Pierre des Maiseaux (1666?-1745), também tenha sido discípulo, biógrafo e editor de Charles de Saint-Évremond, o livre-pensador aristocrata, cujo exílio voluntário na Inglaterra não guardava nenhuma relação com o protestantismo.

O efeito da revogação do Édito de Nantes não estava, contudo, confinada à formação da diáspora huguenote na Europa protestante. Também gerou profundas mudanças na cultura francesa. Defoe, na terceira parte de *Robinson Crusoe*, cita um protestante francês

---

[7] Publicado pela primeira vez em Rotterdam em 1697 e traduzido para o inglês em 1730.

dizendo que os huguenotes que partiram da França deixaram para trás a religião, e os que ficaram, assim fizeram, com sacrifício dos próprios princípios, de modo que tinha sido criado um novo tipo de protestante-católico, homens que praticavam uma religião que não acreditavam e "iam para a missa com os corações protestantes".[8] Criaram um novo centro de desamor e ressentimento na França, em especial, entre a burguesia que permaneceu em contato relativamente estreito com os refugiados huguenotes da Holanda e da Inglaterra. Apesar dessa minoria desafeiçoada ser incapaz de professar ou defender sua antiga religião por medo de represálias, nada a impedia de criticar o catolicismo em bases puramente racionais e, assim, combinar a influência desse grupo com a dos racionalistas seculares, criando uma atmosfera de crítica, ceticismo e hostilidade à autoridade, que permeou a cultura da França ao longo do século XVIII.

Na Inglaterra, a influência dos deístas, que esteve no auge durante o reinado de George I, era aferida por três fatores. Em primeiro lugar, a força mais potente no Iluminismo inglês não foi conscientemente antirreligiosa. Os fundadores da Royal Society, o bispo John Wilkins (1614-1672), sir Isaac Newton, Robert Boyle (1627-1691), John Wallis (1616-1703) e sir Christopher Wren (1632-1723), eram todos cristãos professos, e alguns, muito devotos. Por exemplo, Thomas Sprat (1635-1713), historiador da Royal Society e um dos principais defensores da tolerância religiosa, era bispo anglicano, e Robert Boyle, o autor de *The Sceptical Chemist* [O Químico Cético], dedicou parte de seus bens à instituição de uma série de palestras em apologética que existe até hoje.[9] De fato, a filosofia baconiana que inspirou a Royal Society no

---

[8] Daniel Defoe, *Serious Reflections During the Life and Surprising Adventures of Robinson Crusoe: With his Vision of the Angelic World*, p. 141. (N. T.)

[9] As *Boyle Lectures* começaram em 1692 e seguiram, sem maiores interrupções, até 1965. Em 2004, as palestras foram retomadas e seguem até os dias de hoje. Para celebrar os dez anos da nova série de conferências anuais será publicado o livro *Science and Religion in the Twenty-First Century. The Boyle Lectures 2004-2013*. (N. T.)

início – a ideia de uma ciência experimental combinada com matemática e aplicada à conquista da natureza e ao serviço do homem – tem raízes na filosofia medieval inglesa e era facilmente reconciliável com a visão religiosa do mundo e a aceitação da Revelação.

Em segundo lugar, as diferenças entre a defesa deísta de uma religião puramente racional e os teólogos latitudinários da Igreja estabelecida ou os não conformistas, que tendiam ao socianismo e unitarianismo, eram tão poucas que muitas vezes é difícil detectar matizes de opinião. Por certo, o título de uma das mais competentes obras dos deístas: *Christianity as Old as Creation: Or The Gospel a Republication of the Religion of Nature* [Cristianismo Tão Antigo quanto a Criação: Ou, o Evangelho, Uma Reedição da Religião da Natureza] de Matthew Tindal (1657-1733) é tomado de um dos sermões do bispo Thomas Sherlock (1678-1761).

Em terceiro lugar, os defensores da ortodoxia provaram ser escritores melhores e polemistas mais hábeis que seus críticos. Assim, o jogo foi invertido. Os racionalistas ingleses não tinham um Voltaire (1694-1778), ao passo que os cristãos produziram um grupo de apologetas e panfletários notavelmente capazes, de todos os tons de opinião: de *Whigs* latitudinários como o bispo William Warburton e moderados como os bispos Joseph Butler e George Berkeley, até *High Tories* como Jonathan Swift (1667-1745) e *non-jurors* como William Law e Charles Leslie (1650-1722). Assim, no momento em que o Iluminismo francês lançava o ataque triunfante ao cristianismo, o deísmo estava em declínio e o protestantismo inglês passava por um extraordinário reavivamento por intermédio de pessoas como John Wesley e George Whitefield. Consequentemente (e independente da influência de Wesley), a segunda metade do século XVIII tendeu a ser mais religiosa que a primeira, e algumas das grandes personalidades do mundo literário, como o dr. Samuel Johnson (1709-1784) e William Cowper (1731-1800), eram homens excepcionalmente religiosos.

Dessa maneira, o Iluminismo inglês não levou ao desbaratamento do cristianismo pelas forças do racionalismo. A opinião inglesa recobrou forças do ataque deísta e chegou a um acordo satisfatório num protestantismo liberal moderado e tolerante, que encontra sua expressão clássica no diário *The Spectator* de Joseph Addison (1672-1719). Por outro lado, não há dúvidas que esse período assistiu uma secularização geral da vida política e social da Inglaterra. A revolução de 1688 foi seguida pelo triunfo das classes médias e a entronização da propriedade privada, com a figura do proprietário como o fundamento da nova ordem social. Após a morte da rainha Anne Stuart (1665-1714) da Grã-Bretanha e da derrocada do *establishment* da dinastia dos Hanover, a coroa perdeu a aura de direito divino e se tornou um órgão do novo regime secular. Até o reavivamento religioso do movimento wesleyano ajudou a aumentar a secularização da vida pública, ao dar ênfase na importância da conversão individual e no caráter privado da religião. Já nas primeiras décadas do século, contudo, o mundo tão vividamente descrito por Daniel Defoe, não só nos romances, mas nas obras *A Tour thro' the Whole Island of Great Britain, Divided into Circuits or Journies* [Uma Viagem por Toda a Ilha da Grã-Bretanha, Dividida em Circuitos e Trajetos][10] e *The Complete English Tradesman* [O Perfeito Comerciante Inglês],[11] é totalmente secularizado, em que o individualismo e a motivação do lucro reinam absolutos.

Foi nessa ocasião, portanto, que a Inglaterra começou a ser considerada no continente europeu, especialmente na França, como modelo político para a nova era. Os autores iluministas, encabeçados

---

[10] Publicada entre os anos de 1724 e 1727 em três volumes. A grande inovação da obra foi o autor ter realmente visitado todos os lugares descritos. (N. T.)

[11] Obra polêmica, publicada entre os anos de 1726 e 1727, em que Defoe traça, em formato de cartas dirigidas aos comerciantes ingleses, o perfil do perfeito comerciante, ressaltando virtudes como diligência, cordialidade, polidez e total controle das paixões, o que permitirá ao comerciante "enfrentar as tormentas da impertinência". (N. T.)

por Voltaire e Montesquieu (1689-1755), viam a Inglaterra como a personificação dos ideais liberais: liberdade política, tolerância religiosa, livre comércio e independência pessoal. Aos olhos dos filósofos franceses, a Inglaterra mostrara que tais coisas não só eram possíveis, mas eram o segredo da fenomenal prosperidade e poderio que o país alcançara desde a Revolução Inglesa.

Capítulo 16 | A Era do Iluminismo

Apesar da contribuição feita pela Inglaterra para o Iluminismo europeu e a profunda influência que exerceu no pensamento francês, foi na própria França que o Iluminismo alcançou sua expressão máxima, difundindo-se daí para o restante da Europa.

Não há dúvidas que isso se deveu ao imenso prestígio alcançado pela cultura francesa durante o reinado de Luís XIV, quando Versailles fora não só o modelo da monarquia europeia, mas também o árbitro dos costumes e da elegância. Ademais, tal cultura clássica era, em espírito, extremamente racional, embora ainda não fosse racionalista. Na verdade, compreendia dois elementos diversos e contraditórios. Havia a cultura católica galicana, que ganhara fama com o bispo Jacques Bossuet e os grandes pregadores, com Jean Mabillon O.S.B. (1623-1707) e os eruditos beneditinos, e com a cultura espiritual de autores místicos e religiosos como São Vicente de Paulo. Por outro lado, existia o forte movimento do racionalismo científico derivado das ideias da Renascença italiana tardia – obra de homens como Pierre Gassendi (1592-1655) e Tommaso Campanella, sobretudo, do gênio extraordinário de René Descartes, que personificou o movimento.

Era propósito de Descartes reorganizar o mundo das ideias tendo por base os princípios matemáticos. Foi um gênio revolucionário que varreu para longe os princípios da autoridade e da tradição, e construiu um novo mundo intelectual com base na razão científica e geométrica.

Ainda restava, no entanto, uma afinidade profunda, e até mesmo uma identidade espiritual, entre o racionalismo desses pensadores mais independentes (que passaram a vida voluntariamente exilados na Holanda) e o espírito da nova cultura francesa clássica. Em que pese a oposição de todos os interesses da Igreja e das universidades, o movimento cartesiano ganhou o apoio não somente do mundo científico, mas de todos os líderes da cultura francesa, até mesmo de metafísicos e de teólogos como Nicholas Malebranche e Louis Thomassin (1619-1695), bem como de mestres de Port-Royal, como Claude Lancelot (c.1615-1695) e Pierre Nicole (1625-1695). Ocorreu de tal modo que a filosofia da cultura clássica foi o cartesianismo baseado na dúvida metódica, no rígido raciocínio matemático, que valorizava, sobretudo, a clareza. O ideal literário, como expressado por Nicolas Boileau, também era um ideal puramente racional. *Le Bon Sens* [O Bom Senso] era seu princípio supremo, e aconselha ao poeta:

> Amai, pois, a razão: que vossos escritos
> Extraiam tão só dela tanto seu lustro como seu preço.[1]

Boileau compreendia o "*bon sens*" e a norma da razão de uma maneira rigorosamente ortodoxa, embora sua ortodoxia tenha aberto espaço para o galicanismo de Bossuet e o jansenismo de Arnauld.

Assim como a morte de Luís XIV substituiu o severo autoritarismo do *Grand Siécle* pela liberdade e licensiosidade da regência, a razão se tornou racionalismo e "*le bon sens*", uma espécie de "senso comum" que via o mistério e o milagre como absurdos, e definia a fé como a crença no irracional. Nesse estágio do Iluminismo francês, a personagem mais representativa foi Bernard le Bovier de Fontenelle (1657-1757), cuja longa vida cobriu quase um século. Fontenelle era

---

[1] No original: "*Aimez donc la Raison: que toujours vos écrits / Empruntent d'elle seule et leur lustre et leur prix*". Em: Nicolas Boileau-Despréaux, *L'Art Poétique de Boileau-Despréaux avec des Notes Explicatives, Litteráires et Philologiques par G. H. F. des Castres*. Leipzig, Librarie de E. Wengler Éditeur, 1856, Chant I, v. 37-38, p. 11. (N. T.)

um cartesiano com vastos interesses científicos e um dom de exposição que fez dele o inaugurador da nova ciência e da filosofia de salão, daí em diante, uma característica do Iluminismo francês.

O vigoroso movimento de ideias científicas e filosóficas que influenciou o curso da cultura inglesa durante o século XVII pouco deveu a Descartes ou à sua escola. Foi um movimento paralelo, que teve raízes similares na cultura científica da Renascença tardia, mas diferiu, enormemente, da evolução francesa, embora, em alguma medida, compartiu de um pano de fundo sociopolítico comum. Na cultura do Iluminismo, esses dois elementos convergiram. Havia, de fato, mais Locke que Descartes na filosofia de Voltaire e dos enciclopedistas.

A aceitação do empirismo e do experimentalismo inglês, contudo, não modificou o espírito do racionalismo que fora impresso no pensamento francês, de maneira muito forte, por Descartes e Fontenelle. Consequentemente, a influência de Locke na França foi muito diferente da influência que teve na Inglaterra.

O espírito do Locke inglês foi prontamente assimilado pelo protestantismo inglês e se tornou uma ponte entre a ciência e a religião, mas o Locke francês foi transformado no sustentáculo-padrão de um partido muito mais revolucionário e destrutivo do que foram os deístas na Inglaterra. Os filósofos franceses não eram apenas anticlericais, porém, abertamente anticristãos.

O movimento, entretanto, não era totalmente negativo. O Iluminismo teve um ideal positivo, cuja melhor expressão está na grande enciclopédia, mormente, no *Discours Préliminaire* (1751) de Jean-Baptiste le Ronde D'Alembert (1717-1783), não obstante tenha sido o gênio negativo e destrutivo de Voltaire que permaneceu como espírito dominante do movimento. Talvez Voltaire tenha sido o panfletário mais brilhante que já existiu e, certamente, o que mais viveu, pois sua produção literária nunca esmoreceu ao longo de sessenta anos, e durante grande parte desse período comandou as Letras europeias com o flagelo do escárnio e a espada do chiste.

Esse aspecto destrutivo e negativo do Iluminismo francês contribuiu, materialmente, para a Revolução Francesa e para a destruição da igreja galicana. Quando a guerra contra a autoridade que os *philosophes* empreenderam por cinquenta anos foi transferida da esfera da cultura e religião para a da política, era inevitável que levasse consigo a ideologia que a inspirara na fase pré-política. De fato, a relação entre as duas fases do movimento é, em grande parte, de causa e efeito, já que não podemos ter uma revolução cultural e espiritual sem produzir, por fim, uma revolução política. Não quero dizer com isso que os *philosophes* foram revolucionários políticos. Ao contrário, o ideal político deles era o despotismo esclarecido, e as figuras muito representativas de Voltaire, D'Alembert e Friedrich Melchior (1723-1807), o barão von Grimm, fizeram o melhor que puderam para cair nas graças das cortes da Rússia, da Prússia e da Áustria.

Mesmo que essa aliança com os autocratas tivesse sido mais ampla e mais completa do que foi, duvido muito que os efeitos revolucionários das novas ideias pudessem ter sido excluídos de modo permanente da política. Como escrevi nalgum lugar:

> As críticas destrutivas dos filósofos minaram a ordem da cultura cristã mais inteiramente do que puderam perceber, e só precisavam de um impulso dinâmico emocional que apelasse às massas para revolução se tornar uma realidade social e política. Esse elemento foi dado por Jean-Jacques Rousseau (1712-1778) e seus discípulos, que encontraram na ideologia democrática dos direitos do homem e da vontade geral uma nova fé, forte o bastante para transformar o espírito racionalista e aristocrático do Iluminismo no espírito passional e democrático da Revolução.
>
> As teorias de Rousseau tinham a mesma relação com a ideologia do partido jacobino que as ideias de Karl Marx (1818-1883) com a ideologia do comunismo. De fato, há uma relação genética entre o jacobinismo rousseauniano e o comunismo marxista. Como a história do movimento revolucionário europeu moderno tem sido contínua, da mesma maneira a democracia, o nacionalismo, o socialismo e o comunismo são, todos, aspectos sucessivos ou simultâneos do mesmo processo. Assim,

há um elemento socialista no pensamento de um nacionalista típico como Johann Gottlieb Fichte (1762-1814), um elemento democrático em Marx, e um elemento nacionalista em Josef Stalin (1879-1953).[2]

Jean-Jacques Rousseau durante a vida manteve estreita relação com o Iluminismo francês, mas uma hostilidade amarga com um de seus grandes líderes, Voltaire. À primeira vista, as forças eram desiguais – de um lado, o amigo dos príncipes e a inteligência dominante de uma brilhante sociedade intelectual, do outro lado, um neurótico solitário e perseguido, que vivia uma existência clandestina, escondendo-se dos inimigos reais e imaginários. E, ainda assim, esse forasteiro e ismaelita natural conseguiu ganhar o apoio entusiástico da intelectualidade francesa, e liberou as novas forças emocionais que encontraram expressão mais de dez anos após sua morte na reviravolta mundial da Revolução Francesa. Rousseau, diferente dos enciclopedistas, tinha um temperamento verdadeiramente religioso e o culto da natureza e da humanidade, ao qual os deístas da Inglaterra juraram dedicação sincera, porém intelectual, adquiriu para ele um fervor religioso e uma convicção emocional que se mostraram contagiosos e irresistíveis.

Durante o período de uma geração – ao longo do último terço do século XVIII – a Religião da Natureza se tornou uma verdadeira religião e não uma simples fantasia ideológica, uma fé em que os homens acreditavam com toda a alma e pela qual estavam dispostos a morrer. Apesar da imprecisão de tal crença – da fé no progresso, da esperança na vinda de uma era de perfeição social e felicidade universal, da fé otimista na ordem providencial da natureza, da crença na democracia e na doutrina da liberdade política, igualdade social e fraternidade espiritual – e seria um erro subestimar o caráter religioso, visto que continua a ser o credo dominante de grande parte da civilização ocidental até o início do século XX. De fato, a atual crise

---

[2] Christopher Dawson, *The Movement of World Revolution*. New York, Sheed and Ward, 1959, p. 62. (N. T.)

espiritual de nossa cultura não se deve tanto a perda da fé tradicional no cristianismo, que já ocorrera na época da Revolução Francesa, mas também ao colapso dessa nova religião que ocorreu no século XX, especialmente, após duas guerras mundiais.

Desse modo, na França e nos países diretamente influenciados pela Revolução, talvez seja mais exato falar de descristianização da cultura do que de secularização, ao passo que na Inglaterra o desenvolvimento seguiu curso inverso. No entanto, como em todos os períodos de revolta religiosa, mais pessoas foram afastadas da antiga religião que convertidas para a nova. Uma parcela muito grande da população foi deixada num estado de confusão moral, aceitando tacitamente a destruição da antiga ordem sem manifestar adesão profunda a nenhum dos ideais religiosos da nova ordem. A Revolução Francesa criou uma sociedade burguesa e uma cultura secular e, ainda assim, a média dos burgueses franceses continuaram a ser católicos indiferentes, e suas mulheres, piedosas e praticantes. Foi a classe dos intelectuais e dos trabalhadores urbanos que permaneceram fiéis à tradição revolucionária. Dessas duas classes se originou o socialismo do século XIX, e tais formas "utópicas" primitivas ainda se inspiravam nos mesmos ideais de religião da natureza e de humanidade que influenciaram a Revolução Francesa.

A Revolução Americana deveu muito à influência de Locke e à cultura do Iluminismo inglês, e esse, por sua vez, deu uma importante contribuição à Revolução Francesa. A Revolução Americana também teve uma importância intrínseca própria e deu sua contribuição independente para a cultura do mundo moderno. A figura clássica do Iluminismo norte-americano, Benjamin Franklin (1706-1790), está em posição análoga a Locke na Inglaterra e a Voltaire na França, e, na geração seguinte, temos Thomas Paine (1737-1809), norte-americano por adoção e igualmente importante como propagandista político e religioso (ou antirreligioso); um pouco mais tarde, Thomas Jefferson (1743-1826), que representa a cultura do Iluminismo norte-americano na forma mais madura. Os três eram deístas e é difícil distinguir quaisquer diferenças teológicas entre eles, contudo, diferiam extraordinariamente em personalidade e postura social. Tal divergência era, em parte, devida às diferenças nas várias culturas coloniais e, no caso de Paine, ao fato de ter 37 anos quando foi, pela primeira vez, aos Estados Unidos. Não obstante, a própria Revolução Americana teve uma influência formativa na cultura norte-americana em um grau muito maior que as Revoluções Inglesa e Francesa nos seus respectivos países. Em parte, isso foi graças à Igreja Estabelecida da Virgínia e de outras colônias do Sul estar quase destruída e porque durante um determinado período nada a substituiu, de modo que as forças organizadas da religião estavam mais enfraquecidas durante os anos que seguiram a Revolução que em qualquer outro período na história norte-americana.[3]

Independente disso, a cultura norte-americana já havia sido secularizada pela influência das regiões pouco exploradas nas quais foram criadas colônias fora do controle das igrejas. Os *quackers*, ao menos, estavam cientes disso, e tomaram medidas disciplinares contra a migração para regiões além do alcance das reuniões regulares. Nesse quesito existe um nítido contraste entre a tradição espanhola e a da América francesa, onde a igreja acompanhou os pioneiros desde o início. A responsabilidade é atribuída, claro, em grande parte à Igreja da Inglaterra, que deixou de sagrar bispos norte-americanos. A Nova Inglaterra, no entanto, foi fundada por homens que desejavam, de qualquer maneira, fugir dos bispos e aí a Revolução produziu menos secularização que em qualquer outro lugar, já que as Igrejas Congregacionais mantiveram o controle sobre seu povo.

No entanto, apesar do crescimento da secularização da cultura vindo das camadas mais altas via Iluminismo, que primeiramente afetou os intelectuais, os povos europeus continuavam fiéis ao

---

[3] Ver a respeito desse ponto: G. A. Koch, *Republican Religion: The American Revolution and the Cult of Reason*. New York, Holt, 1938.

cristianismo por todo o século XVIII; e na Inglaterra, onde o movimento de secularização começara primeiro e fora o menos afetado pela repressão política, o século XVIII assistiu, na verdade, um reavivamento religioso espontâneo numa escala muito grande. Esse avivamento teve como centro as classes desprivilegiadas, muitas vezes as mais pobres e menos instruídas, tais como os mineiros de Cornwall. Não tentou influenciar diretamente a Igreja ou o Estado, e somente no final do século que o movimento evangélico correspondente, como o representado por William Wilberforce (1759-1833) e a assim chamada "Seita de Clapham", começou a ter influência direta na vida pública, primeiro pela propaganda contra o tráfico de escravos e, mais tarde, pela aliança com os humanitaristas do Iluminismo.

Em particular, Wesley e seus seguidores muito bem organizados afetaram poderosamente a história e a cultura norte-americanas. Em grande parte, foi devido à sua influência e à de seu aliado, Whitefield, que os esforços secularizadores do período revolucionário foram derrotados. Nenhum outro estrangeiro alcançou um resultado tão forte e duradouro nos Estados Unidos, e dificilmente é um exagero dizer que ele foi um dos "Pais Fundadores" da cultura norte-americana do século XIX. Isso é mais surpreendente, uma vez que, ele mesmo, era um ferrenho *Tory* e franco opositor da Revolução.

Um dos resultados mais importantes desse reavivamento religioso foi o surgimento de missões protestantes. Até aqui faltara ao protestantismo, particularmente, um empreendimento missionário. No século XVIII, contudo, os morávios, uma seita pietista alemã que exerceu grande influência em Wesley e nas primeiras fases do movimento metodista, foram os primeiros a voltarem a atenção para essa direção, em 1731. Somente no final do século, com a fundação das sociedades missionárias protestantes e a missão de William Carey (1761-1834) à Índia, o movimento se espalhou. Daí em diante, ao longo do século XIX, foi constantemente aumentando, década a década, e teve uma influência considerável no mundo da cultura pela promoção dos contatos culturais e disseminação da educação ocidental cristã no Oriente. O século XIX foi, de fato, um grande período missionário tanto para protestantes quanto para católicos, e os efeitos secundários que essas missões produziram na cultura merecem mais estudo do que até agora têm recebido por parte dos historiadores seculares.

Na Europa católica, o impacto do Iluminismo na tradição da cultura cristã foi mais destrutivo, embora também tenha sido lento para atingir os camponeses e as massas. Como vimos, a tendência a divisões sectárias, que é a nota característica desse período na Europa protestante, também afetou os católicos, ao menos na França e nos Países Baixos. Onde, no entanto, a cultura barroca foi mais forte – nas terras mediterrâneas, na Europa Central, no Leste Europeu e na América Latina – não ocorreu dessa maneira. Aí, a unidade de religião e cultura era quase total e é muito questionável que algum dia venha a se dissolver, caso seja abandonada. A mudança na balança de poder na segunda metade do século XVII, todavia, produziu mudanças de longo alcance na esfera da cultura, bem como na da política, que, por fim, se estenderiam, igualmente, à religião.

A era de Luís XIV foi um período não só de predomínio político francês, mas também de prestígio cultural para a França. Os novos modelos de gosto e estilo clássicos eram desenvolvidos na corte francesa, nos salões e academias fora dos antigos padrões barrocos, embora Luís XIV se orgulhasse da própria ortodoxia, o espírito dos autores franceses clássicos estava profundamente influenciado pelo galicanismo, pelo jansenismo e pelo racionalismo cartesiano. No instante em que esse espírito triunfou, começa a fuga dos místicos (como diz Henri Brémond), e desde o final do século XVII, a cultura clássica influenciou, sem interrupção, a cultura do Iluminismo e o grande ataque racionalista à religião revelada.

Além disso, desde que Luís XIV conseguiu herdar o Império Espanhol dos Habsburgos para o neto, a Espanha passara para a órbita dos Bourbons e cessara de exercer uma liderança independente na cultura católica. O resultado foi a quebra de continuidade da cultura espanhola que levou à separação da Espanha das antigas relações com a Áustria e a Europa barroca, sendo incorporada, de modo artificial e exterior, à nova sociedade internacional da cultura francesa com que não tinha, historicamente, nenhuma relação orgânica.

Em partes da Europa, no entanto, a cultura barroca durou até o século XVIII, em especial no Império dos Habsburgos, que se estendia da fronteira da Turquia até o Rio Reno em Freiburg im Breisgau. Aí os reinados de Carlos VI (1685-1740) do Sacro Império Romano-Germânico e de Maria Teresa d'Áustria (1717-1780) testemunharam os últimos grande feitos na arquitetura, na escultura e na música, apesar de não terem surgido na literatura e no pensamento. Quando o Iluminismo alcançou essa parte da Europa, apareceu no despotismo esclarecido de José II (1741-1790), encontrando considerável resistência popular.

Na Europa latina, por outro lado, o Iluminismo avançou mais rápido e foi mais declaradamente anticristão. Apesar das monarquias da casa de Bourbon estarem, oficialmente, em todos os locais, em defesa da ordem cristã, sua defesa era hesitante e mal direcionada. Os inimigos da religião contavam com poderosos amigos na corte, em especial na corte francesa de Luís XV na época de Étienne François de Choiseul (1719-1785), o duque de Choiseul, durante os anos de 1759-1770, quando as cortes dos Bourbons, após a expulsão dos jesuítas de seus respectivos países, tomaram medidas conjuntas para forçar o papado a abolir a ordem, o que finalmente aconteceu em 1773, com Clemente XIV (1705-1774). Esse foi o golpe mais desastroso jamais infligido na cultura da Contrarreforma. Isso enfraqueceu e desorganizou a cultura superior católica por toda a Europa, arruinou a obra das missões no Oriente e na América, e destruiu a única força capaz de enfrentar a propaganda anticristã dos enciclopedistas.

Posfácio à Edição Brasileira

EM BUSCA DA CRISTANDADE PERDIDA –
POR *ALEX CATHARINO*

O tríptico de Christopher Dawson (1889-1970) sobre a história da cristandade permanece inconcluso. Fruto das palestras ministradas, entre 1958 e 1962, pelo eminente historiador católico galês na Universidade de Harvard, a monumental obra fora concebida como uma trilogia. Os dois primeiros volumes, *The Formation of Christendom*[1] [A Formação da Cristandade] e *The Dividing of Christendom*[2] [A Divisão da Cristandade], estão, atualmente, disponíveis para o público lusófono graças à heroica cruzada em defesa da cultura ocidental promovida pelo editor Edson Manoel de Oliveira Filho e ao cuidadoso trabalho de tradução de Márcia Xavier de Brito, que enriqueceu o texto com algumas notas explicativas, que, além de referendar certas passagens e explicar detalhes mais obscuros, procuram atualizar, de acordo com recentes pesquisas históricas e arqueológicas, algumas observações do autor. Os dois livros não são as únicas obras de Dawson em língua portuguesa, visto que a editora

---

[1] Mesmo sendo o primeiro volume da trilogia, a obra foi lançada originalmente apenas em 1967, dois anos após a publicação do livro que compõe a segunda parte desse díptico. Em língua portuguesa o trabalho está disponível na seguinte edição: Christopher Dawson, *A Formação da Cristandade*. Apres. Manuel Rolph De Viveiros Cabeceiras; Pref. Bradley Birzer; Intr. Dermot Quinn; Posf. Alex Catharino; Trad. Márcia Xavier de Brito. São Paulo, É Realizações, 2014.

[2] A obra foi lançada pela primeira vez em 1965.

É Realizações também publicou *Dinâmicas da História do Mundo*[3] e *Progresso e Religião*.[4]

Lamentavelmente, o terceiro volume do estudo de Christopher Dawson sobre a história da cristandade, intitulado *The Return to Christian Unity* [O Retorno à Unidade Cristã], continua inédito até mesmo para a audiência de língua inglesa. Um número reduzido de pessoas teve acesso à parte final do tríptico dawsoniano. Nosso caro amigo Bradley J. Birzer, autor da biografia *Sanctifying the World: The Augustinian Life and Mind of Christopher Dawson*[5] [Santificando o Mundo: A Vida e a Mentalidade Agostiniana de Christopher Dawson] e professor do Hillsdale College,[6] foi um dos membros desse seleto grupo de pesquisadores que consultou os manuscritos da obra inédita. Na apresentação à edição brasileira de *A Formação da Cristandade*, Birzer afirma que "cada volume representava um dos grandes períodos do mundo cristão: o vínculo entre

---

[3] O livro é uma coleção de ensaios de Christopher Dawson, organizados por John J. Mulloy (1916-1995), lançado originalmente em 1957, sendo republicado, com o acréscimo de um estudo introdutório de Dermot Quinn, em 2002, na edição que serviu de base para a seguinte versão em português: Christopher Dawson, *Dinâmicas da História do Mundo*. Ed., pref., intr. e posf. John J. Mulloy; Intr. Dermot Quinn; Pref. e trad. Maurício G. Righi. São Paulo, É Realizações, 2010.

[4] A obra é o segundo livro publicado por Christopher Dawson, tendo sido lançada originalmente no ano de 1929. Em língua portuguesa, ver: Christopher Dawson, *Progresso e Religião: Uma Investigação Histórica*. Apres. Joseph T. Stuart; Pref. Christina Scott; Intr. Mary Douglas; Trad. Fabio Farias. São Paulo, É Realizações, 2012.

[5] Bradley J. Birzer, *Sanctifying the World: The Augustinian Life and Mind of Christopher Dawson*. Front Royal, Christendom Press, 2007.

[6] No Hillsdale College, em Michigan, nos EUA, Bradley Birzer ocupa o cargo de professor titular de história da cátedra "Russell Amos Kirk em Estudos Norte-Americanos". Além da supracitada obra sobre Dawson, é autor dos livros *J. R. R. Tolkien's Sanctifying Myth: Understanding Middle-earth* (ISI Books, 2003) e *The Humane Republic: The Imagination of Russell Kirk* (University Press of Kentucky, 2014).

os períodos antigo e medieval; a Reforma Protestante e a Contrarreforma Católica; e a Igreja na era da democracia, dos nacionalismos e das ideologias".[7]

A filha e biógrafa do historiador galês, Christina Scott (1922-2001), relata no livro *A Historian and His World: A Life of Christopher Dawson* [Um Historiador e seu Mundo: A Vida de Christopher Dawson] que os derrames sofridos por Dawson, mesmo não tendo afetado seu cérebro, prejudicaram bastante sua fala e escrita; por isso, necessitou do auxílio do amigo E. I. Watkin (1888-1981) para finalizar *A Formação da Cristandade* e *A Divisão da Cristandade*.[8] Esses livros foram as duas últimas obras publicadas ainda em vida pelo autor, representando, assim, a percepção final de suas pesquisas. Ainda que não omita os aspectos políticos e econômicos enfatizados tanto pela historiografia tradicional quanto pelos autores marxistas, o fio condutor nas duas primeiras partes do tríptico dawsoniano não se encontra em eventos particulares ou em determinadas estruturas materiais, mas no grande panorama imaterial da cultura.

O mais recente estudo sistemático sobre o pensamento de Dawson, infelizmente, ainda não está disponível ao público em geral. O trabalho em questão é a excelente tese de doutorado *Christopher Dawson in Context: A Study in British Intellectual History Between the World Wars*[9] [Christopher Dawson em Contexto: Um Estudo de História Intelectual Britânica entre as Guerras Mundiais], defendida na Universidade de Edinburgh, na Escócia,

---

[7] Bradley J. Birzer, "Prefácio à Edição Brasileira: A Cristandade de Christopher Dawson". In: Christopher Dawson, *A Formação da Cristandade*, p. 31-41.

[8] Christina Scott, *A Historian and His World: A Life of Christopher Dawson*. Intr. Russell Kirk; Epil. James Oliver. New Brunswick, Transaction Publishers, 1992, p. 205.

[9] Joseph T. Stuart, *Christopher Dawson in Context: A Study in British Intellectual History Between the World Wars*. Edinburgh, University of Edinburgh, 2009.

por outro estimado amigo, Joseph T. Stuart, atualmente professor de história na University of Mary, em North Dakota, nos EUA. Após apresentar a recepção, entre 1928 e 2009, dos escritos de Dawson e analisar as noções sociológicas, a questão do progresso humano e a abordagem historiográfica dawsoniana, o professor Stuart discute o papel da religião e as concepções políticas do historiador galês. De acordo com o próprio Dawson, "a religião é a chave da história".[10] Nesse sentido, Stuart ressalta que "um problema central identificado por Dawson no período entre guerras foi a divisão entre religião e cultura".[11]

Acreditamos que, em linhas gerais, a vasta produção historiográfica de Christopher Dawson pode ser compreendida como uma erudita análise do modo como a religião molda a cultura de diferentes civilizações. Nesse sentido, tais escritos históricos são fonte importante para o entendimento do conceito de tradição, tal como defendido por inúmeros pensadores conservadores modernos.

De nossa parte, fomos apresentados aos escritos de Christopher Dawson em 2002 pelo querido dr. Dermot Quinn, Ph. D. Oxon., erudito historiador irlandês, estudioso dos pensamentos chestertoniano e dawsoniano, que atualmente ocupa os cargos de diretor do G. K. Chesterton Institute for Faith and Culture e de professor do Departamento de História da Seton Hall University, em South Orange, New Jersey, nos EUA. Desde então, iniciamos um contínuo debate com o professor Quinn e, posteriormente, com os professores Birzer e Stuart sobre os inúmeros aspectos comuns entre o trabalho de Dawson e os escritos de Santo Agostinho de Hipona (354-430), do beato cardeal John Henry Newman (1801-1890), de G. K. Chesterton (1874-1936), de Hilaire Belloc (1870-1953), de T. S. Eliot (1888-1965), de J. R. R. Tolkien (1892-1973), de C. S. Lewis (1898-1963), de Eric Voegelin

---

[10] Christopher Dawson, *Religion and Culture*. New York, Sheed and Ward, 1948, p. 50.

[11] Joseph T. Stuart, *Christopher Dawson in Context*, p. 209.

(1901-1985) e de Russell Kirk (1918-1994), dentre outros eminentes defensores das chamadas "coisas permanentes".[12]

Inúmeras vezes citada por Russell Kirk, a noção elioteana de "coisas permanentes" pode ser definida como a aliança que une todos os seres humanos em um pacto imortal "feito entre Deus e a humanidade, e entre as gerações que desapareceram da Terra, a geração que ora vive, e as gerações ainda por chegar".[13] Nesse sentido, tal concepção de tradição se aproxima, ao mesmo tempo, da ideia chestertoniana de *"democracia dos mortos"*[14] e das metáforas burkeanas de *"grande contrato primitivo da sociedade eterna"*[15] e de *"grande e misteriosa incorporação da raça humana"*.[16]

A análise de Dawson acerca dos fundamentos religiosos da cultura e a forma como esta moldou os diversos aspectos de diferentes sociedades, tanto políticos quanto econômicos, foi mais bem resumida por Russell Kirk, ao afirmar no livro *A Política da Prudência* que "cultura procede de culto", que, por sua vez, "é uma reunião para adoração – isto é, uma tentativa das pessoas de comungar com um poder transcendente".[17] Desse modo, a comunidade humana se

---

[12] T. S. Eliot, *The Idea of a Christian Society*. London, Faber and Faber, 1939, p. 21.

[13] Russell Kirk, "A Arte Normativa e os Vícios Modernos". Trad. Gustavo Santos e notas Alex Catharino. COMMUNIO: *Revista Internacional de Teologia e Cultura*, vol. XXVII, n. 4, Outubro-Dezembro 2008, p. 993-1017, cit. p. 1006.

[14] G. K. Chesterton, *Ortodoxia*. Apres., notas e anexo Ives Gandra da Silva Martins Filho; Trad. Cláudia Albuquerque Tavares. São Paulo, Editora LTr, 2001, p. 69.

[15] Edmund Burke, *Reflexões sobre a Revolução na França*. Pref. Francis Canavan; Intr. E. J. Payne; Trad. Eduardo Francisco Alves. Rio de Janeiro, Topbooks, 2012, p. 272.

[16] Ibidem, p. 187.

[17] Russell Kirk, "Os Conservadores Culturais". In: *A Política da Prudência*. Apres. Alex Catharino; Intr. Mark C. Henrie; Trad. Gustavo Santos e Márcia Xavier de Brito. São Paulo, É Realizações, 2013, p. 264.

desenvolve a partir da associação de adoradores em torno do culto religioso. Kirk continua sua exposição com as seguintes palavras:

> Uma vez reunidas no culto, se torna possível a cooperação para várias outras coisas. A agricultura sistemática, a defesa armada, a irrigação, a arquitetura, as artes visuais, a música, as técnicas mais intricadas, a produção e a distribuição econômica, as cortes e o governo – todas as características de uma cultura surgem gradualmente do culto, da ligação religiosa. E, particularmente, a rede de normas morais, de regras para a conduta humana, é produto das crenças religiosas.[18]

O pensamento historiográfico dawsoniano, ao mesmo tempo, influenciou e foi influenciado pelas ideias advogadas pelo poeta, dramaturgo e crítico literário T. S. Eliot na obra *Notas para a Definição de Cultura*,[19] na qual, de acordo com Dawson, "está defendendo o que é comumente descrito como 'valores espirituais' de nossa tradição ocidental, contra a degradação e achatamento de que é vítima".[20] Ao continuar a análise do significado elioteano de cultura, o historiador galês afirma que:

> Eliot adotou o conceito sociológico moderno de cultura, significando o modo de vida comum de um povo em particular, baseado numa tradição social que se expressa em suas instituições, em sua literatura e em sua arte. Concordo totalmente com Eliot em sua definição, a qual é, de fato, a minha também. Acredito que esse entendimento sobre a cultura se tornou indispensável para o historiador e para o sociólogo.[21]

Ao aceitar que a cultura "em última instância depende e é condicionada por fatores físicos", Dawson ressalta que esta "não é uma construção intelectual abstrata" e destaca o caráter de "organização

---

[18] Ibidem, p. 265.

[19] T. S. Eliot, *Notas para a Definição de Cultura*. Trad. Eduardo Wolf. São Paulo, É Realizações, 2013.

[20] Christopher Dawson, "O Significado da Cultura em T. S. Eliot". In: *Dinâmicas da História do Mundo*, p. 185.

[21] Ibidem, p. 186.

material da vida", o que sujeita a cultura "às mesmas leis de crescimento e decadência, de 'geração e corrupção', como o resto do mundo material".[22] O historiador galês, contudo, rejeitou tanto as concepções deterministas do historicismo quanto a postura irracionalista do relativismo. Nesse sentido, a característica mais distintiva da vida cultural é o aspecto interior, visto que:

> A unidade de uma cultura assenta-se não apenas em uma comunidade de lugar – o meio comum, uma comunidade de trabalho –, uma função comum e uma comunidade de sangue – a raça comum –, ela surge também, e acima de tudo, de uma comunidade de pensamento. Pois uma cultura, mesmo a mais rudimentar, nunca é simplesmente uma unidade material. Ela envolve não apenas certa uniformidade na organização social e no modo de vida, mas também uma disciplina social contínua e cônscia. Mesmo uma língua comum, essencial para qualquer tipo de vida social, só pode evoluir mediante séculos de esforço racional cooperativo. Aqui, eras de pensamento e de ação em comum produziram uma terminologia, um sistema de classificação e mesmo uma escala de valores que por sua vez se impõem nas mentes de todos aqueles que se colocam sob sua influência, de modo a justificar o velho aforisma que diz que uma nova língua é uma nova alma. Mas não é apenas dessa forma que o pensamento comum de uma sociedade encontra expressão. Há também uma concepção comum de realidade, uma visão de vida que até nas sociedades mais primitivas se expressa através de práticas mágicas e de crenças religiosas e que nas culturas mais elevadas aparece de forma mais completa e mais consciente na religião, na ciência e na filosofia. Dessa forma o fator intelectual condiciona o desenvolvimento de toda sociedade. É o elemento ativo e criativo na cultura, uma vez que ela emancipa o homem de leis puramente biológicas que governam o desenvolvimento das espécies animais, e permite-lhe acumular um crescente capital de conhecimento e de experiência social que lhe confere controle progressivo sobre seu meio material.[23]

---

[22] Idem, "O Estudo Comparativo das Religiões e o Elemento Espiritual da Cultura". In: *Progresso e Religião*, p. 119.

[23] Ibidem, p. 123-24.

Christopher Dawson entende que "a religião é a grande força criativa da cultura", ao acentuar que "quase toda cultura histórica foi inspirada e constituída por alguma grande religião".[24] A religião, no entanto, não deve ser compreendida, tal qual a perspectiva de Émile Durkheim (1858-1917), como uma mera divinização da consciência social que abre caminho para a ciência e a filosofia ao fornecer para o homem a noção de que existem conexões interiores entre as coisas. Nesse particular, Dawson reconhece que a esfera religiosa está fora do controle social, pois "o instinto religioso primário é o da dependência de poderes sobre-humanos".[25] Desse modo, "a relação entre religião e cultura é simplesmente o corolário social da relação entre *Fé e Vida*".[26] Na mesma linha de raciocínio, T. S. Eliot explicita que a "concepção de religião e de cultura" que define cada um dos termos como sendo "diferentes aspectos da mesma coisa" afasta dois erros complementares perpetrados pela maioria das abordagens desses temas. O primeiro deles, e o mais amplamente cometido, é a crença de que "a cultura pode ser preservada, ampliada e desenvolvida na ausência da religião". O segundo erro é a convicção que "a preservação e a manutenção da religião não precisam contar com a preservação e a manutenção da cultura".[27]

No segundo capítulo do livro *A Formação da Cristandade*, Christopher Dawson destaca que "a história do cristianismo é a história de uma intervenção divina na história, e não podemos estudá-la à parte da história da cultura no sentido mais amplo do termo".[28]

---

[24] Idem, "O Significado da Cultura em T. S. Eliot". In: *Dinâmicas da História do Mundo*, p. 191.

[25] Idem, "O Estudo Comparativo das Religiões e o Elemento Espiritual da Cultura". In: *Progresso e Religião*, p. 127.

[26] Idem, "O Significado da Cultura em T. S. Eliot". In: *Dinâmicas da História do Mundo*, p. 190.

[27] T. S. Eliot, *Notas para a Definição de Cultura*, p. 33.

[28] Christopher Dawson, "O Cristianismo e a História da Cultura". In: *A Formação da Cristandade*, p. 101-14.

Mais adiante, expõe que a religião cristã, mesmo sem negar "o valor da contemplação ou da experiência mística", possui uma natureza essencial diferente, pois "é a religião da Revelação, Encarnação e Comunhão; uma religião que une o humano e o divino e vê, na história, a manifestação do desígnio divino para a raça humana", concluindo que:

> É impossível compreender o cristianismo sem o estudo da história do cristianismo. E isso, como o vejo, encerra muito mais que o estudo da história eclesiástica no sentido tradicional. Inclui o estudo de dois processos diferentes que agem, simultaneamente, na humanidade ao longo do tempo. De um lado, temos o processo de formação e mutação da cultura que é objeto da Antropologia, da História e de disciplinas afins; e, de outro, temos o processo da Revelação e da ação da Graça divina que criou uma sociedade espiritual e uma história sagrada, embora isso só possa ser estudado como parte da Teologia e em termos teológicos.
> Na cultura cristã esses dois processos ocorrem em conjunto, numa unidade orgânica, de modo que seu estudo requer a cooperação íntima da teologia e da história. É óbvio que essa é uma tarefa difícil, mas muito necessária, já que não há outra maneira de estudar o cristianismo como uma força viva no mundo dos homens e é da essência do cristianismo ser uma força e não uma ideologia abstrata ou um sistema de ideias.[29]

Os livros *A Formação da Cristandade* e *A Divisão da Cristandade* cumprem de forma satisfatória essa difícil tarefa, ao oferecer um panorama geral da história do cristianismo, desde suas origens até o final do século XVIII. Ao tratar dos chamados historiadores filosóficos, dentre os quais se inclui Christopher Dawson, e ao abordar a questão da consciência histórica em duas conferências ministradas na Indiana University, no final da década de 1980, Russell Kirk destacou, na primeira apresentação, que "se o historiador deseja suplantar o

---

[29] Ibidem, p. 102.

romancista como guardião da cultura, ele necessita aprender a escrever de modo mais nobre e mais filosófico do que o feito em nossos dias".[30] Os dois livros do historiador galês sobre a história da cristandade, assim como os demais escritos desse autor, são modelos tanto estéticos quanto filosóficos do ideal proposto por Kirk, visto que a narrativa, como uma peça literária, é apresentada com clareza, elegância e erudição, traços estilísticos mantidos pelas excelentes traduções, feitas por Márcia Xavier de Brito, dos dois volumes dessa obra de Dawson em português.

A Formação da Cristandade pode ser tomada como uma peça literária, tanto épica quanto lírica, na qual é apresentada a análise filosófica da história da cristandade desde as origens judaicas e os primórdios na Antiguidade até a consolidação da cultura medieval ocidental. Além de narrar o processo histórico de formação da unidade cristã europeia, o primeiro volume do tríptico de Christopher Dawson explicita os objetivos do estudo e apresenta os fundamentos teóricos que norteiam os três volumes da obra. Sem perder o caráter objetivo de cientificidade que deve nortear um estudo histórico, *A Formação da Cristandade* apresenta diversos pontos que podem ser utilizados como instrumento apologético ao ressaltar os grandes feitos materiais, culturais e, principalmente, espirituais do catolicismo na Antiguidade e no medievo, expressos de forma

---

[30] Russell Kirk, "The Return of the Philosophical Historians – Lecture I: Lukacs and the Historical Consciousness", p. 9. O texto dessa conferência nunca foi publicado. Consultamos a versão original datilografada pelo autor, que se encontra preservada nos arquivos do Russell Kirk Center for Cultural Renewal, em Mecosta, Michigan, nos EUA. A segunda conferência de Russell Kirk também permanece inédita e arquivada no mesmo local, tendo como título "The Return of the Philosophical Historians – Lecture II: Voegelin on History as Consciouness of Reality". No primeiro texto, Russell Kirk, ao tratar do pensamento de seu amigo John Lukacs, faz várias menções a Christopher Dawson. Agradecemos a Annette Y. Kirk, viúva de Russell Kirk e presidente do Russell Kirk Center for Cultural Renewal, pela hospitalidade e por nos ter autorizado consultar, fazer cópias e citar esses documentos.

paradigmática pela arte gótica, cuja melhor representação, segundo o autor, é a Catedral de Chartres, na França, e pela filosofia escolástica, que em Santo Tomás de Aquino (1225-1274) tem o seu maior expoente. No entanto, o historiador galês não caiu na armadilha romântica, característica de muitos apologistas, que tende a idealizar o passado medieval da cristandade como uma utópica era de ouro.

A ênfase na história medieval no *corpus* dawsoniano, como ressalta o professor Joseph Stuart, é, na verdade, "um estudo de caso para as análises sociológicas de Dawson", que foi "considerado por muitos como um medievalista"[31] e, em alguns casos, até mesmo como um defensor do "medievalismo" como crítica ao capitalismo e ao socialismo, nos moldes de autores "distributistas" influenciados pelo pensamento social de Hilaire Belloc e G. K. Chesterton. Na introdução do livro *The Making of Europe* [A Criação da Europa], publicado pela primeira vez em 1932, Dawson critica de modo incisivo tanto "a subordinação do passado ao presente" quanto "o perigo oposto de usar a história como arma contra a era moderna",[32] rejeitando, ao mesmo tempo, o progressismo dos liberais e dos socialistas, por um lado, e a idealização do passado utilizada como propaganda religiosa pelos reacionários, por outro lado.

Os melhores textos que apontam para o correto entendimento da ideia de unidade cristã medieval abordada pelo historiador galês são o décimo quinto[33] e o décimo oitavo[34] capítulos de *A Formação*

---

[31] Joseph T. Stuart, *Christopher Dawson in Context*, p. 80.

[32] Christopher Dawson, *The Making of Europe: An Introduction to the History of European Unity*. New York, Meridian Books, 1956, p. 16.

[33] Idem, "A Unidade da Cristandade Ocidental". In: *A Formação da Cristandade*, p. 317-34.

[34] Idem, "O Declínio da Unidade Medieval". In: *A Formação da Cristandade*, p. 375-90.

da Cristandade. Nesses dois textos o autor oferece de forma explícita os pressupostos históricos para a adequada compreensão de diversos temas analisados em *A Divisão da Cristandade*.

O leitor encontrará, todavia, ao longo de *A Formação da Cristandade* inúmeras lacunas no que diz respeito à descrição mais detalhada de determinados eventos históricos ou de temas culturais da Idade Média, que não foram abordados pelo autor nesse livro visto já terem sido objeto de inúmeras outras obras de Dawson. Para obter uma visão mais ampla das pesquisas dawsonianas sobre o medievo é necessário ler, além de *A Formação da Cristandade* e do supracitado *The Making of Europe*, os seguintes trabalhos: *Medieval Religion and Other Essays*[35] [Religião Medieval e Outros Ensaios] de 1934, *Religion and the Rise of Western Culture*[36] [Religião e o Nascimento da Cultura Ocidental] de 1950, e *Medieval Essays*[37] [Ensaios Medievais] de 1954. A leitura de todos esses estudos de caso sobre história medieval permite a compreensão adequada da maneira como a identidade da civilização ocidental foi moldada pela religião católica. No entanto, a visão sociológica de Dawson sobre a cultura lhe permite, também, entender de maneira adequada, sem os vícios inerentes ao idealismo romântico dos reacionários, as tensões, intrínsecas à natureza do cristianismo, que levaram à quebra da unidade católica na modernidade, principalmente quando afirmou que:

> Duas características essenciais distinguem a fé cristã da fé católica: singularidade e universalidade. Cada uma delas pode ser ampliada por uma série de qualidades afins. A singularidade do cristianismo está relacionada à origem divina, à revelação histórica e ao caráter sagrado ou sobrenatural. A universalidade está relacionada à unidade, ao caráter de sociedade visível à natureza sacramental. Essas características

---

[35] Idem, *Medieval Religion and Other Essays*. London, Sheed and Ward, 1934.

[36] Idem, *Religion and the Rise of Western Culture*. New York: Doubleday / Image Books, 1991.

[37] Idem, *Medieval Essays*. Garden City, Image Books, 1959.

estão resumidas na doutrina tradicional das quatro marcas da Igreja – unidade, santidade, catolicidade e apostolicidade – como encontramos declaradas no Credo dos Apóstolos: "Creio na Igreja una, santa, católica e apostólica", e tal definição está na base de todos os posteriores desenvolvimentos da doutrina teológica.

Em oposição a tal concepção católica da Igreja como uma sociedade espiritual universal sempre houve dois pontos de vista opostos – tão opostos que o catolicismo fica a meio-termo destes. São eles o sectarismo e o humanitarismo.

O sectarismo representa uma tendência rigorista ou puritana que sempre foi forte entre os cristãos desde os dias de Tertuliano [160-220] até os jansenistas. Exalta a marca da santidade acima da universalidade. A Igreja era vista como a sociedade dos eleitos, dos santos, excluindo todos os pecadores. Essa foi a causa de grande parte dos primeiros cismas – os montanistas e tertulianistas, novacianos e donatistas – todos defendiam que não existiria perdão para aqueles que já se haviam afastado da Igreja, especialmente, nos períodos de perseguição. Mais uma vez, com a Reforma Protestante, muitos reformadores e, em especial, os calvinistas, deram demasiada ênfase à ideia da Igreja como sociedade dos eleitos – uma Igreja invisível à qual pertenciam, em graus variados, as diferentes igrejas locais e visíveis. Assim também, a importância atribuída por João Calvino [1509-1564] à doutrina da predestinação tendeu a limitar a Igreja a um número relativamente pequeno de cristãos que possuem a certeza da própria salvação. Dessa maneira, a Igreja não é tanto uma sociedade universal, mas uma sociedade seleta, e sua missão não é salvar o mundo, mas apartar os eleitos remanescentes da massa de condenados da humanidade.

Há uma tendência oposta, contudo, que denominei humanitarismo, que critica a concepção católica da Igreja como muito estreita e vai além da própria Igreja, rumo a um ideal de cristianismo universal ou religião natural – não limitado por qualquer forma particular de crença ou sistema de organização – uma sociedade espiritual includente de todos os homens de boa vontade. Segundo esse ponto de vista, as Igrejas são apenas associações voluntárias de homens para o culto religioso, e quanto menos alegarem exclusividade, melhor. Tal visão humanista ou relativista de Igreja se tornou dominante do século XVIII em diante, e contribuiu nada mais nada menos para a visão puritana da criação de um padrão religioso de mundo moderno. No entanto, tanto é político e religioso, pois, desde a Revolução Francesa, o conceito da Igreja como uma sociedade universal foi substituído pelo ideal de estado democrático de Jean-Jacques Rousseau (1712-1778) como uma comunidade espiritual, ou religião da humanidade, que assumiu diferentes formas e é uma força poderosa nos tempos modernos.[38]

A Divisão da Cristandade é mais bem compreendida, nesse sentido, como uma tragédia, em que é narrado o dramático processo de quebra da unidade da civilização cristã europeia pelo acirramento das tensões entre a singularidade cristã e a universalidade católica, fenômeno que liberta de modo violento, de um lado, as forças do sectarismo protestante e de algumas vertentes do catolicismo, e, de outro, o humanitarismo, cuja manifestação final encarna-se nas ideologias modernas. Ao longo desse segundo volume do tríptico de Christopher Dawson são expostos os legados culturais do Renascimento, das diferentes vertentes da Reforma Protestante, da Contrarreforma Católica e do Iluminismo. Dentre todos os aspectos históricos analisados no livro, merece destaque especial o tratamento dado à obra missionária de evangelização e ao projeto educacional da Companhia de Jesus, fundada por Santo Inácio de Loyola (1491-1556), a análise da cultura barroca, que de acordo com o próprio autor, encontra sua expressão em pedra na colunata projetada por Gian Lorenzo Bernini (1598-1680) na Praça de São Pedro, no Vaticano, e, finalmente, a descrição da renovação do protestantismo pela obra missionária de John Wesley (1703-1791), bem como as reflexões sobre a emergência do nacionalismo e do secularismo.

Acreditamos que o leitor compartilhará de nossa decepção inicial de não termos acesso ao último volume do tríptico dawsoniano. Após excelentes avaliações do fenômeno da secularização da cultura

---

[38] Idem, "A Ideia Católica de Sociedade Espiritual Universal". In: *A Formação da Cristandade*, p. 394.

moderna e do Iluminismo, ficamos ansiosos para saber como o autor encaminhou a análise da história da cristandade durante a era da democracia, dos nacionalismos e das ideologias. Apesar de alguns poucos fragmentos de *The Return to Christian Unity* terem sido publicados como artigos, a obra continua inédita, pois não foi editada nem por Christopher Dawson nem por E. I. Watkins, ambos abandonaram o projeto diante do percurso desastroso que viam a cristandade trilhar, que naquele momento se manifestava na negação iconoclasta da tradição adotada por uma parcela significativa dos católicos no período subsequente ao Concílio Vaticano II.

O único manuscrito completo do último painel do tríptico sobre a história da cristandade permanece arquivado na Harvard Theological Library. O texto do documento, contudo, nunca foi revisado, editado e organizado. Fazemos nossas as palavras do professor Bradley Birzer quando afirma que "algum dia, quem sabe, um editor possa comprar os direitos autorais e, apropriadamente, lançá-lo".[39] Em diferentes ocasiões em encontro no Russell Kirk Center for Cultural Renewal, em Mecosta, Michigan, conversamos tanto com os professores Bradley Birzer e Joseph Stuart quanto com a tradutora Márcia Xavier de Brito sobre um possível projeto para reconstituirmos juntos o volume final dessa trilogia. Esperamos, os quatro, o dia em que teremos a oportunidade de concluir a importante tarefa de recuperação desta importante obra histórica, trazendo ao grande público *The Return to Christian Unity*; mas, como disse o professor Birzer, "até que isso aconteça, devemos nos contentar com o que Dawson nos legou".[40]

O máximo que pode ser feito, no momento, é tentar apontar, em linhas gerais, a partir de algumas ideias expostas pelo próprio Christopher Dawson em outros livros, os aspectos centrais dos desafios enfrentados pela cristandade ao longo dos séculos XIX e XX,

---

[39] Bradley J. Birzer, "Prefácio à Edição Brasileira: A Cristandade de Christopher Dawson". In: Christopher Dawson, *A Formação da Cristandade*, p. 36.

[40] Ibidem.

complementando tal percurso analítico com o trabalho de outros autores. O historiador galês inicia o décimo quinto capítulo de *A Divisão da Cristandade* com uma análise sintética, mas incisiva, ao afirmar logo no primeiro parágrafo que:

> Toda a situação da Europa Ocidental foi transformada no século XVIII pelo advento de uma nova cultura científica e tecnológica que era comum tanto a Europa católica como a protestante. Este, todavia, estava longe de ser o único fator que colaborou para a crescente secularização da cultura ocidental. Também devemos estudar os fatores sociais mais gerais do processo. Obviamente não podemos compreender a situação atual do cristianismo na cultura ocidental a menos que estudemos as causas que levaram ao enfraquecimento ou a ocultação da cultura cristã durante os dois últimos séculos. E não basta fazer isso em abstrato: devemos traçar, historicamente, o processo na Europa protestante e na católica, sobretudo na Inglaterra e na França, onde os processos de mudança foram paralelos, mas muito diferentes no modo de operar.[41]

O dramático processo de descristianização da cultura ocidental e de adoção da ingênua crença positivista na ciência e na tecnologia pode ser explicado pelos seguintes versos de T. S. Eliot nos *Choruses from The Rock* [Coros de "A Rocha"] de 1934:

> O infinito ciclo da ideia e da ação,
> Infinita invenção, experiência infinita,
> Traz o conhecimento do voo, mas não o do repouso;
> O conhecimento da fala, mas não o do silêncio,
> O conhecimento das palavras e a ignorância do Verbo.
> Todo o nosso conhecimento nos aproxima da ignorância,
> Toda a nossa ignorância nos avizinha da morte,
> Mas a eminência da morte não nos acerca de DEUS.
> Onde a vida que perdemos quando vivos?
> Onde a sabedoria que perdemos no saber?

---

[41] Christopher Dawson, "A Secularização da Cultura Moderna". In: *A Divisão da Cristandade*, p. 275.

> Onde o conhecimento que perdemos na informação?
> Os ciclos do Céu em vinte séculos
> Afastaram-nos de DEUS e nos acercaram do Pó.[42]

Caracterizado pelo abandono das verdades religiosas acerca da natureza humana e da ordem social, e pela substituição destas por concepções ideológicas fundadas no cientificismo, o trágico fenômeno da "desagregação normativa" foi descrito por Russell Kirk do seguinte modo:

> O mal da desagregação normativa corrói a ordem no interior da pessoa e da república. Até reconhecermos a natureza dessa enfermidade seremos forçados a afundar, cada vez mais, na desordem da alma e do Estado. O restabelecimento das normas só pode começar quando nós, modernos, viermos a compreender a maneira pela qual nos afastamos das antigas verdades.[43]

No livro *Progresso e Religião*, Dawson constata que "desde a ascensão do movimento científico moderno no século XVIII houve uma tendência", entre os analistas dos fenômenos culturais, "de negligenciar o estudo da religião em seus aspectos sociais fundamentais". Nessa perspectiva, "os apóstolos do Iluminismo do século XVIII estavam, acima de tudo, tentando deduzir as leis da vida social e do progresso partindo de um número pequeno de princípios racionais simples".[44] O problema fulcral do secularismo inerente a essa

---

[42] T. S. Eliot, *Coros de "A Rocha"*, I, 6-18. Utilizamos a versão em língua portuguesa traduzida por Ivan Junqueira e publicada na seguinte edição brasileira: T. S. Eliot, *Coros de "A Rocha"*. In: *T. S. Eliot: Obra Completa – Volume I: Poesia*. Trad., intr. e notas Ivan Junqueira. São Paulo, Arx, 2004, p. 287-329, cit. p. 289. Para uma análise da obra e de seu contexto, ver: Russell Kirk, "O Poeta, o Estadista e a Rocha". In: *A Era de T. S. Eliot: A Imaginação Moral do Século XX*. Apres. Alex Catharino, Intr. Benjamin G. Lockerd Jr., Trad. Márcia Xavier de Brito. São Paulo, É Realizações, 2011. p. 337-90, esp. p. 380-90.

[43] Russell Kirk, "A Arte Normativa e os Vícios Modernos". In: COMMUNIO, p. 993.

[44] Christopher Dawson, "A Religião e as Origens da Civilização". In: *Progresso e Religião*, p. 141.

abordagem reducionista da cultura foi explicado, no segundo capítulo de *A Formação da Cristandade*, do seguinte modo:

> A secularização da ciência moderna e da civilização, em parte, deve sua criação à teologia natural do século XVIII ter sido desacreditada pela superficialidade, e mais ainda aos efeitos da especialização, que tornou o cientista moderno em tecnólogo, e não em "filósofo natural". Uma civilização tecnológica como a nossa tem uma tendência natural ao secularismo, visto que estende os limites do controle social até tornar o homem prisioneiro dentro de um mundo artificial criado por ele mesmo.[45]

O impacto dessa postura naturalista no entendimento tanto das questões transcendentes quanto do papel desempenhado pelo fenômeno religioso na estruturação da cultura é analisado por Dawson em *Progresso e Religião*, especialmente, quando o autor descreve o modo que a religião, compreendida "como um complexo de ideias e de especulações concernentes àquilo que não pode ser conhecido", deixou de ser um objeto de análise da sociologia, que voltara as investigações para a noção de progresso, definido como "o resultado de uma resposta direta do homem ao seu meio material e ao crescimento positivo concernente ao mundo material". O resultado principal dessa percepção do naturalismo cientificista foi a crença na possibilidade de estudar a evolução social sem referência aos mutáveis sistemas religiosos, que passaram a ser vistos como algo secundário, deixando de ser "um elemento formativo na produção cultural". Segundo a percepção de Dawson:

> Durante os séculos XVIII e XIX o mundo da cultura secular tornou-se um reino autônomo, cujo progresso nada devia às crenças e às sanções da religião autoritária existente. Porém, é perigoso argumentar, partindo das condições altamente especializadas de uma civilização avançada e complicada, sobre os princípios elementares

---

[45] Idem, "O Cristianismo e a História da Cultura". In: *A Formação da Cristandade*. p. 111-12.

do desenvolvimento social. De fato, não é necessário mais do que um momento de reflexão para percebermos que aquela extraordinária época de revolução intelectual, política e econômica não guarda paralelo com nenhum outro período na história do mundo. Ela foi, a um só tempo, criativa e destrutiva, porém essencialmente transitória e impermanente, e essa instabilidade foi devida a nenhuma outra causa além da separação e do deslocamento dos mundos interiores e exteriores da experiência humana que os pensadores da época aceitaram como condição normal da existência.[46]

No plano histórico, há uma relação simbiótica entre o advento das novas concepções filosóficas da modernidade e o afloramento das ideologias secularistas que moldaram o panorama cultural e político do século XX. Na obra *The New Science of Politics* [A Nova Ciência da Política] de 1952, o filósofo Eric Voegelin analisa os desdobramentos do processo pelo qual o cientificismo forjou, ao longo dos séculos XVIII e XIX, a bem conhecida e nociva superstição "de que qualquer estudo da realidade somente poderia ser qualificado como científico se usasse os métodos das ciências naturais". Para Voegelin, os defensores de tal concepção errônea não admitiam respostas oriundas de outros métodos, e, na visão mais moderada, afirmavam que as questões metafísicas formuladas fora do paradigma cientificista "não eram pertinentes" ou, na percepção mais radical, sustentavam "que tais domínios da existência nem ao menos existiam".[47]

Podemos considerar como marcos iniciais do pensamento científico moderno as reflexões filosóficas sobre o método das ciências naturais apresentadas por Francis Bacon (1561-1626), Galileu Galileu (1546-1642) e René Descartes (1596-1650). As principais

---

[46] Idem, "A Religião e as Origens da Civilização". In: *Progresso e Religião*, p. 142.

[47] Eric Voegelin, *A Nova Ciência da Política*. 2. ed. Apres. José Pedro Galvão de Sousa; Trad. José Viegas Filho. Brasília, Editora Universidade de Brasília, 1982, p. 19.

obras desses filósofos foram publicadas no breve intervalo de vinte e um anos. Bacon lançou o *Novum Organum Scientiarum*[48] [Novo Instrumento Científico] em 1620. Nos anos de 1623, de 1632 e de 1638 foram publicadas, respectivamente, as obras *Il Saggiatore*[49] [O Ensaiador], *Dialogo sopra i Due Massimi Sistemi del Mondo*[50] [Diálogo sobre os Dois Máximos Sistemas do Mundo] e *Discorsi e Dimostrazioni Matematiche Intorno a Due Nuove Scienze*[51] [Discursos e Demonstrações Matemáticas Relativas a Duas Novas Ciências] de Galileu. Por fim, *Le Discours de la Méthode*[52] [Discurso do Método] e *Meditationes de Prima Philosophia*[53] [Meditações Metafísicas] de Descartes apareceram em 1637 e em 1641.

Não obstante as inúmeras características divergentes entre as visões desses três filósofos acerca do método científico, em tais proposições existem dois pontos de convergência que devem ser ressaltados. O primeiro aspecto convergente é a tentativa consciente de ruptura com o sistema tomista, criado a partir das interpretações do pensamento de Aristóteles (384-322 a.C.) feitas por Santo Tomás de Aquino, que fora adotado como o modelo-padrão pelos escolásticos medievais e modernos. As propostas de Bacon, de Galileu e

---

[48] Francis Bacon, *Novum Organum*. Trad. e notas José Aluysio Reis de Andrade. São Paulo, Abril Cultural, 1973, p. 7-237. ("Os Pensadores", vol. XIII: Bacon)

[49] Galileu Galilei, *O Ensaiador*. Trad. e notas Helda Barraco. São Paulo, Abril Cultural, 1973, p. 99-238. ("Os Pensadores", vol. XII: Bruno, Galileu, Campanella)

[50] Idem, *Diálogo sobre os Dois Máximos Sistemas do Mundo: Ptolomaico e Copernicano*. Trad. Pablo Rubén Mariconda. São Paulo, Editora 34, 2011.

[51] Idem, *Duas Novas Ciências*. Trad. Letizio Mariconda e Pablo Rubén Mariconda. São Paulo, Ched Editorial / Nova Stella, 1985.

[52] René Descartes, *Discurso do Método*. Trad. J. Guinsburg e Bento Prado Júnior. São Paulo, Abril Cultural, 1973, p. 33-79. ("Os Pensadores", vol. XV: Descartes)

[53] Idem, *Meditações*. Trad. J. Guinsburg e Bento Prado Júnior. São Paulo, Abril Cultural, 1973, p. 81-150. ("Os Pensadores", Vol. XV: Descartes)

de Descartes não podem ser tipificadas como semelhantes ao projeto de Francisco Suárez S.J. (1548-1617), que, no contexto da Segunda Escolástica Ibérica, elaborou uma metafísica da substância conciliando, ao mesmo tempo, o sistema aristotélico-tomista com as transformações culturais, históricas, científicas, políticas e econômicas da modernidade. Ao buscar a superação das disputas entre o realismo tomista, a posição intermediária de John Duns Scot (1266-1308) e o nominalismo de William de Ockham (1287-1347), numa abordagem tipicamente moderna, Suárez reconhecia como ponto de partida a necessidade da criação de um método filosófico próprio para assinalar o âmbito de validade e formular uma metafísica sistemática em consonância unicamente com as exigências lógicas da razão. O intento de Suárez na obra *Disputationes Metaphysicae*[54] [Disputas Metafísicas], escrita em 1597 e publicadas em 1608, representa uma importante proposta, embora, por muitos, negligenciada, para agregar o método dedutivo consolidado pelos escolásticos à metodologia indutiva peculiar dos modernos critérios de cientificidade. Na mesma linha proposta por Suárez, o segundo ponto de convergência entre os modelos de cientificidade apresentados por Bacon, Galileu e Descartes é a preocupação na elaboração de um método capaz de garantir o acesso seguro ao conhecimento objetivo da realidade.

Os dois pontos de convergência dessa chamada "revolução científica" encontram o corolário nos trabalhos *Philosophiae Naturalis Principia Mathematica*[55] [Princípios Matemáticos de Filosofia Natural]

---

[54] Francisco Suárez S.J., *Disputationes Metaphysicae / Disputaciones Metafísicas*. Ed. bilíngue. Trad. S. Rábade, Salvador Caballero, Antonio Puiggerver. Madrid, Gredos, 1960-1966.

[55] Isaac Newton, *Principia: Princípios Matemáticos de Filosofia Natural – Livro I*. Trad. Trieste Ricci, Leonardo Gregory Brunet, Sonia Terezinha Gehring e Maria Helena Curcio Célia. São Paulo, Edusp, 2008; Idem. *Principia: Princípios Matemáticos de Filosofia Natural – Livro II e III*. Trad. André Koch Torres Assis e Fabio Duarte Joly. São Paulo, Edusp, 2008.

e *Opticks*[56] [Óptica] de sir Isaac Newton (1643-1727), publicados em 1687 e em 1704. Ao superar o embate entre a "indução" do empirismo de Bacon e a "dúvida metódica" do racionalismo de Descartes, o método newtoniano estipula que o trabalho científico consiste na observação sistemática dos fenômenos, na posterior experimentação e, finalmente, na classificação metódica dos experimentos visando como resultado da análise não o fenômeno concreto tal como se dá imediatamente ou a descrição dos inúmeros casos particulares estudados, mas a formulação racional de uma teoria geral estruturada na legalidade matemática, segundo número e medida. No lugar de apenas ordenar e regular um campo fenomenal circunscrito, como outrora fora feito nos trabalhos de Galileu, a obra de Newton tinha uma pretensão maior: tentar descobrir e estabelecer de modo claro uma lei fundamental e universal que explicasse mecanicamente o funcionamento de todo o Cosmo, assim como manifestadas, principalmente, na "Lei da Gravitação Universal" e nas famosas "Leis de Newton" – "Princípio da Inércia", "Princípio Fundamental da Dinâmica" e "Princípio da Ação e Reação".

O impacto do método experimental newtoniano e da descoberta de um novo ordenamento do Cosmo na mentalidade dos intelectuais do século XVIII pode tornar-se evidente nos famosos versos do poeta Alexander Pope (1688-1744), que afirma: "A natureza e as leis da natureza permanecem ocultas na noite / Deus disse: 'faça-se Newton' e tudo era luz".[57] Graças à divulgação feita por Voltaire (1694-1778) nas *Lettres Anglaises*[58] [Cartas Inglesas], de 1732, e nos *Éléments de*

---

[56] Idem, *Óptica*. Trad. André Koch Torres Assis. São Paulo, Edusp, 2008.

[57] Citado em: Ernst Cassirer, *A Filosofia do Iluminismo*. 2. ed. Trad. Álvaro Cabral. Campinas, Editora da UNICAMP, 1994, p. 74.

[58] Voltaire, *Cartas Inglesas*. Trad. Marilena de Souza Chauí Berlinck. São Paulo, Abril Cultural, 1973, p. 7-63. ("Os Pensadores", vol. XV: Descartes). Ver, especificamente, da décima quarta carta à décima sétima (p. 29-39).

la Philosophie de Newton[59] [Elementos da Filosofia da Newton], de 1738, a síntese metodológica de Isaac Newton se transformou no paradigma moderno de cientificidade, que passou a servir como modelo para diferentes áreas do conhecimento.[60] O filósofo e historiador Ernst Cassirer (1874-1945) ressalta que para os pensadores iluministas a lei fundamental e universal newtoniana era entendido como

> O triunfo do saber humano: a descoberta de um poder de conhecer que se igualava ao poder criador da natureza. Foi assim que no século XVIII, em seu conjunto, compreendeu e apreciou a obra de Newton: reverencia em Newton, bem entendido, o grande cientista experimental; mas longe de ficar por aí, proclama incansavelmente e com uma insistência crescente que Newton não deu somente à natureza regras fixas e duradouras, mas também à *filosofia*. Não menos importantes do que os resultados de suas investigações são as *máximas* resultantes dessas investigações, as *regulae philosophandi* cujo valor provou na física e com as quais marcou essa ciência para sempre. A admiração ilimitada, a veneração que o século XVIII manifestou a Newton baseia-se nessa interpretação do conjunto de sua obra. Se essa obra parece tão importante, tão incomparável, não é exclusivamente em função da elevação de seus propósitos e de seus êxitos, mas ainda mais pelo caminho que ela inaugurou. Newton foi o primeiro a traçar o percurso que conduz das hipóteses arbitrárias e fantasiosas à clareza do conceito, das trevas à luz.[61]

O excesso de luz trazido pelas novas descobertas das ciências naturais ofuscou o correto entendimento da realidade moral e

---

[59] Idem, *Elementos da Filosofia de Newton*. Apres. e trad. Maria das Graças S. Nascimento. Campinas, Editora da UNICAMP, 1996.

[60] Uma apresentação geral do método científico de Isaac Newton e da propagação do paradigma newtoniano, principalmente, pelo Iluminismo francês, aparece em: Alex Catharino, "Virando a Mecânica das Molas do Mundo: A Divulgação das Ideias de Newton através das Obras de Voltaire". In: Isidoro Alves e Elena Moraes Garcia (eds.), *Anais do VI Seminário Nacional de História da Ciência e da Tecnologia*. Pref. José Luiz Goldfarb. Rio de Janeiro, Sociedade Brasileira de História da Ciência, 1997, p. 501-06.

[61] Ernst Cassirer, *A Filosofia do Iluminismo*, p. 73-74.

política em uma parcela significativa dos *philosophes* e enciclopedistas franceses, que passaram a acreditar cegamente na possibilidade de construir racionalmente as instituições adequadas para a vida em sociedade, derrubando todas as barreiras morais e políticas impostas pela tradição. Em última instância, essa é a raiz de todo o pensamento ideológico moderno, pois, como destaca o historiador Louis I. Bredvold (1888-1977), "o utopismo da época pode ser definido como a aspiração de todo pensador radical para ser o Newton da Ética ou o Newton da Política".[62] O historiador Peter Gay apresenta o pensamento iluminista como uma forma de paganismo moderno,[63] ressaltando, também, a maneira como a nascente ciência moderna foi apropriada pela causa libertadora da "idade das luzes", em especial nas novas concepções históricas, sociológicas, políticas, jurídicas e pedagógicas.[64]

Devemos enfatizar, no entanto, como demonstra a historiadora Gertrude Himmelfarb, que há uma diferença fundamental entre o iluminismo britânico e a versão francesa deste fenômeno cultural, pois, mesmo louvando o método científico newtoniano, a maioria dos iluministas ingleses e escoceses não assumiu uma postura antirreligiosa nem tentou aplicar o naturalismo mecanicista como fundamento moral ou político, tal como foi feito pelos anticlericais e cientificistas *philosophes* e enciclopedistas franceses.[65]

---

[62] Louis I. Bredvold, "The Invention of the Ethical Calculus". In: Richard Foster Jones (ed.), *The Seventeenth Century: Studies in the History of English Thought and Literature from Bacon to Pope*. Stanford, Stanford University Press, 1951, p. 165-80, cit. p. 175.

[63] Peter Gay, *The Enlightenment: A Interpretation – Volume I: The Rise of Modern Paganism*. New York, W. W. Norton & Company, 1995.

[64] Idem, *The Enlightenment: A Interpretation – Volume II: The Science of Freedom*. New York, W. W. Norton & Company, 1996.

[65] Gertrude Himmelfarb, *Os Caminhos para a Modernidade: Os Iluminismos Britânico, Francês e Americano*. Pref. Luiz Felipe Pondé; Trad. Gabriel Ferreira da Silva. São Paulo, É Realizações, 2011.

O prestígio adquirido pela cultura francesa durante o reinado de Luís XIV (1638-1715), tal como narrado no décimo terceiro capítulo de *A Divisão da Cristandade*,[66] foi um fator importante para a propagação das ideias advogadas pelos pensadores iluministas. Segundo o próprio Christopher Dawson, o iluminismo na Europa latina "avançou mais rápido e foi mais declaradamente anticristão"[67] do que nos países de língua inglesa.

Ao analisar o Iluminismo, no livro *Progresso e Religião*, Christopher Dawson constata que "apesar de seu caráter não ortodoxo e mesmo anticristão, todos os elementos positivos do novo credo foram derivados da velha tradição religiosa do cristianismo".[68] O aspecto eminentemente religioso do movimento é acentuado na percepção de que "o iluminismo francês foi, de fato, a última das grandes heresias europeias e seu apelo à razão foi em si um ato de fé que não admitia crítica".[69] Nessa perspectiva, mesmo distanciando-se da crença no progresso científico, o idealismo social de Jean-Jacques Rousseau assume contornos religiosos mais pronunciados, que são, ao mesmo tempo, revolucionários e reacionários. Nas palavras do historiador galês, "o trabalho de Rousseau foi uma nova Reforma que despertou não menos entusiasmo e fanatismo nas mentes de seus seguidores e foi não menos destrutiva em seus efeitos práticos do que aquela do século XVI".[70] De acordo com a reflexão de Dawson, a Revolução Francesa, enquanto "tentativa de restaurar a unidade da sociedade sob as bases"[71] tanto do culto iluminista à razão quanto

---

[66] Christopher Dawson, "A Era de Luís XIV e a Formação da Cultura Francesa Clássica". In: *A Divisão da Cristandade*, p. 245-54.

[67] Idem, "A Era do Iluminismo". In: *A Divisão da Cristandade*, p. 296.

[68] Idem, "A Secularização da Cultura Ocidental e a Ascensão da Religião do Progresso". In: *Progresso e Religião*, p. 224.

[69] Ibidem, p. 226.

[70] Ibidem, p. 227.

[71] Ibidem, p. 228.

do sentimentalismo romântico rousseauniano, pode ser caracterizada como "o resultado de ideias enraizadas na tradição cristã".[72]

No livro *The Brave New World of the Enlightenment*[73] [O Admirável Mundo Novo do Iluminismo], o supracitado Louis I. Bredvold apresenta de forma conclusiva os principais aspectos do pensamento iluminista, ao ressaltar o modo como seus principais expoentes, em especial, na França, rejeitaram a teoria da Lei Natural, aderiram às novas promessas do cientificismo e adotaram uma concepção sentimentalista da natureza humana. Em última instância, o Iluminismo sujeitou toda a cultura política posterior ao naturalismo e às noções utópicas. O professor Bredvold também deixa claro como as críticas de Edmund Burke (1729-1797) aos enciclopedistas são uma tentativa de reconstrução da filosofia social contra os erros ideológicos, postura defendida também por Russell Kirk em diversas obras.

No pensamento do século XIX, o naturalismo do método newtoniano assumiu um caráter mais exacerbado e ofereceu para muitos pensadores uma justificativa, aparentemente científica para o determinismo sociológico, o que lhes permitiu fundamentar, assim, diferentes concepções ideológicas, como foi o caso, por exemplo, do positivismo de Auguste Comte (1798-1857), do nacionalismo de Johann Gottlieb Fichte (1762-1814) e do materialismo dialético de Karl Marx (1818-1883). Nesse processo o impulso religioso das massas foi sendo, gradativamente, substituído pelo messianismo político das ideologias totalitárias. Na obra *L'Opium des intellectuels* [O Ópio dos Intelectuais], publicada pela primeira vez em 1955, o sociólogo francês Raymond Aron (1905-1983) apresenta a tipificação dos intelectuais que aderem às ideologias progressistas, revolucionárias e secularistas ao afirmar que:

---

[72] Ibidem, p. 230.

[73] Louis I. Bredvold, *The Brave New World of the Enlightenment*. Ann Arbor, The University of Michigan Press, 1961.

Quando o intelectual não se sente mais ligado nem à comunidade nem à religião de seus antepassados, pede às ideologias progressivas tomarem conta da alma inteira. [...] São dogmatismos da doutrina e a adesão incondicional dos militantes que constituem a originalidade do comunismo, inferior, no plano intelectual, às versões abertas e liberais das ideologias progressivas e talvez superior para quem está à procura de uma fé. O intelectual, que não se sente mais ligado a nada, não se contenta com opiniões, quer uma certeza, um sistema. A revolução traz-lhe seu ópio.[74]

No livro *The Movement of World Revolution* [O Movimento da Revolução Mundial], de 1959, Dawson apresenta o modo como o cientificismo nos séculos XVIII e XIX subverteu a ordem religiosa e serviu como substrato das modernas ideologias, descrevendo o fenômeno com as respectivas palavras:

As críticas destrutivas dos filósofos minaram a ordem da cultura cristã mais inteiramente do que puderam perceber, e só precisavam de um impulso dinâmico emocional que apelasse às massas para a revolução se tornar uma realidade social e política. Esse elemento foi dado por Jean-Jacques Rousseau e seus discípulos, que encontraram na ideologia democrática *dos direitos do homem* e da *vontade geral* uma nova fé, forte o bastante para transformar o espírito racionalista e aristocrático do Iluminismo no espírito passional e democrático da Revolução. As teorias de Rousseau tinham a mesma relação com a ideologia do partido jacobino que as ideias de Karl Marx com a ideologia do comunismo. De fato, há uma relação genética entre o jacobinismo rousseauniano e o comunismo marxista. Como a história do movimento revolucionário europeu moderno tem sido contínua, da mesma maneira a democracia, o nacionalismo, o socialismo e o comunismo são, todos, aspectos sucessivos ou simultâneos do mesmo processo.[75]

---

[74] Raymond Aron, *O Ópio dos Intelectuais*. Intr. Roberto de Oliveira Campos; Trad. Yvone Jean. Brasília, Editora Universidade de Brasília, 1980, p. 214.

[75] Christopher Dawson, *The Movement of World Revolution*. New York, Sheed and Ward, 1959, p. 62.

O problema da nova fé propagada pelos ideólogos foi compreendido por Russell Kirk de maneira semelhante à de Christopher Dawson. De acordo com o pensamento kirkeano, a ideologia não pode ser entendida apenas como uma visão reducionista da teoria política, mas como uma heresia que ao mesmo tempo em que se volta contra os princípios ortodoxos do cristianismo, tenta ocupar o lugar da fé cristã, oferecendo aos intelectuais e às massas uma proposta completa para a criação de um paraíso terreno. A questão é apresentada por Kirk do seguinte modo:

> Fico preocupado com a deserção da teoria política e da tradição, e com o que pode ser feito a esse respeito, com a negligência das instituições que preservam a ordem, a justiça e a liberdade, e com os resultados de tal abandono. As coisas permanentes da comunidade ficam em perigo, em todo o mundo. Nossa primeira necessidade é compreender a natureza da ideologia.
>
> "Ideologia" não significa teoria política ou princípio, embora muitos jornalistas e alguns professores, comumente, empreguem o termo nesse sentido. Ideologia realmente significa fanatismo político – e, mais precisamente, a crença de que este mundo pode ser convertido num Paraíso terrestre pela ação da lei positiva e do planejamento seguro. O ideólogo – comunista, nazista ou de qualquer afiliação – sustenta que a natureza humana e a sociedade devem ser aperfeiçoadas por meios mundanos, seculares, embora tais meios impliquem numa violenta revolução social. O ideólogo imanentiza símbolos religiosos e inverte as doutrinas da religião.
>
> O que a religião promete ao fiel numa esfera além do tempo e do espaço, a ideologia promete a todos na sociedade – exceto aos que forem "liquidados" no processo.[76]

Ao analisar o mesmo problema, no já citado *A Política da Prudência*, Kirk asseverou que:

---

[76] Russell Kirk, "O Ópio das Ideologias". Trad. Márcia Xavier de Brito e notas Alex Catharino. In: *COMMUNIO: Revista Internacional de Teologia e Cultura*, vol. XXVIII, n. 3, Jul.-Set. 2009, p. 767-90, cit. p. 767-68.

> A ideologia oferece uma imitação de religião e uma filosofia fraudulenta, confortando, dessa forma, aqueles que perderam, ou que nunca tiveram uma fé religiosa genuína e aqueles que não possuem inteligência suficiente para aprender filosofia de verdade. [...]
> A ideologia pode atrair os entediados da classe culta, que se desligaram da religião e da comunidade, e que desejam exercer o poder. A ideologia pode encantar jovens, parcamente educados, que, em sua solidão, se mostram prontos a projetar um entusiasmo latente em qualquer causa excitante e violenta.[77]

Nas sociedades ideologicamente orientadas pelo cientificismo, a busca pela sabedoria é vista como uma tarefa improdutiva e desprovida de racionalidade. Os princípios transcendentes e as virtudes são encarados como um amontoado de dogmas restritivos à liberdade ou à igualdade. Ao encarar a tradição como produto da superstição de mentes desprovidas de objetividade, o cientificismo perverte a verdadeira função da educação, que deixa de ser o meio de transmissão do patrimônio cultural herdado pelas gerações anteriores, e esta passa a assumir uma postura doutrinadora, visando livrar o homem de todos os "preconceitos obscurantistas e irracionais". Assim, nenhum princípio absoluto deve ser mantido ou respeitado, pois só é válido aquilo que puder ser abarcado pelo conhecimento prático, e este, por sua vez, é regulado apenas pela capacidade de subjugar totalmente a natureza aos ditames da razão instrumental.

"Onde a sabedoria que perdemos no saber? / Onde o conhecimento que perdemos na informação?", tal questionamento de T. S. Eliot, nos versos 15 e 16 da primeira parte dos *Coros de "A Rocha"* (I, 15-16), pode direcionar os cristãos para uma reflexão acerca da essência dos problemas trazidos pela secularização gradativa da cultura ocidental nos três últimos séculos. Na "idade da razão", a substituição da sabedoria religiosa por um tipo de conhecimento instrumental permitiu que esse saber utilitário, posteriormente, fosse

---

[77] Idem, "Os Erros das Ideologias". In: *A Política da Prudência*, p. 96.

subjugado pela informação, tornada o instrumento dos manipuladores e o entretenimento dos manipulados. Na "era da informação", a promessa das novas tecnologias de tornar as pessoas mais próximas, paradoxalmente, está afastando os seres humanos da verdadeira comunidade de almas, ao criar o novo vício de indivíduos conectados ao mundo virtual, mas desconectados da realidade.

O naturalismo cientificista e a transitória cultura da informação, alimentados tanto pelo racionalismo quanto pelo ceticismo, são as raízes das ideologias modernas, tanto nas formas democráticas quanto nas vertentes autoritárias nacionalistas ou socialistas. O problema de nossa época foi excepcionalmente bem descrito, em 1943, por C. S. Lewis:

> No momento mesmo da vitória do Homem sobre a Natureza, encontramos toda raça humana sujeita a alguns poucos indivíduos, e estes indivíduos sujeitos àquilo que neles mesmos é puramente "natural" – aos seus próprios impulsos irracionais. A Natureza, livre dos valores, controla os Manipuladores e, por intermédio deles, toda a humanidade. A conquista do Homem sobre a Natureza revela-se, no momento de sua consumação, a conquista da Natureza sobre o Homem.[78]

A criação de uma sociedade industrial, na qual a noção de que "com o suor de teu rosto comerás o teu pão" (Gênesis 3,19) seria abolida pelo trabalho das máquinas, foi a promessa oferecida pela razão instrumental, tal como podemos constatar na obra *Nova Atlantis*[79] [Nova Atlântida] de Francis Bacon, publicada originalmente em latim no ano de 1624 e, postumamente, em inglês em 1627. Outro escritor renascentista ofereceu, antes de Bacon, uma concepção de nova ordem social que, também, influenciou profundamente a mentalida-

---

[78] C. S. Lewis, *A Abolição do Homem*. Trad. Remo Mannarino Filho. São Paulo, Martins Fontes, 2005, p. 64.

[79] Francis Bacon, *Nova Atlântida*. Trad. e notas José Aluysio Reis de Andrade. São Paulo, Abril Cultural, 1973. ("Os Pensadores", vol. XIII: Bacon). p. 239-78.

de progressista contemporânea; trata-se da obra *La Città del Sole*[80] [A Cidade do Sol], de 1602, na qual o dominicano Tommaso Campanella (1568-1639) descreve "uma teocracia em que não há propriedade nem casamento, onde cada homem trabalha quatro horas por dia e as relações sexuais são reguladas pelo Estado com base em princípios puramente eugênicos".[81] As duas concepções idealizadas de uma sociedade perfeita foram, de certa forma, unidas na crença de progresso ilimitado da humanidade, tanto no plano científico quanto social, defendido pelos *philosophes* e enciclopedistas franceses. No entanto, o sonho ideológico da criação de um paraíso terreno industrializado se tornou o pesadelo distópico tanto das democracias ocidentais quanto dos regimes soviético, fascista, nazista e de tantas outras formas de totalitarismo encontradas no século XX.

O impressionante progresso material criado pelas sociedades industriais do século XIX recebeu o primeiro golpe significativo com o advento da Grande Guerra em 1914, que marcou o fim da velha ordem liberal na Europa. Como apresentado pelo historiador e jornalista católico Paul Johnson, no livro *Modern Times*[82] [Tempos Modernos], os desdobramentos desse fenômeno se manifestaram na revolução comunista na Rússia em 1917, na grande crise econômica iniciada em 1929, na emergência dos regimes totalitaristas ao longo da década de 1930, da eclosão da Segunda Guerra Mundial em 1939 e no fenômeno da Guerra Fria, cujo término se deu apenas com a queda do Muro de Berlim em 1989, seguida pelo colapso da União Soviética em 1991. Nessa perspectiva, o curto século XX teria como

---

[80] Tommaso Campanella, *A Cidade do Sol*. Trad. e notas Aristides Lôbo. São Paulo, Abril Cultural, 1973, p. 239-91. ("Os Pensadores", vol. XII: Bruno, Galileu, Campanella).

[81] Christopher Dawson, "A Renascença". In: *A Divisão da Cristandade*, p. 79-106.

[82] Paul Johnson, *Tempos Modernos: O Mundo dos anos 20 aos 80*. 2. ed. Trad. Gilda de Brito Mac-Dowell e Sérgio Maranhão da Matta. Rio de Janeiro, Instituto Liberal, 1998.

limites temporais os anos de 1914 e de 1989 ou de 1991, fazendo que 2014 seja um ano propício para relembrarmos tanto o centenário do início da Primeira Guerra Mundial quanto o jubileu de prata do evento que acarretou no final da Guerra Fria. O período entre esses dois eventos históricos foi denominado de "era dos extremos"[83] pelo historiador marxista Eric Hobsbawm (1917-2012). Tanto Johnson quanto Hobsbawm concordam que a principal característica dessa época é o aspecto eminentemente ideológico assumido pela política e pela cultura. No entanto, o historiador católico é mais incisivo do que o marxista, ao apontar que a identidade do século XX foi moldada pelo declínio dos valores tradicionais cristãos ao longo do século XIX e pela substituição destes por ideologias seculares de esquerda ou de direita, responsáveis, em última instância, pelas guerras, revoluções, genocídios, crises econômicas, degradação cultural e relativismo moral do período. Nas palavras de Paul Johnson, "no lugar de crença religiosa, haveria ideologia secular".[84]

Antecipando essa constatação na primeira parte do livro *The Judgment of the Nations*[85] [O Julgamento das Nações], publicado em 1942, Christopher Dawson analisa o "momento de trevas" enfrentado pela Europa, manifesto principalmente no colapso da noção de progresso e na guerra total entre as nações. Ao descrever as origens religiosas da desunião europeia, o historiador galês defende que o elemento fundamental por detrás da Segunda Guerra Mundial é "a desintegração da cultura ocidental"[86] e aponta que a raiz do conflito ideológico que dividia o mundo naquele período remontava os conflitos teológicos entre protestantes e católicos no início da

---

[83] Eric Hobsbawm, *A Era dos Extremos: O Breve Século XX, 1914-1991*. Trad. Marcos Santarrita. São Paulo, Companhia das Letras, 1995.

[84] Paul Johnson, *Tempos Modernos*, p. 38.

[85] Christopher Dawson, *The Judgment of the Nations*. New York, Sheed and Ward, 1942.

[86] Ibidem, p. 33.

modernidade, cuja emergência do moderno Estado secular liberal foi uma solução provisória. Dando continuidade a esse tópico, é traçada uma genealogia do culto ao poder, iniciada em Martinho Lutero (1483-1546), e passando por G. W. F. Hegel (1770-1831), até chegar ao colapso do modelo constitucional das democracias liberais e da falência do projeto da Liga das Nações na tentativa de manter a paz. O grande erro tanto dos defensores do nacionalismo quanto do internacionalismo fora ignorar a verdadeira identidade cristã europeia, tentando construir um novo mundo diferente de seus fundamentos. Mais uma vez, Dawson demonstra que os problemas de nossa época são desdobramentos do processo de secularização da cultura ocidental, cujos dilemas não podem ser evitados tanto pelo "idealismo humanitarista", que se volta para o "lado irracional da existência", quanto pela "religião da espiritualidade individual", que na tentativa de "escapar para o mundo privado" se liquefaz, sendo "drenada pelo engenheiro social".[87]

A descristianização foi o principal fator que levou as sociedades modernas a acreditarem que todos os problemas deste mundo poderiam ser resolvidos meramente pelo uso adequado da reta razão, manifesta pelo conhecimento especializado manipulado pelos tecnocratas ou pela vontade soberana das massas. Num ambiente marcado pela desconfiança pós-moderna na racionalidade humana, o círculo de defensores de posições ideológicas autoritárias, sustentadas no cientificismo, não gozam atualmente da mesma popularidade do começo do século XX, o que faz com que a segunda postura se torne hegemônica em nossos dias. No entanto, como alertou Russell Kirk, o democratismo, no plano geral, é uma concepção herética como todas as demais ideologias secularistas; todavia, sua característica específica reside na crença "de que a vontade do povo é a vontade divina".[88] O racionalismo e o ce-

---

[87] Ibidem, p. 109.
[88] Russell Kirk, "Governo Popular e Mentes Imoderadas". In: *A Política da Prudência*, p. 341.

ticismo professados pelos ideólogos se tornaram os instrumentos de dominação utilizados pelos manipuladores para estenderem o controle sobre as massas. Como observou Christopher Dawson, "o Estado está anexando com regularidade todo o território que pertencia anteriormente ao domínio da liberdade individual; e já tomou mais do que qualquer um pensara ser possível há um século".[89]

Os resultados das promessas do cientificismo e do democratismo podem ser muito bem ilustrados, não pelas utopias renascentistas de Francis Bacon e de Tommaso Campanella, mas pelas obras literárias *Brave New World*[90] [Admirável Mundo Novo] de Aldous Huxley (1894-1963), *1984*[91] de George Orwell (1903-1950), *Fahrenheit 451*[92] de Ray Bradbury (1920-2012), *A Clockwork Orange*[93] [A Laranja Mecânica] de Anthony Burgess (1917-1993), e, recentemente, a trilogia de Suzanne Collins, formada pelos livros *The Hunger Games*[94] [Jogos Vorazes], *Catching Fire*[95] [Em Chamas] e *Mockingjay*[96] [A Esperança]. As inúmeras distopias fictícias produzidas ao longo do século XX, tanto na literatura quanto em diferentes produções cinematográficas, podem ser interpretadas como um reflexo cultural

---

[89] Christopher Dawson, "Religion and the Totalitarian State". *The Criterion*, vol. XIV, n. 54, October 1934, p. 16. Citado em: Russell Kirk, "Cristãos e Ideólogos na Casa dos Corações Partidos". In: *A Era de T. S. Eliot: A Imaginação Moral do Século XX*, p. 396.

[90] Aldous Huxley, *Admirável Mundo Novo*. Trad. Lino Vallandro e Vidal Serrano. Rio de Janeiro, Editora Globo, 2009.

[91] George Orwell, *1984*. Trad. Alexandre Hubner e Heloisa Jahn; Posf. Erich Fromm, Bem Pimlott e Thomas Pynchon. São Paulo, Companhia das Letras, 2009.

[92] Ray Bradbury, *Fahrenheit 451*. Trad. Cid Knipel. Rio de Janeiro, Editora Globo, 2009.

[93] Anthony Burgess, *A Laranja Mecânica: Edição Especial de 50 Anos*. Trad. Fábio Fernandes. São Paulo, Editora Aleph, 2012.

[94] Suzanne Collins, *Jogos Vorazes*. Trad. Alexandre D'Elia. Rio de Janeiro, Rocco, 2010.

[95] Idem, *Em Chamas*. Trad. Alexandre D'Elia. Rio de Janeiro, Rocco, 2011.

[96] Idem, *A Esperança*. Trad. Alexandre D'Elia. Rio de Janeiro, Rocco, 2011.

do mal-estar gerado pela descristianização da cultura promovida na era da democracia, dos nacionalismos e das ideologias.

Em vez de tratar do problema ideológico de nossa época a partir de um relato fictício de uma distopia no futuro, T. S. Eliot se voltou à um evento do passado para destacar a luta entre a consciência do cristão e o autoritarismo do Estado moderno em suas modalidades totalitárias ou democráticas. Na peça *Murder in the Cathedral* [Assassínio na Catedral], de 1935, o cerne desse conflito é apresentado pela leitura poética da história do martírio do bispo inglês Santo Thomas Becket (1118-1170) pelos seguidores do rei Henrique II (1133-1189) da Inglaterra. A essência da crença dos ideólogos secularistas na possibilidade de melhorar a realidade histórica por intermédio do poder é desmascarada na seguinte passagem, quando o bispo inglês, finalmente, rechaça o segundo tentador, com as seguintes palavras:

> O poder temporal de melhorar o mundo,
> Manter a ordem, como o mundo a entende...
> Aqueles que põem a fé na lei do mundo
> Não controlada pela lei de Deus,
> Em sua altiva ignorância só provocam desordem,
> Tornando-a mais rápida, procriam doenças fatais,
> Degradam aquilo que exaltam. [...][97]

Objeto principal do ainda inédito livro *The Return to Christian Unity*, a crise da cristandade na era da democracia, dos nacionalismos e das ideologias, como já mencionamos, foi objeto de diferentes escritos de Christopher Dawson, o que nos permite, ainda que de modo parcial, antever quais seriam os pontos fulcrais analisados pelo historiador

---

[97] Utilizamos a versão em língua portuguesa traduzida por Ivo Barroso e publicada na seguinte edição brasileira: T. S. Eliot, *Assassínio na Catedral*. In: *T. S. Eliot: Obra Completa – Volume II: Teatro*. Trad. Ivo Barroso. São Paulo, Arx, 2004, p. 9-99, cit. p. 35. Para uma análise da obra e de seu contexto, ver: Russell Kirk, "Cristãos e Ideólogos na Casa dos Corações Partidos". In: *A Era de T. S. Eliot*, p. 391-443, esp. p. 403-16.

galês na última parte de seu tríptico. O último capítulo de *A Divisão da Cristandade* termina de maneira inesperada com a seguinte passagem:

> Apesar das monarquias da casa de Bourbon estarem, oficialmente, em todos os locais, em defesa da ordem cristã, sua defesa era hesitante e mal direcionada. Os inimigos da religião, contavam com poderosos amigos na corte [...]. Após a expulsão dos jesuítas de seus respectivos países, tomaram medidas conjuntas para forçar o papado a abolir a ordem [...]. Esse foi o golpe mais desastroso jamais infligido na cultura da Contrarreforma. Isso enfraqueceu e desorganizou a cultura superior católica por toda a Europa, arruinou a obra das missões no Oriente e na América, e destruiu a única força capaz de enfrentar a propaganda anticristã dos enciclopedistas.[98]

O leitor da segunda parte da trilogia de Dawson sobre a cristandade percebe facilmente a importância do projeto evangelizador e educacional desempenhado pelos jesuítas, que ao lado da cultura barroca, se tornaram os principais instrumentos de propagação do ideal de unidade católica. Fundada em 1534 por Santo Inácio de Loyola e mais cinco estudantes da Universidade de Paris, a Companhia de Jesus recebeu a aprovação pontifícia pela bula *Regimini Militantis Ecclesiae*, promulgada em 27 de setembro de 1540 por Paulo III (1468-1549), com autorização para ampliar os quadros da sociedade eclesiástica dada pela bula *Exposcit Debitum*, promulgada em 21 de julho de 1550 por Júlio III (1487-1555). Em poucos anos o grupo cresceu de modo impressionante. De acordo com Christopher Dawson, a Companhia de Jesus passou a "exercer uma influência mais abrangente em todos os aspectos da cultura" e a "imprimir seu caráter em todo o período"[99] superior a qualquer outra ordem religiosa católica. No entanto, a atuação dos jesuítas não deve ser entendida como o

---

[98] Christopher Dawson, "A Era do Iluminismo". In: *A Divisão da Cristandade*, p. 296.

[99] Idem, "O Concílio de Trento e a Ascensão dos Jesuítas". In: *A Divisão da Cristandade*, p. 187.

trabalho de cruzados da Contrarreforma, mas, sobretudo, como um apostolado educacional. O historiador galês constatou a essência da atuação da Companhia de Jesus ao afirmar que:

> De todas as ordens, os jesuítas eram os mais internacionais, os mais centralizados e os de disciplina mais estrita. Consequentemente, deram um princípio de unidade entre as tendências divergentes das novas culturas nacionais e a influência deles era particularmente forte no campo da educação. Enquanto as universidades europeias se encontravam em um estado decadente, os jesuítas tiveram êxito ao suprir as necessidades da época na educação superior, e suas faculdades ofereceram um tipo de educação clássica e religiosa uniforme, de uma ponta a outra da Europa – de Vilna a Lisboa, bem como além-mar, nas Américas e em todos os cantos.
> Não menos importante foi a atividade missionária dos jesuítas, um dos feitos extraordinários do período. [...] os jesuítas foram os principais pioneiros e organizadores da expansão missionária cristã na Ásia e nas Américas, na Índia e no Japão, na China e no Sião, no México, no Brasil e no Paraguai. Não levando em conta os aspectos puramente religiosos, essa atividade teve repercussões intelectuais importantes na cultura europeia.[100]

No conturbado período histórico dos séculos XVII e XVIII, marcado por conflitos entre revolução calvinista e reforma católica, entre reis e parlamentos, entre galicanos e ultramontanos, entre educação estatal e educação pública, entre mercantilismo e livre-cambismo, os jesuítas transcenderam todas essas disputas nos níveis locais, e serviram como modelo prático do ideal universalista de unidade católica. No livro *Jésuites* [Jesuítas], lançado originalmente em dois volumes, respectivamente, nos anos de 1991 e de 1992, o jornalista e historiador francês Jean Lacouture, um notório militante de esquerda, destaca a luta da Companhia de Jesus contra as barreiras nacionais, sendo esta, juntamente com a oposição ao absolutismo monárquico e a participação em uma série de conflitos

---

[100] Ibidem, p. 188.

menores, um importante fator para a ordem religiosa conquistar a antipatia de diferentes cortes das monarquias católicas europeias.[101]

A combinação entre o modelo absolutista, na esfera política, e a mentalidade cientificista e anticlerical propagada pelos iluministas, no plano cultural, foi o fator externo decisivo para a perseguição aos jesuítas perpetrada pelas cortes em Portugal, na França, na Espanha e em Nápoles. No plano interno da Igreja, a Companhia de Jesus contava com a forte oposição de algumas autoridades católicas locais, que temiam a disciplina militar, a fidelidade ao pontífice romano e o elevado grau de instrução dos jesuítas, tal como manifesto na disputa contra os jansenistas franceses.

Em 3 de setembro 1759, durante o reinado de José I (1714-1777), o primeiro ministro Sebastião José de Carvalho e Melo (1699-1782), o marquês de Pombal, decretou que os jesuítas deveriam ser expulsos de Portugal e de todas as colônias portuguesas, incluindo o Brasil. Em parte, o deplorável nível religioso e educacional do "maior país católico do Mundo" é reflexo, principalmente, de dois fatores. O primeiro é a interrupção, no século XVIII, da missão evangelizadora iniciada pelo padre Manuel da Nóbrega S.J. (1517-1570) e por São José de Anchieta S.J. (1534-1597), continuada por padre Antônio Vieira S.J. (1608-1697), dentre outros. O segundo é a aceitação, no século XIX, da mentalidade cientificista por uma parcela significativa das elites brasileiras, visto que tal mentalidade foi, em última instância, o arcabouço cultural que permitiu, no século XX, a adesão de tantos intelectuais brasileiros às ideologias de esquerda.

A perseguição à Companhia de Jesus na França no reinado de Luís XV (1710-1774) foi influenciada tanto pelo primeiro-ministro Étienne François de Choiseul (1719-1785), o duque de Choiseul, quanto pela amante do monarca francês, a famosa Jeanne-Antoinette Poisson (1721-1764), mais conhecida como madame de Pompadour,

---

[101] Jean Lacouture, "Expelled Like Dogs". In: *Jesuits: A Multibiography*. Trad. Jeremy Leggatt. Washington DC, Counterpoint, 1995, p. 261-97, esp. p. 264.

cuja antipatia pelos jesuítas foi nutrida pelos jansenistas e pelos enciclopedistas. O primeiro golpe contra os jesuítas na França foi dado em 6 de agosto de 1761, quando as escritos de inúmeros pensadores jesuítas foram queimados em público e foi dada a ordem de que todas as escolas mantidas pela ordem religiosa deveriam ser fechadas até 1º de outubro de 1761, culminando, após várias prisões, confiscos, julgamentos e assassinatos, no decreto do parlamento francês de 6 de agosto de 1762 que expulsou todos os membros dessa ordem religiosa do país.

Por influência direta do primeiro-ministro Pedro Pablo Abarca de Bolea (1719-1798), o conde de Aranda, os jesuítas foram expulsos da Espanha por um decreto régio de Carlos IV (1748-1819), promulgado em 27 de fevereiro de 1767. No reino de Nápoles, durante o reinado de Fernando I (1751-1825) de Bourbon, o primeiro ministro Bernardo Tanucci (1698-1783) ordenou que em 30 de novembro de 1767 todas as casas religiosas da Companhia de Jesus fossem cercadas pelas tropas reais para expulsar os jesuítas. Por fim, o papa Clemente XIV (1705-1774) promulga o breve *Dominus Redemptor*, em 21 de julho de 1773, que suprimiu a Companhia de Jesus. O superior geral Lorenzo Ricci, S.J. (1703-1775) foi aprisionado no Castelo de Sant' Ângelo, onde permaneceu até a morte.

A supressão da Companhia de Jesus foi encerrada apenas com a promulgação, em 7 de agosto de 1814, da bula *Sollicitudo Omnium Ecclesiarum* de Pio VII (1740-1823). Durante os quarenta e um anos que a Companhia de Jesus foi banida, os jesuítas remanescentes se exilaram na Prússia e na Rússia, recebidos, respectivamente, pelos "déspotas esclarecidos" Frederico II (1712-1786) e Catarina II (1729-1796), que, apesar de comungarem com os ideais dos enciclopedistas, reconheceram o importante papel desses religiosos católicos como educadores.[102]

---

[102] Para uma análise ampla detalhada da Companhia de Jesus nesse conturbado período, ver: William V. Bangert S.J., "Exile, Suppression and Restoration". In: *A History of the Society of Jesus*. St. Louis, Institute of Jesuit Sources, 1972, p. 363-430.

Em uma carta para Voltaire, datada de 18 de novembro de 1773, Frederico II, além de ressaltar que os membros da Companhia de Jesus eram os únicos religiosos da Prússia que não eram ignorantes, justifica a acolhida deles em seu reino afirmando que "precisamos preservar os jesuítas ou aceitar que as escolas morrerão".[103] Infelizmente, os monarcas católicos, influenciados pelo provincialismo das concepções nacionalistas, não comungaram da mesma percepção do rei prussiano. No período de quase meio século de supressão da Companhia de Jesus, o processo de secularização tomou proporções tão amplas que parecia quase impossível revertê-lo nas nações católicas, principalmente, a partir da eclosão da Revolução Francesa em 1789, cujas raízes espirituais se encontram na Reforma Protestante.

Na segunda parte do tríptico dawsoniano é destacado que "a divisão da cristandade pela Reforma estava intimamente relacionada ao crescimento do Estado soberano moderno".[104] Ao longo de todo o décimo capítulo de *A Divisão da Cristandade*, Dawson descreve como, até mesmo em ambientes predominantemente católicos, os anseios nacionalistas entraram em conflito com a noção católica de universalismo. Tanto o galicanismo eclesiástico quanto o nacionalismo político são inconciliáveis "com o ideal da Contrarreforma de uma aliança internacional de todas as potências católicas contra o protestantismo".[105] O ponto em questão foi, também, acentuado no décimo nono capítulo de *A Formação da Cristandade*, quando o autor afirma que "a *raison d'être* da Igreja é curar as divisões ao trazer de volta as nações – as *gentes* ou gentios – à unidade espiritual. Pois, como disse Santo Tomás de Aquino, a união dos homens com Deus

---

[103] Citado em: Jean Lacouture, "Wandering in the Desert". In: *Jesuits: A Multibiography*, p. 298-327, cit. p. 305.

[104] Christopher Dawson, "As Divisões Nacionais da Cristandade Dividida". In: *A Divisão da Cristandade*, p. 205.

[105] Ibidem, p. 208.

é a união dos homens entre si".[106] O caminho de restauração a ser seguido em nossos dias é apontado na obra *Progresso e Religião*:

> A realização peculiar do cristianismo ocidental no passado foi lograr esse ideal de uma sociedade espiritual organizada, que poderia coexistir com as unidades políticas nacionais sem absorver ou ser absorvidas por elas. O retorno a essa tradição tornaria, uma vez mais, possível reconciliar a existência de independência nacional e de liberdade política, que são partes essenciais da vida europeia, com a unidade mais ampla de nossa civilização e com o processo mais elevado de integração espiritual, que é o verdadeiro objetivo do progresso humano.[107]

No primeiro capítulo de *A Formação da Cristandade*, ao apresentar os pontos nevrálgicos de seu tríptico e descrever a crise que aflige nossa época, Christopher Dawson ressalta:

> A conjuntura é dolorosa, visto que expõe plenamente o escândalo da desunião cristã. Não obstante, ao mesmo tempo, oferece uma oportunidade tal, como nunca existiu no mundo anteriormente, para que os cristãos se reúnam e venham a se entender. Sem essa compreensão não pode haver esperança de um retorno à unidade cristã. Mas não basta que os cristãos se encontrem num clima de boa vontade. O que é mais necessário é uma compreensão profunda, e isso não pode ser obtido sem um empenho sério e diligente de estudo e pesquisa.[108]

Ecoando as palavras de Eric Voegelin, a análise elaborada por Russell Kirk sobre as correntes políticas modernas aponta que a grande linha divisória não é a que separa "os totalitários de um lado e os liberais (ou libertários do outro)". Nessa perspectiva, a verdadeira segmentação de nossa época "se encontra em todos os que creem em uma ordem moral transcendente, de um lado, e, do outro, todos os

---

[106] Idem, "A Ideia Católica de Sociedade Espiritual Universal". In: *A Formação da Cristandade*, p. 409.

[107] Idem, "Conclusão". In: *Progresso e Religião*, p. 276.

[108] Idem, "Introdução ao Presente Estudo". In: *A Formação da Cristandade*, p. 99-100.

que confundem a nossa existência efêmera de indivíduos com a origem e o fim de tudo".[109] Ampliando o escopo dessa diferenciação é possível entender que, de modo distinto do panorama cultural do período abordado em *A Divisão da Cristandade*, o grande embate de nossa era não deve ser travado entre católicos e protestantes, mas entre os cristãos e os ideólogos. Esse é o verdadeiro sentido de "retorno à unidade cristã" defendido por Christopher Dawson.

A análise dawsoniana sobre a cristandade desde o período da Revolução Francesa até a época anterior ao Concílio Vaticano II pode oferecer importantes esclarecimentos para enfrentarmos melhor a crise de nossa época. Acreditamos, contudo, que alguns dos questionamentos fundamentais possivelmente abordados no inédito *The Return to Christian Unity*, devem ser muito semelhantes às reflexões apresentadas nos já citados *Progresso e Religião*, *The Judgment of the Nations* e *The Movement of World Revolution*, bem como, no livro *Understanding Europe* [Entendendo a Europa], de 1952, no qual o autor afirma que:

> A desintegração da sociedade europeia pelas forças do nacionalismo e o enfraquecimento da cultura ocidental pela revolta espiritual do niilismo foram processos graduais que prosseguiram por quase dois séculos sem interferir na prosperidade material de nossa civilização ou destruir o otimismo e a autoconfiança do homem ocidental. Somente na nossa época é que a situação foi transformada pela catástrofe das guerras mundiais que, de repente, destruíram o paraíso dos tolos em que viviam os povos da Europa, levando-os a enfrentar as forças da destruição que estiveram se juntando sob as aparências exteriores do mundo moderno.[110]

Em uma passagem de *The Judgment of the Nations*, é ressaltado que "a cultura europeia passou por um período de individualismo e de atomização que preparou o caminho para a mais formidável

---

[109] Russell Kirk, "Uma Avaliação Imparcial dos Libertários". In: *A Política da Prudência*, p. 336.

[110] Christopher Dawson, *Understanding Europe*. New York, Sheed and Ward, 1952, p. 225.

desintegração niilista que nos ameaça hoje".[111] A análise de Dawson sobre esse processo de "desagregação normativa" nos diz que:

> Vimos que a fraqueza da cultura ocidental em face das novas forças que ameaçam sua existência deve-se, sobretudo, à perda da fé nos próprios valores espirituais e no progressivo distanciamento do modo de vida exterior dos fundamentos religiosos e das fontes da vida espiritual. Se a Europa deve sobreviver – se não capitularmos ao ideal desumano da sociedade de massa que é mero mecanismo da vontade de poder – temos de encontrar um modo para reverter esse processo e recuperar nossa unidade espiritual.[112]

De modo semelhante, em 1939, T. S. Eliot sublinhou, na obra *The Idea of a Christian Society* [A Ideia de uma Sociedade Cristã], que "é somente ao retornar à fonte eterna da verdade que podemos ter esperanças de que qualquer organização social não irá, até a destruição final, ignorar algum aspecto essencial da realidade".[113] A rejeição das posturas ideológicas é um fator intrínseco à natureza da religião cristã, pois, de acordo com Dawson:

> O cristianismo traz uma espada de divisão da vida humana, fecha o portão que leva de volta ao sonho de uma utopia social e a um estado de perfeição natural.
> No entanto, a introdução de um princípio espiritual superior na vida do homem – a negação dessa autossuficiência e auto-orientação da vida humana – não se opõe ao desenvolvimento da cultura mais do que se opõe ao desenvolvimento da personalidade. Pelo contrário, o alargamento do horizonte espiritual dos homens, que resulta da visão cristã do mundo, também amplia o campo da cultura, assim como a personalidade do indivíduo é aprofundada e exaltada pela consciência de seu destino espiritual.[114]

---

[111] Idem, *The Judgment of the Nations*, p. 25.

[112] Idem, *Understanding Europe*, p. 241.

[113] T. S. Eliot, *The Idea of a Christian Society*, p. 50.

[114] Christopher Dawson, "O Significado da Cultura em T. S. Eliot". In: *Dinâmicas da História do Mundo*, p. 191.

Em muitos aspectos, o cenário de nossa época, marcado tanto pela arrogância dos racionalistas quanto pelo desespero dos céticos, parece um ambiente devastado, no qual a verdade do cristianismo não tem mais espaço para fazer a cultura florescer. Outra situação agravante é a ausência de um justo meio na vida espiritual: em um extremo vemos as crenças ideológicas de alguns cristãos que afirmam a sobrevivência da fé apenas se esta se adaptar ao conjunto de valores liquefeitos dos progressistas, e, no outro extremo, a adesão aos dogmas petrificados dos tradicionalistas. Dawson, entretanto, defendeu os mais elevados princípios da cristandade, a partir de uma correta perspectiva sociológica e histórica, em um momento mais conturbado que o nosso. No ensaio "Religion and the Totalitarian State" [Religião e o Estado Totalitário], publicado em 1934 na revista *The Criterion*, editada por T. S. Eliot, o historiador galês assevera:

> A única coisa necessária é que os próprios cristãos reconheçam essa fronteira: devem recordar que não é atribuição da Igreja fazer o mesmo que o Estado – construir um reino como todos os outros reinos dos homens, melhorado; nem criar um reino de paz e justiça terrenos. A Igreja existe para ser a luz do mundo, e caso cumpra esta função, o mundo será transformado, apesar de todos os obstáculos que os poderes humanos ponham no caminho. Uma cultura secularista só pode existir, por assim dizer, nas trevas. É uma prisão em que o espírito humano se confina quando é excluído do mundo mais rico da realidade. No entanto, assim que a luz aparece, todo o mecanismo elaborado que foi construído para viver nas trevas se torna inútil. A redescoberta da visão espiritual devolve ao homem a liberdade espiritual. E, portanto, a liberdade da Igreja está na fé da Igreja e a liberdade do homem está no conhecimento de Deus.[115]

De modo conciso, Russell Kirk explicitou a influência exercida pelas reflexões de Dawson sobre os trabalhos de Eliot, principalmente na

---

[115] Idem, "Religion and the Totalitarian State", p. 16. Citado em: Russell Kirk, "Cristãos e Ideólogos na Casa dos Corações Partidos". In: *A Era de T. S. Eliot: A Imaginação Moral do Século XX*, p. 396.

composição da peça *Murder in the Cathedral* (1935) e dos ensaios *The Idea of a Christian Society* (1939) e *Notas para a Definição de Cultura* (1948).[116] A grande batalha travada por Eliot e por Dawson era a defesa da cristandade em um contexto histórico marcado pela falência do ideal de progresso, pelo fracasso das democracias liberais, pelo avanço do radicalismo ideológico, pela ascensão dos regimes totalitários e pela eclosão de uma guerra total entre as potências europeias. No primeiro capítulo de *A Formação da Cristandade*, ao delinear o grande desafio a ser enfrentado, principalmente pelos católicos, no momento anterior ao Concílio Vaticano II, Dawson ressalta que:

> Cada época é um período de crise para a Igreja cristã. Em cada era a igreja deve enfrentar novas situações históricas, cujos problemas não podem ser resolvidos da mesma maneira que foram no passado. A crise somente pode ser enfrentada pela ação espiritual criativa e, ao ter êxito, a Igreja cria um novo modo de vida, já que está comprometida com a determinada situação que enfrentou naquele período em particular. Hoje está bastante claro para todos, católicos e não católicos, cristãos e não cristãos, que vivemos numa época de crise. Talvez seja perigoso tentar definir a natureza dessa crise com muita precisão, já que os assuntos são demasiado complexos e de grande amplitude.[117]

Na obra *Understanding Europe*, Christopher Dawson apresenta uma importante advertência, para todos aqueles que acreditam que a unidade da cristandade pode ser estabelecida, exclusivamente, por um amplo programa cultural:

> O fato é que a cultura por si só – mesmo a cultura humanista que está intelectualmente ciente dos valores espirituais do cristianismo – não possui o poder de restaurar ou transformar a vida da sociedade. Oferece escalas de valor, estimações intelectuais e estéticas,

---

[116] Russell Kirk, "Cristãos e Ideólogos na Casa dos Corações Partidos". In: *A Era de T. S. Eliot: A Imaginação Moral do Século XX*, p. 395-96.

[117] Christopher Dawson, "Introdução ao Presente Estudo". In: *A Formação da Cristandade*, p. 98-99.

desenvolve a capacidade de crítica, a extensão do conhecimento e o distanciamento dos preconceitos e erros tanto da multidão quanto da classe dominante.[118]

No entanto, o historiador galês reconhece que a ausência de fé e de caridade inviabiliza o projeto de restauração cultural proposta pelos humanistas, pois "a presente crise de nossa civilização pode ser resolvida apenas por um processo de conversão e de transformação radicais".[119] Não devemos, também, confundir o ideal católico de unidade com a defesa da uniformidade, pois como, na obra *Notas para a Definição de Cultura*, alertou T. S. Eliot:

> Nenhuma garantia contra a deterioração cultural é oferecida por qualquer um dos três principais tipos de organização religiosa: a igreja internacional com um governo central, a igreja nacional ou a seita à parte. O perigo da liberdade é a liquefação; o perigo de uma ordem estrita é a petrificação. Tampouco podemos julgar a partir da história de qualquer sociedade se uma história religiosa diferente teria resultado em uma cultura mais saudável hoje. Os efeitos desastrosos do conflito religioso armado dentro de um povo, como na Inglaterra no século XVII ou nos estados germânicos no século XVI, não precisam ser enfatizados [...]. No entanto, podemos perguntar se o metodismo não restaurou, no período de seu maior fervor, a vida espiritual dos ingleses e abriu caminho para o movimento evangélico e mesmo para o movimento oxfordiano. [...] Assim como na relação entre as classes sociais, bem como na relação entre as diversas regiões de um país com as outras, e entre elas e o poder central, parece que uma constante luta entre as forças centrípeta e centrífuga é desejável. Porque sem essa luta, equilíbrio algum pode ser mantido, e se qualquer uma delas vencesse, o resultado seria deplorável. As conclusões que estamos justificados em extrair, de nossas premissas e do ponto de vista sociológico, parecem-me ser as seguintes. A cristandade deveria ser una [...]. Contudo dentro da unidade deveria haver um conflito eterno de ideias, pois é apenas através da luta contra ideias falsas

---

[118] Idem, *Understanding Europe*, p. 249.
[119] Ibidem, p. 252.

que aparecem constantemente que a verdade é ampliada e clarificada, e é no conflito com a heresia que a ortodoxia se desenvolve e vem a alcançar as necessidades de nosso tempo [...]. O temperamento local deve expressar suas particularidades em sua forma de cristianismo, como também deve fazê-lo o estrato social, para que a cultura adequada a cada área e a cada classe possa florescer; deve haver, ainda, contudo, uma força unindo todas essas classes e áreas. [...] E sem uma fé comum, todos os esforços para fazer com que as nações se aproximem culturalmente umas das outras poderá apenas produzir uma ilusão de unidade.[120]

É possível constatar que, debruçados sobre os ombros de gigantes como T. S. Eliot e Christopher Dawson, o verdadeiro retorno à unidade cristã apenas será possível pelo correto entendimento da relação intrínseca entre religião e cultura. A compreensão dessa dinâmica histórica deve acarretar, simultaneamente, na recusa da petrificação reacionária dos tradicionalistas e na liquefação revolucionária dos progressistas. As duas posturas ideológicas são, de certo modo, uma negação do presente, ao submetê-lo ao passado ou ao futuro, assumindo, em ambos os casos, um errôneo posicionamento anti-histórico.

O cristianismo é em essência uma religião histórica, pois, como lembra Dawson: "Deus não somente governa a história, Ele intervém na história como um agente".[121] Nesse mesmo sentido, o teólogo suíço Hans Urs von Balthasar (1905-1988) ressaltou que o católico vê a história como a revelação de uma economia divina da salvação, que, sem aniquilar as normas ou métodos históricos específicos, transforma o entendimento da dinâmica histórica do mundo em um projeto teológico, pois, o "Cristo é a exclusiva norma concreta. Precisamente porque Cristo é norma absolutamente irrepetível, seu presente é incomensurável com relação às normas interiores do mundo".[122]

---

[120] T. S. Eliot, *Notas para a Definição de Cultura*, p. 90-91.

[121] Christopher Dawson, *The Sword of the Spirit*. London, Sand, 1942, p. 4.

[122] Hans Urs von Balthasar, *Teologia da História*. Trad. Claudio J. A. Rodrigues. São Paulo, Fonte Editorial, 2005, p. 19.

O entendimento religioso, cultural e político da crise de nossa época, tal como apresentados nos escritos de T. S. Eliot, de Christopher Dawson, de Russell Kirk e de tantos outros guardiões das "coisas permanentes", não deve servir como alimento para o desespero histórico. O atual percurso da cristandade deverá ser trilhado com fé, esperança e caridade como uma busca pela recuperação da verdadeira unidade cristã, único meio efetivo para enfrentar os males ideológicos da "desagregação normativa". Como afirmou o eminente historiador galês:

> Por mais secularizada que possa se tornar nossa civilização moderna, essa tradição sagrada permanece como um rio no deserto, e uma educação religiosa verdadeira ainda pode utilizá-la para irrigar as terras sequiosas e mudar a face da Terra com a promessa de vida nova. O grande obstáculo é a incapacidade dos próprios cristãos de compreender a profundidade dessa tradição e as possibilidades inesgotáveis de vida nova que encerra.[123]

Russell Kirk Center for Cultural Renewal
Mecosta, Michigan, EUA
Oitava da Páscoa do Ano da Graça de Nosso
Senhor Jesus Cristo de 2014

Alex Catharino
Nasceu em 4 de julho de 1974 na cidade do Rio de Janeiro. É vice-presidente executivo do Centro Interdisciplinar de Ética e Economia Personalista (CIEEP), pesquisador residente do Russell Kirk Center for Cultural Renewal, em Mecosta, Michigan, EUA, e gerente editorial dos periódicos *COMMUNIO: Revista Internacional de Teologia e Cultura* e *MISES: Revista Interdisciplinar de Filosofia, Direito e Economia*. Cursou a graduação em História na Universidade Federal do Rio de Janeiro (UFRJ) e fez estudos nas áreas de história, arqueologia, paleografia, filosofia, teologia, literatura, economia e ciência política em diferentes instituições no

---

[123] Christopher Dawson, *Understanding Europe*, p. 255.

Brasil, EUA, Portugal, Itália, Argentina, Colômbia e Uruguai. Foi pesquisador do Laboratório de História Antiga (LHIA) da UFRJ, coordenador de programas acadêmicos e culturais do Instituto Liberal do Rio de Janeiro (IL-RJ), visiting fellow da Atlas Economic Research Foundation, em Washington, D.C., e pesquisador afiliado do Acton Institute for the Study of Religion and Liberty, em Grand Rapids, Michigan. É autor de inúmeros artigos publicados em diferentes periódicos acadêmicos, do capítulo "Origens e Desenvolvimento do Liberalismo Clássico" no livro *Ensaios sobre Liberdade e Prosperidade* (UNA Editorial, 2001) e dos verbetes "Eric Voegelin (1901-1985)", "Liberalismo" e "Russell Kirk (1918-1994)" no *Dicionário de Filosofia Política* (Editora UNISINOS, 2010), além de ter escrito os estudos introdutórios "A Vida e a Imaginação de Russell Kirk" e "A Formação e o Desenvolvimento do Pensamento Conservador de Russell Kirk" para as edições brasileiras dos livros *A Era de T. S. Eliot: A Imaginação Moral do Século XX* (É Realizações, 2011) e *A Política da Prudência* (É Realizações, 2013), ambos de Russell Kirk, bem como o posfácio "Teologia e História na Reconstrução da Unidade Cristã" para *A Formação da Cristandade* (É Realizações, 2014) de Christopher Dawson.

Índice Remissivo

A

Abade de Saint-Cyran [Jean du Vergier de Haurrane (1581-1643)], 247
Absalom and Achitophel (John Dryden), 276
Acordo Elizabetano, 221
Acta Sanctorum, 188
Adams, John (1725-1826), 258
Addison, Joseph (1672-1719), 279, 285
Adriano VI [Adrian de Utretch (1459-1523)], papa, 120
Advertência do dr. Martinho Lutero a seus estimados alemães (Martinho Lutero), 134
Agostinho de Hipona (354-430), Santo, 300
Agostiniano, 92, 247
Akbar, o Grande (1542-1605), 189
Alba, 3º duque de *ver* Toledo y Pimentel, Fernando Álvarez de
Albani, Giovanni Francesco *ver* Clemente XI, papa
Alberdi, Leon Battista (1404-1472), 84
Albert da Prússia (1490-1568), duque, 121
Alberto de Brandemburgo (1490-1545), o arcebispo de Mainz, 117
Alcebiades, Albrecht (1522-1557), margrave de Brandenburgo-Kulmbach, 138
Aleandro, Girolamo (1478-1542), cardeal, 179, 180
Alexandre V, antipapa *ver* Philarghi, Pedro
Alexandre VI [Rodrigo Bórgia (1431-1503)], papa, 77
Alighieri, Dante *ver* Dante Alighieri
Alveldt, Agustinus (1480-1532), 117
Amadeu VIII (1383-1451), conde e duque de Saboia e antipapa Felix V, 71
Ames, William (1576-1633), 198
Anabatista, 118, 125
Ana da Áustria *ver* Ana Maria Mauricia de Habsburgo
Ana da Grã-Bretanha *ver* Anne Stuart
Ana Maria Mauricia de Habsburgo (1601-1666), 250
Anchieta S.J., José de (1534-1597), São, 334
Andrewes, Lancelot (1555-1626), bispo anglicano, 55, 154
Anglicano, 17, 50, 124, 153, 154, 189, 212, 257, 259, 261, 262, 283
Anjou, duque de *ver* Filipe V

Anne Stuart (1665-1714), rainha da
  Grã-Bretanha, 285
Anticristo, 117
Antonino de Florença (1389-1459),
  Santo, 86
Apocalipse, 140
Aquino, Santo Tomás de *ver* Tomás de
  Aquino, Santo
Aranda, conde de [Pedro Pablo Abarca
  de Bolea (1719-1798)], 335
Aristônico de Pérgamo (†129 a.C.),
  Eumenes III Aristônico, 104, 105
Aristóteles (384-322 a.C.), 100, 316
Arminiano, 264
Arminius, Jacobus (1560-1609), 52, 124
Arnauld (1560-1619), Antoine [pai], 248
Arnauld (1612-1694), Antoine [filho],
  248
Arnauld, Jacqueline-Marie-Angélique
  ver madre Angélique
Arnauld, Jeanne-Catherine-Agnès
  (1593-1671), madre, 247
Arnold, Matthew (1822-1888), 33,
  56, 57
Aron, Raymond (1905-1983), 322, 323
Asbury, Francis (1745-1816), 270, 271,
  272, 273, 274
Aske, Robert (1500-1537), 147
Askew, Anne (1520-1546), 150
Astell, Mary (1666-1731), 54
Ato de Sucessão, 145
Ato de Supremacia, 145
Ato dos Seis Artigos, 149
Audley, Thomas (†1544), 148
Augustinus (Corneille Janssen), 247

B

Bacon, Francis (1561-1626), 99, 228,
  315, 316, 326, 330
Bacon, Roger *ver* Roger Bacon
Badia, Tommaso (1483-1547), cardeal,
  179
Balthasar, Hans Urs von (1905-1988),
  343
Barbeyrac, Jean (1674-1744), 282
Barnes, Robert (1495-1540), 149
Baron, Hans (1900-1988), 82
Baronius, Caesar (1538-1607), cardeal,
  97
Barroco, 14, 23, 215, 224, 225, 226,
  227, 235, 237, 239, 242, 243, 246
Báthory, Estêvão (1533-1586), 216
Batista, 198
Baur, Ludwig (1871-1943), 100
Bayle, Pierre (1647-1706), 50, 254,
  281, 282
Baynes, Paul (1573-1617), 198
Beausobre, Isaac de (1659-1738), 282
Beauval, Henri Basnage de (1657-
  1710), 282
Beauval, Jacques Basnage de (1653-
  1723), 282
Belloc, Hilaire (1870-1953), 300, 307
Bembo, Pietro cardeal (1470-1547), 97
Benedito José Labre, (1748-1783), São,
  219
Bento XIII, antipapa ver Luna, Pedro
  Martínez de, 67, 68, 69
Bento XII [Jacques Fournier (1280-
  1342)], papa, 63
Bento XVI [Joseph Aloisius Ratzinger
  (1927-)], papa, 77
Bergerac, Cyrano de ver Cyrano de
  Bergerac, Hector Savinien de, 277
Berkeley, George (1685-1753), bispo
  anglicano, 257, 279, 284
Bernardino de Sahagún (1499-1590),
  230

Bernardino de Siena, (1380-1444), São, 86, 108, 222
Bernardino Ochino (1487-1564), 150, 218
Bernardino Telesio (1509-1588), 99
Bernardo de Claraval, (1090-1153), São, 48, 91
Bernières, Henri de (1635-1700), 231
Bernini, Gian Lorenzo (1598-1680), 227, 310
Bérulle, Pierre de (1575-1629), cardeal, 231, 238
Bessarion de Niceia (1403-1472), 76, 94
Biel, Gabriel (1420-1495), 114
Bilney, Thomas (1495-1531), 144
Birzer, Bradley J. (1967-), 37, 297, 298, 299, 300, 311
Bismarck, Otto von (1815-1898), 216
Blois, O.S.B., Louis de (1506-1566), abade, 176
Blosius *ver* Blois, O.S.B., Louis de
Boaventura, (1221-1274), São, 188
Bohler, Peter (1712-1775), 261
Boileau, Nicolas (1636-1711), 248, 288
Bolena (1501-1536), Ana, 143, 152
Bonaparte, Napoleão *ver* Napoleão Bonaparte
Bonaventure des Périers (1501-1544), 160
Book of Common Prayer [Livro de Oração Comum], 151, 197, 260
Book of Discipline [Livro da Disciplina] (John Knox), 165
Book of Martyrs [Livro dos Mártires] (John Foxe), 152
Bórgia, Afonso *ver* Calisto III, papa
Bórgia, Cesare (1475-1507), cardeal e duque de Valentinois, 77, 87
Bórgia, Rodrigo *ver* Alexandre VI, papa
Bossuet, Jacques-Bénigne (1627-1704), bispo, 208
Botero, Giovanni (1544-1617), 242, 243
Botticelli, Sandro (1445-1510), 87
Boyle, Robert (1627-1691), 283
Bracciolini, Poggio (1380-1459), 92
Bradbury, Ray (1920-2012), 330
Bradshaw, William (1571-1618), 198
Braudel, Fernand (1902-1985), 9
Bray, Thomas (1658-1730), 256
Brébeuf, Jean de (1593-1649), São, 231
Brederode, Hendrik van (1531-1568), 168
Bredvold, Louis I. (1888-1977), 320, 322
Brémond, Henri (1865-1933), 46, 295
Brewster, William (1567-1644), 172
Brígida da Suécia, (1303-1373), Santa, 65
Brodrick, S.J. (1891-1973), James, 18
Browne, Thomas (1605-1682), sir, 55, 197, 198
Bucer *ver* Butzer, Martinho
Bulkeley, Peter (1583-1659), 201, 202
Bunyan, John (1628-1688), 185
Burgess, Anthony (1917-1993), 330
Burke, Edmund (1729-1797), 301, 322
Burke, Peter (1937-), 12, 79
Burkhardt, Jacob (1818-1897), 79
Burton, John (1696-1771), 260
Butler, Joseph (1692-1752), bispo anglicano, 263, 279, 284
Butler, Samuel (1613-1680), 263, 276, 277, 279, 284
Butzer [ou Bucer], Martinho (1491-1551), 130, 131, 132, 135, 137, 150, 181, 190

C

Calisto III [Afonso de Bórgia (1378-1458)], papa, 76
Calvinista, 51, 151, 165, 169, 198, 204, 236, 243, 257, 264, 333
Calvino, João (1509-1564), 96, 124, 151, 158-59, 161-66, 176, 181, 199, 309
Cambridge, Platonistas de, 54
Cambridge, Universidade de, 33, 54, 80, 86, 90, 91, 96, 143, 144, 196, 197, 202, 241, 250, 257
Campanella, Tommaso (1568-1639), 84, 102, 103, 104, 105, 227, 287, 316, 327, 330
Campeggio, Lorenzo (1474-1539), cardeal, 133
Cândia, Pedro de *ver* Philarghi, Pedro
Capito, Wolfgang *ver* Köpfel, Wolfgang
Caraffa, Giovanni Paolo *ver* Paulo IV, papa
Cardano, Gerolamo (1501-1576), 99
Carey, William (1761-1834), 294
Carlo Borromeo (1538-1584), São, 218
Carlos I da Espanha *ver* Carlos V, imperador do Sacro Império Romano
Carlos I da Inglaterra *ver* Charles I
Carlos II (1661-1700), rei de Espanha, 251
Carlos II da Inglaterra *ver* Charles II
Carlos IV (1748-1819), rei da Espanha, 335
Carlos V (1500-1558), imperador do Sacro Império Romano, 95, 110, 120, 125, 132-33, 135-38, 166-67, 179, 189-90, 208-10, 212
Carlos VI (1685-1740), imperador do Sacro Império Romano-Germânico, 296

Carmelita, 192, 222
Carolinos, Teólogos, 54, 55
Cartuxo, 65
Cartwright, Peter (1785-1872), 196, 273
Cassirer, Ernst (1874-1945), 318, 319
Catarina de Siena, (1347-1380), Santa, 59, 65, 86, 176
Catarina II (1729-1796), imperatriz da Rússia, 335
Cativeiro Babilônico da Igreja, Do (Martinho Lutero), 117, 119, 177
Cervantes, Miguel de (1547-1616), 227, 228, 276
Cesalpino, Andrea (1524-1603), 99
Charles I (1600-1649), rei de Inglaterra, 54, 55
Charles II (1630-1685), rei de Inglaterra, 55, 259, 276
Chesterton, G. K. [Gilbert Keith] (1874-1936), 300, 301, 307
Chiaramonti, Barnaba *ver* Pio VII, papa
Chichele, Henry (1364-1443), arcebispo, 142
Choiseul, Étienne François de (1719-1785), duque de Choiseul, 296, 334
Christian Directory, The [Direção Cristã, A] (Robert Parsons S.J.), 185
Christiani, Léon (1879-1971), 175
Christianity as Old as Creation: Or The Gospel a Republication of the Religion of Nature [Cristianismo tão Antigo quanto a Criação: Ou, o Evangelho, Uma Reedição da Religião da Natureza] (Matthew Tindal), 284
Cícero, Marco Túlio (106-43 a.C.), 84
Cisneros, O.F.M., Francisco Jiménez de (1436-1517), cardeal, 96, 210, 211

Città del Sole, La [Cidade do Sol, A] (Tommaso Campanella), 104, 327
Clairvaux, Bernardo de *ver* Bernardo de Claraval
Clark, Kenneth (1903-1983), 31
Clayton, John (1709-1773), 260
Clemente VII [Júlio de Juliano de Médici (1478-1534)], papa, 121, 177, 178
Clemente XI [Giovanni Francesco Albani (1649-1721)], papa, 252
Clemente XIV [Giovanni Vincenzo Antonio Ganganelli (1705-1774)], papa, 296, 335
Clericis Laicos, bula (Bonifácio VIII), 63
Cloud of Unknowing [A Nuvem do Não Saber], 65
Coke, Thomas (1747-1814), 271, 272, 274
Colbert, Jean-Baptiste (1619-1683), 249, 250, 251
Colet, John (1467-1519), 93, 94
Coligny, Gaspard de (1519-1572), 165
Collins, Suzanne (1962-), 330
Combate Espiritual, O (Lorenzo Scupoli), 185
Comentários da Carta aos Romanos (Martinho Lutero), 115
Companhia de Jesus *ver* Jesuíta
Companion for the Festivals and Fasts of the Protestant Episcopal Church in United States of America, A [Livro de Bolso para os Festivais e Jejuns da Igreja Episcopal nos Estados Unidos da América] (Robert Nelson), 259
Complete English Tradesman, The [O Perfeito Comerciante Inglês] (Daniel Defoe), 285

Comte, Auguste (1798-1857), 322
Concílio da Basileia, 70, 71
Concílio de Avignon, 71
Concílio de Constança, 68, 70, 75, 208
Concílio de Florença, 76, 208
Concílio de Latrão, V, 178
Concílio de Londres, 152
Concílio de Pisa, 68
Concílio de Trento, 8, 12, 120, 175, 179, 190, 191, 193, 194, 195, 208, 210, 221, 332
Concílio Nacional de Paris, 67
Concílio Vaticano II, 20, 26, 311, 338, 341
Concordata de Bolonha, 159
Confederação de Varsóvia, 216
Confessio Tetrapolitana (Martinho Butzer), 132
Confissão de Augsburgo, 132, 133
Confissão de Westminster, 204
Congar, Yves (1904-1995), 45
Congregacional, 128, 130, 200
Conradus Mutianus *ver* Mutianus Rufus, Konrad
Contarini, Gasparo (1483-1542), cardeal, 179, 180, 181, 185, 186, 190
Contrarreforma, 22, 24, 52, 94, 105, 154, 159, 171, 175, 186, 193, 208-09, 211, 213, 222, 224-25, 228, 246, 249, 260, 296, 299, 310, 332-33, 336
Conway, Anne (1631-1679), viscondessa Conway, 54
Cooper, Anthony Ashley *ver* Shaftesbury, terceiro conde de
Copérnico, Nicolau (1473-1543), 99, 100, 101, 104
Coppin, John († 1583), 198
Coríntios, Epístola aos (São Paulo), 119

Corregio, Antonio (1489-1534), 226
Correr, Angelo *ver* Gregório XII, papa
Cortese, Gregório (1483-1548),
    cardeal, 179, 180
Cosin, John (1594-1672), 55
Cossa, Baldassare (1370-1419),
    antipapa João XXIII, 68
Cotton, John (1585-1652), 199, 202
Coverdale, Myles (1488-1569), 151
Cowper, William (1731-1800), 284
Cox, Richard (1500-1581), 195
Cranmer, Thomas (1489-1556), 143,
    144, 152, 195
Crashaw, Richard (1613-1649), 219,
    228, 238
Cristina da Suécia (1626-1689),
    rainha, 219
Cristóvão Colombo (1451-1506), 104
Crombie, Alistair Cameron (1915-
    1996), 102, 241
Cromwell, Oliver (1599-1658), 128,
    201, 204, 276
Cromwell, Thomas (1485-1540), 144,
    147, 148
Crotus Rubianus (1480-1539), 112,
    113
Cudworth, Ralph (1617-1688), 54
Culverwel, Nathaniel (1619-1651), 54
Curtius, Ernst Robert (1886-1956),
    241
Cusa, Nicolau de (1401-1464), cardeal,
    92, 94
Cutberto (634-687), São, 149
Cutler (1684-1765), Timothy, 256,
    268, 269
Cymbalum Mundi (Bonaventure des
    Périers), 160
Cyrano de Bergerac, Hector Savinien
    de (1619-1655), 277

D

D'Acquapendente, Girolamo Fabrizi
    (1537-1619), 99, 101
D'Alembert, Jean-Baptiste le Ronde
    (1717-1783), 289, 290
D'Andilly, Robert Arnauld (1588-
    1674), 247
Danforth, Samuel (1626-1674), 202
Dante Alighieri (1265-1321), 59, 61
D'Aubigné, Françoise (1635-1719),
    marquesa de Maintenon, 250
Dauversière, Jerôme le Royer de la
    (1597-1659), 239
Da Vinci, Leonardo *ver* Leonardo da Vinci
Dawson, Christopher (1889-1970),
    2-3, 10-15, 17-20, 22-27, 29-32,
    35-37, 39, 49, 291, 297-302, 304-
    08, 310-14, 321, 323-24, 327-32,
    336-41, 343-44
Deacon, Thomas (1697-1753), 260
Defensor Pacis (Marsílio de Pádua), 145
Defoe, Daniel (1661-1731), 278, 279,
    280, 281, 282, 283, 285
Deísmo, 24, 253, 266, 284
*Delle Cause della Grandezza delle
    Città* [Da Causa da Grandeza das
    Cidades] (Giovanni Botero), 243
Denck, Hans (1495-1527), 125
Descartes, René (1596-1650), 54, 103,
    287, 289, 315, 316, 317, 318
D'Étaples, Jacques Lefèvre (1450-
    1537), 160
Dez Artigos, 147
Diálogo entre o Clérigo e o Cavaleiro
    (John Wycliffe), 145
*Dialogo Sopra i Due Massimi Sistemi
    del Mondo* [Diálogo sobre os Dois
    Máximos Sistemas do Mundo]
    (Galileu Galilei), 316

Dictionaire Historique et Critique
 [Dicionário Histórico e Crítico]
 (Pierre Bayle), 282
Diego Álvarez de Paz S.J. (1560-1620),
 beato, 230
Dieta de Augsburg, 111
Dieta de Ratisbona, 185
Dieta de Worms, 111, 120
Diodoro Sículo (90-30 a.C.), 105
Dionisius Petavius, S.J. (1583-1652), 97
Divina Comédia, A (Dante Alighieri),
 61
Dominicano, 102, 179, 327
Donatello [Donato di Niccoló di Betto
 Bardi (1386-1466)], 88
Donne, John (1572-1631), 54, 228
Drexelius, S.J., Hieremias (1581-1638),
 189
Dryander, Franciscus *ver* Franciscus
 Dryander
Dryden, John (1631-1700), 237, 276
Dubois, Guillaume (1656-1723),
 cardeal, 253
Dubois, Pierre (1250-1320), 61
Duby, Georges (1919-1996), 12, 14
Dudley, Jane *ver* Jane Grey
Dudley, John (1501?-1553), conde de
 Warwick, 151
Dunciad, The (Alexander Pope), 277
Duns Scot, John (1256-1308), 31, 102
duquesa de Berry de *ver* Joana de
 França, Santa
Durant, Will (1885-1981), 10
Durkheim, Émile (1858-1917), 304

E
Eco (1932-), Umberto, 12
Édito de Nantes, 207, 221, 250, 275,
 281, 282

Édito de Worms, 121
Eduardo VI (1537-1553), rei da
 Inglaterra, 150
Edwards, Jonathan (1703-1758), 255,
 264-65
Egmont, conde de *ver* Lamoral
El Greco [Doménikos Theotokópoulos
 (1541-1614)], 226
Eliot, T. S. [Thomas Stears] (1888-
 1965), 37, 300-02, 304, 312-13,
 325, 330-31, 339-45
Elizabeth I (1533-1603), rainha da
 Inglaterra, 152, 154, 170, 195, 198,
 213
Enciclopedista, 282
Enéas Sílvio Piccolomini *ver* Pio II
Enzinas, Francisco de *ver* Franciscus
 Dryander
Episcopaliano, 258, 273
Epistolae Obscurorum Virorum
 [Cartas de Homens Obscuros],
 112, 113
Erasmiano, 124, 192
Erasmo de Roterdã [Gerrit Gerritszoon
 (1466-1536)], 7, 89, 93, 112, 122,
 123, 144, 149
Erastianismo, 140, 268
Escola Franciscana de Oxford, 102
Espinosa, Benedito *ver* Spinoza, Baruch
Estatuto de Traições, 145, 148
Estrabão (63-24 a.C.), 105
Eugubinus *ver* Steuco, Agostino
Eumenes III Aristônico *ver* Aristônico
 de Pérgamo
Eunus (†132 a.C.), escravo, 104
Evêmero (330-250 a.C.), 105
Exercícios Espirituais (Santo Inácio de
 Loyola), 182, 260
Ezequiel, profeta, 140

F

Falso Credita et Ementita Constantini Donatione Declamatio, De (Lorenzo Valla), 113
Farel, Guillaume (1489-1565), 158
Farnese, Alessandro (1545-1592), duque de Parma, 172, 178, 212 *ver também* Paulo III
Farnese, Pier Luigi (1503-1547), 137
Fécamp, Guillaume de (962-1031), 92
Felix V, antipapa *ver* Amadeu VIII
Fénelon, François (1675-1715), 56, 232, 252
Fernando I (1503-1564), de Habsburgo, arquiduque da Áustria, 131
Fernando I (1751-1825), de Bourbon, rei de Nápoles, 335
Fernando II (1578-1637), imperador do Sacro Império Romano-Germânico, 214
Fernando III (1608-1657), imperador do Sacro Império Romano-Germânico, 214, 215
Fichte, Johann Gottlieb (1762-1814), 291, 322
Fielding, Henry (1707-1754), 279
Filipe II (1527-1598), rei de Espanha, 167
Filipe II (1674-1723), duque d'Orléans, 253
Filipe III (1396-1467), o Bom, duque de Borgonha, 90
Filipe IV (1268-1314), o Belo, rei de França, 60
Filipe Neri (1515-1595), São, 223
Filipe V (1683-1746), duque de Anjou e rei da Espanha, 251
Fletcher, John William (1729-1785), vigário de Madely, 268
Fliche, Augustin (1884-1951), 155
Flote, Pierre (†1302), 61
Fontenelle, Bernard le Bovier de (1657-1757), 288, 289
Formula Reformationis Ecclesiasticae (Carlos V), 137
Foxe, John (1516-1587), 152
Foxe, Richard (1448-1528) bispo, 108, 142
Fox, George (1624-1691), 204
Francisco de Assis (1182-1226), São, 91, 222
Francisco de Enzinas *ver* Franciscus Dryander
Francisco de Sales (1567-1622), São, 56, 223
Francisco II (1544-1560), rei de França, 164
Francisco Xavier S.J. (1506-1552), São, 187
Franciscus Dryander (1518-1552), 150
Franck, Sebastian (1499-1543), 125
Franklin, Benjamin (1706-1790), 292
Frederico I (1370-1428), de Wettin, 91
Frederico II (1194-1250), da Germânia, 87
Frederico II (1712-1786), rei da Prússia, 335
Frederico III (1415-1493), imperador do Sacro Império Romano-Germânico, 71
Frederico IV (1382-1439), duque da Áustria, 68
Fregoso, Federigo (1480-1541), bispo, 179, 180
Frequens, decreto, 69
Frobenius, Johannes (1460-1527), 120
Froissart, Jean (1337-1405), 59
Fuschi, Michele *ver* Michele de Cesena

G

Gaddis, John Lewis (1941-), 12
Gálatas, Epístola aos (São Paulo), 114
Galicana, 141, 159, 160, 206, 207, 208, 249, 287, 290
Galileo Galilei (1564-1642), 101, 103, 104, 227
Gambold, John (1711-1771), 264
Ganganelli, Giovanni Vincenzo Antonio ver Clemente XIV, papa
Gansfort, Wessel (1419-1489), 93
García-Villoslada, Ricardo (1900-1991), 10
Gardiner, Stephen (1483-1555), 144, 147, 151, 195
Gassendi, Pierre (1592-1655), 277, 287
Gay, John (1685-1732), 279
Gay, Peter (1923-), 320
Georg der Bärtige (1431-1539), duque da Saxônia, 140
George I (1660-1727), rei da Grã-Bretanha, 259, 278
George II (1683-1760), rei da Grã-Bretanha, 278
George III (1738-1820), rei da Grã-Bretanha, 270
Ghiberti, Lorenzo (1378-1455), 88
Ghirlandaio, Domenico (1449-1494), 88
Ghislieri, Antonio ver Pio V, papa e Santo
Gibbon, Edward (1737-1794), 282
Giberti, Gian Matteo (1495-1543), bispo, 179, 218
Gilbert, William (1544-1603), 99, 170
Gilson, Étienne (1884-1978), 32
Ginzburg, Carlo (1939-), 9, 12
Giordano Bruno (1548-1600), 99, 101
Giotto di Bondone (1266-1337), 88
Giovanni Colombini (1304-1367), beato, 65

Glanvill, Joseph (1636-1680), 54
Gloucester, duque de ver Humphrey de Lancaster
Goethe, Johann Wolfgang von (1749-1832), 219
Goldsmith, Oliver (1730-1774), 279
Góngora, Luís de (1561-1627), 228
Goodwin, John (1594-1665), 203
Goodwin, Thomas (1600-1680), 203
Gótico, 90, 224, 225, 226
Grande Aliança, 251, 252
Grande Despertamento, 255, 266
Grandeurs de Jésus, Des (Pierre de Bérulle), 238
Gregorio López (1542-1596), servo de Deus, 230
Gregório VII [Hildebrando da Sovana (1020/25-1085)], papa e Santo, 109
Gregório XII [Angelo Correr (1327-1415)], papa, 68, 69
Gresham, Thomas (1519-1579), sir, 168
Grey, Zachary (1688-1766), 151, 269
Griffiths, O.S.B., Bede (1906-1993), 19, 20
Grimm, barão von ver Melchior, Friedrich
Grindal, Edmund (1519-1583), 195, 196, 197
Groethuysen, Bernard (1880-1946), 278
Groote, Geert (1340-1384), 65, 92
Grosseteste, Roberto (1175-1253), 92, 102
Guarino de Verona (1374-1460), 85
Guerra Civil na Inglaterra (1642-1649), 50, 203
Guerra das Duas Rosas (1455-1485), 90
Guerra de Sucessão Espanhola (1702-1714), 251
Guerra dos Camponeses (1525), 128

Guerra dos Cem Anos (1337-1453), 65, 72
Guerra dos Trinta Anos (1618-1648), 208, 213, 214, 215, 226, 245
Guerra Religiosa (1562-1563), Primeira, 133, 138, 214
Guicciardini, Francesco (1483-1540), 218
Guilherme I (1533-1584), de Orange-Nassau, o Taciturno, 153, 167, 169, 170, 275
Guilherme III da Inglaterra *ver* William III

H
Hames, Nicolas de (†1568), 168
Harvey, William (1578-1657), 99, 100, 101
Haurrane, Jean du Vergier de *ver* Abade de Saint-Cyran
Hays, Denys (1915-1994), 91
Hazard, Paul (1878-1944), 239
Hegel, G. W. F. [Georg Wilhelm Friedrich] (1770-1831), 329
Hegius, Alexander (1433-1498), 93
Helwys, Thomas (1575-1616), 198
Henrique II (1133-1189), rei de Inglaterra, 331
Henrique II (1519-1559), rei de França, 160
Henrique III de Navarra *ver* Henrique IV
Henrique IV (1553-1610), rei de França, 166, 207, 208, 246
Henrique Suso (1300-1366), beato, 65
Henrique VIII (1491-1547), rei de Inglaterra, 22, 135, 142, 143, 145, 148, 149, 150, 151, 154, 159, 172, 178, 179, 195, 197, 206
Herbert, George (1593-1633), 54

Hessus, Helius Eobanus (1488-1540), 113
Hideyoshi, Toyotomi (1537-1598), 189
Higginson, Francis (1588-1630), 200
Hildebrando da Sovana *ver* Gregório VII, papa
Hill, Rowland (1744-1833), 37, 265
Himmelfarb, Gertrude (1922-), 320
Hitler, Adolf (1889-1945), 212
Hobbes, Thomas (1588-1679), 50, 54, 103, 277
Hobsbawm, Eric (1917-2012), 13, 328
Holy War, The [Guerra Santa, A] (John Bunyan), 185
Homero, 277
Hooker, Richard (1554-1600), 154
Hooker, Thomas (1586-1647), 202
Hooper, John (1495/1500-1555), 151, 152
Hopkins, Samuel (1721-1803), 255
Horton, Douglas (1891-1968), 25
Hudibras (Samuel Butler), 276
Huguenote, 170, 207, 251, 282
Huizinga, Johan (1872-1945), 90
Hume, David (1711-1776), 279
Humphrey de Lancaster (1390-1447), duque de Gloucester, 91
Hus, Jan (1369-1415), 69, 73, 74
Hutcheson, Francis (1694-1746), 279
Hutten, Ulrich von (1488-1523), 112, 113, 118, 121, 122
Hutton, James (1715-1795), 261, 264
Hutton, John, reverendo, 261
Huxley, Aldous (1894-1963), 330

I
Iâmbulo (séc. III a.C.), 105
Imitação de Cristo (Tomás à Kempis), 59, 92

Inácio de Loyola (1491-1556), santo, 53, 96, 181-83, 185-86, 223, 310, 332
Ingenius Moribus ac Liberalibus Studiis, De (Pier Paolo Vergerio, o Velho), 85
Ingham, Benjamim (1712-1772), 260, 261, 264
Inocêncio III [Lotário de Segni (1160-1216)], papa, 109
Institutio Christianae Religionis [Institutas da Religião Cristã] (João Calvino), 161, 198
Interim Augustanum, decreto (Carlos V), 137, 138
Isaac Jogues, S. J. (1607-1648), Santo, 231
Isabel I da Inglaterra *ver* Elizabeth I
Isidoro de Kiev (1380-1463), 76
Isócrates (436-336 a.C.), 84

J

Jacob, Henry (1563-1624), 198
James I (1566-1625), rei de Inglaterra, 198
James II (1633-1701), rei de Inglaterra, 276
Jane Grey (1536-1554), rainha de Inglaterra, 151
Janelle, Pierre (1879-1952), 155, 175
Janova, Matěj de (1350-1393), 74
Jansenismo, 247, 248, 252, 288, 295
Jansenius *ver* Janssen, Corneille
Janssen, Corneille (1585-1638), 90, 126, 127, 247
Jan van Ruysbroeck de Groenendaal (1239-1381), beato, 65, 92
Jarratt, Devereaux (1733-1801), 273
Jeanne de Valois *ver* Joana de França, Santa

Jedin, Hubert (1900-1980), 180
Jefferson, Thomas (1743-1826), 292
Jerônimo de Praga (1379-1416), 73
Jesuíta, 18, 22, 53, 154
Jewel, John (1522-1571), 195
Joana de França, [Jeanne de Valois (1464-1505)], Santa, 143
João da Cruz (1542-1591), São, 192, 222, 228, 237
João Paulo II [Karol Józef Wojtyła (1920-2005)], papa, 77
João VIII Paleólogo (1392-1448), imperador bizantino, 76
João XXIII, antipapa *ver* Cossa, Baldassare
João XXII [Jacques d'Euse (1249-1334)], papa, 63, 64
Johann Crotus *ver* Crotus Rubianus
Johannes Jäger *ver* Crotus Rubianus
Johann Friedrich I von Sachsen (1503-1554), 134, 137
John de Gaunt (1340-1399), 1º duque de Lancaster, 72
John Fisher (1469-1535), bispo e Santo, 93, 144
John Peckham (1230-1292), 102
Johnson [de Connecticut], Samuel (1696-1772), 257, 258, 279, 284
Johnson, Paul (1928-), 327, 328
Johnson, Samuel (1709-1784), 257, 258, 279, 284
Johnson, Thomas Herbert (1902-1985), 47
Johnston, O. R. [Olaf Raymond] (1927-1985), 123, 124
Joinville, Jean de (1224-1317), 59
Jorge I da Grã-Bretanha *ver* George I
Jorge III da Grã-Bretanha *ver* George III
José I (1714-1777), rei de Portugal, 334

José II (1741-1790), imperador do Sacro Império Romano-Germânico, 296
Júlio III [Giovanni Maria Ciocchi del Monte (1487-1555)], papa, 332
Junípero Serra, O.F.M. (1713-1784), beato, 231

K

Karlstadt, Andreas von (1486-1541), 118, 125, 126
Ken, Thomas (1637-1711), 55
Kepler, Johannes (1571-1630), 99, 100
Kilewardby, Robert (1215-1279), cardeal, 102
King's Book [Livro do Rei], 149
Kingsley, Charles (1819-1875), 213
Kino, S. J., Eusébio Francisco (1645-1711), 231
Kirk, Annette Y. (1940-), 306
Kirk, Russell (1918-1994), 17, 36-37, 298-99, 301, 305-06, 311, 313, 322, 324, 329-31, 337-38, 340-41, 344-45
Knowles O.S.B., David (1896-1974), 3, 7, 29, 33, 297
Knox, John (1514-1572), 164, 165
Köpfel [ou Capito], Wolfgang (1478-1541), 130, 131
Koyré, Alexander (1862-1964), 241
Kugler, Bernhard (1837-1898), 10

L

La Chaise, S.J., François de (1624-1709), 252
Lacouture, Jean (1921-), 333, 334, 336
La Fontaine, Jean de (1621-1695), 277
Laínez, S.J., Diego (1512-1565), 184, 187
Lamoral (1522-1568), conde de Egmont, 167
Lancaster, duque de *ver* John de Gaunt
Lancaster, Humphrey de *ver* Humphrey de Lancaster
Lancelot, Claude (c.1615-1695), 55, 154, 288
Langen, Rudolf von (1438-1519), 93
Las Casas, Bartolomé de (1474-1566), bispo, 211, 230
Łaski, Jan (1499-1560), 150
Latimer, Hugh (1487-1555), 152, 195
Laud, William (1573-1645), arcebispo anglicano, 55
Lavington, George (1684-1762), bispo anglicano, 265
Law, William (1686-1761), 260, 284
Layton, Richard (1500?-1554), 147
Leão X [Giovanni di Lorenzo de Médici (1475-1521)], papa, 113, 122, 133, 159
Le Clerc, Jean (1657-1736), 254, 281, 282
Lee, Edward (1482-1544), 147
Legh, Thomas (†1545), 147
Le Goff, Jacques (1924-2014), 12
Leis Novas, 211
Le Maistre, Antoine (1608-1658), 247
Le Maistre de Sacy, Louis-Isaac (1613-1684), 248
Leonardo Bruni (1370-1444), 83, 85, 86
Leonardo da Vinci (1452-1519), 89
Le Roy Ladurie, Emmanuel (1929-), 9
Leslie, Charles (1650-1722), 284
Le Tellier, S.J., Michel (1643-1719), 252
Letter Addressed to the Commonalty of Scotland, A [Carta Endereçada à Comuna da Escócia, Uma] (John Knox), 164
Lewis, C. S. [Clive Staples] (1898-1963), 300, 326

Liberdade do Cristão, Da (Martinho Lutero), 117, 119
Liberis Recte Instituendis, De (cardeal Giacomo Sadoleto), 85
Libero Arbitrio Diatribe Sive Sollatio, De [Do Livre Arbítrio: Discursos ou Comparações] (Erasmo de Roterdã), 122
Liga do Schmalkalden, 129
Liga dos Mendigos, 168
Liga Hanseática, 60
Liga Sagrada, 83
Liga Suábia, 135
Locke, John (1632-1704), 54, 281, 289, 292
Lollardos, 144
Lope de Vega, Félix (1562-1635), 227
Lordes da Congregação, 163, 164, 165
Lorenzo de Médici, Giovanni di *ver* Leão X, papa
Lorraine-Guise, Charles de (1524-1574), cardeal, 208
Lotário de Segni *ver* Inocêncio III, papa
Louis de Nassau (1538-1574), 168, 169, 170
Louvois, marquês de *ver* Tellier, François-Michel le
Luís de França (1682-1712), o duque da Borgonha, 252
Luís de León (1527-1591), frei, 222, 228
Luís IX de França (1214-1270), São, 85
Luís XII (1462-1515), rei de França, 142
Luís XIV (1638-1715), rei de França, 8, 105, 207-08, 239, 245-46, 248-53, 281, 287-88, 295, 321
Luís XV (1710-1774), rei de França, 253, 296, 334
Lukacs, John (1924-), 306
Luterano, 115, 116, 124, 130, 205

Lutero, Martinho (1483-1546), 7, 21, 31, 64, 95, 98, 107, 111, 113-36, 139-40, 161-62, 177, 180-82, 186, 190, 205, 329

M

Mabillon, O.S.B., Jean (1623-1707), dom, 287
Madame Martin *ver* Marie de l'Incarnation, irmã
Madison, James (1749-1812), bispo episcopaliano, 273
Madre Angélique [Jacqueline-Marie-Angélique Arnauld (1591-1661)], 247
Maintenon, marquesa de *ver* D'Aubigné, Françoise
Maiseaux, Pierre des (1666?-1745), 282
Malebranche, Nicholas (1638-1715), 253, 288
Mallory, Thomas (1405-1471), 59, 90
Mandeville, Bernard (1670-1733), 279
Manzarino, Giulio (1602-1661), 208
Maquiavel, Nicolau (1469-1527), 87, 99, 144, 145, 218
Marcos de Éfeso (1392-1444), 76
Marguerite de Angoulême *ver* Marguerite de Navarra
Marguerite de Navarra (1492-1549), 160
Maria I da Inglaterra *ver* Mary I
Maria II da Inglaterra *ver* Mary II
Maria Teresa d'Áustria (1717-1780), imperatriz do Sacro Império, 296
Marie de l'Incarnation [Madame Martin (1599-1672)], irmã, 231, 239
Marino, Giambattista (1569-1625), 228
Maritain, Jacques (1882-1973), 32
Marnix, Filips van (1540-1598), 168
Marnix, Jan van (1537-1567), 168

Marot, Clément (1496-1544), 160
Marsh, Adam (1200-1259), 102
Marsílio de Pádua (1275-1342), 32, 64, 87, 145
Marsílio Ficino (1433-1499), 94, 100
Martinho V [Otto de Colona (1368-1431)], papa, 69, 70, 75
Martin, O.S.B., Claude (1619-1696), dom, 231
Martin, Victor, (1886-1945), monsenhor, 155
Marx, Karl (1818-1883), 290-91, 322-23
Mary de Guise (1515-1560), rainha consorte e regente da Escócia, 164
Mary I (1516-1558), rainha da Inglaterra, 151, 152
Mary II (1662-1664), rainha da Inglaterra, 259
Mary Stuart (1542-1587), rainha da Escócia, 212
Mary Tudor ver Mary I
Masham, Damaris Cudworth (1659-1708), 54
Massacre da Noite de São Bartolomeu, 166, 170
Mather, Cotton (1663-1728), 55
Maximiliano I (1459-1519), imperador do Sacro Império Romano-Germânico, 113
Mayflower, 198, 200
Mazzolini da Prierio, Silvestro (1456-1523), 117
Medici, Catarina de (1519-1589), 166
Médici, Giovanni di Lorenzo de ver Leão X, papa
Médici, Júlio de Juliano de ver Clemente VII, papa
Melanchthon, Philipp (1497-1560), 96, 123, 132, 133, 135
Melchior, Friedrich (1723-1807), barão von Grimm, 290
Metodista, 258, 260, 262, 264, 270, 273, 294
Michelangelo [Michelangelo di Lodovico Buonarroti Simoni (1475-1564)], 88
Michele de Cesena (1270-1342), 64
Milíč, Jan (†1374), 74
Miller, Perry G. (1905-1963), 47, 80
Miller, Samuel H. (1900-1968), 25
Möhler, Johann Adam (1796-1838), 45, 57
Molière [Jean-Baptiste Poquelin] (1622-1673), 277
Monmouth, 1º duke de ver Scott, James
Montaigne, Michel de (1533-1592), 50, 228, 243, 277
Montesquieu [Charles-Louis de Secondat (1689-1755)], barão de La Brède e de, 286
Montmorency, Philip de (1524-1568), conde de Hoorne, 169
More, Henry (1614-1687), 54
More, Thomas (1478-1535), Santo, 27, 93, 144, 146, 147, 149
Morone, Giovanni (1526-1580), cardeal, 186
Morte d'Arthur, Le [Morte de Artur, A] (Sir Thomas Mallory), 59
Mulloy, John J. (1916-1995), 298
Müntzer, Thomas (1489-1525), 125-27
Mutianus Rufus, Konrad (1470-1526), 93, 113

N

Nadal, S.J., Jerônimo (1507-1580), 187
Napoleão Bonaparte (1769-1821), 212

Nelson, Robert (1656-1715), 259
Neves, Guilherme Pereira das (1950-), 12
Newman, John Henry (1801-1890), cardeal e beato, 17, 44, 56, 57, 257, 300
Newton, Isaac (1643-1727), sir, 101, 281, 283, 317, 318, 319, 320
Nicole, Pierre (1625-1695), 288
Nieremberg, S.J., Johannes Eusebius (1595-1658), 189
Nobili S.J., Roberto de (1577-1656), 189
Nóbrega S.J., Manuel da (1517-1570), padre, 334
Nobreza Cristã da Nação Alemã, À (Martinho Lutero), 117, 121, 177, 205
Nobunaga, Oda (1543-1582), 189
Nogaret, Guillaume de (1260-1313), 61, 145
Non-jurors, 259, 260, 284
Norfolk, Thomas Howard (1473-1554), 3º duque de, 148
Norris, John (1657-1711), 54
Norton, John (1606-1663), 202, 203, 320
Novara da Ferrara, Domenico Maria (1454-1504), 100
Novum Testamentum Adnotationes, In (Lorenzo Valla), 94
Nye, Philip (1595-1672), 203

O

Ockham, William de (1288-1347), 31, 64, 66, 102, 317
Oglethorpe, James (1696-1785), 260
Oratório, Congregação do, 228, 238
Orwell, George [Eric Arthur Blair (1903-1950)], 330
Osiander, Andreas (1498-1552), 143
Otto de Colona *ver* Martinho V, papa
Oxford, Escola Franciscana de, 102
Oxford, Movimento de, 17, 44, 56
Oxford, Universidade de, 72, 144, 242, 260, 261, 264

P

Packer, J. I. [James Innell] (1926-), 123, 124
Paine, Thomas (1737-1809), 292, 293
Palestrina, Giovanni Pierluigi da (1525-1594), 228
Paracelso [Phillipus Aureolus Theophrastus Bombastus von Hohenheim (1493-1541)], 99
Parker, Matthew (1504-1575), 195
Parker, Robert (1569-1614), 198
Parsons, S. J., Robert (1546-1610), 185
Pascal, Blaise (1623-1662), 248
Pastor, Ludwig von (1854-1928), 178, 191
Paulo III [Alessandro Farnese (1468-1549)], papa, 137, 178, 179, 187, 189, 332
Paulo IV [Giovanni Paolo Caraffa (1476-1559)], papa, 179
Paz de Westfália, 214, 275
Paz Religiosa de Augsburgo, 139
Pedro Canísio, S.J. (1521-1597), São, 187
Pedro Claver, S.J. (1580-1654), São, 230
Pedro de Cândia *ver* Philarghi, Pedro
Perronet, Edward (1726-1792), 267
Petávio, Dionísio *ver* Dionisius Petavius
Petavius, Dionisius *ver* Dionisius Petavius
Petre, William (1505-1572), 147
Petrov, Avvakum (1620-1682), 244
Pfefferkorn, Johannes (1469-1523), 113

Philarghi, Pedro (1340-1410), antipapa Alexandre V, 68
Philipp I von Hessen *ver* Filipe I de Hesse
Philipp von Hessen (1504-1567), o magnânimo, 129, 131, 133, 134, 135, 136, 138
Philips, Ambrose (1674-1749), 279
Piccolomini, Enéas Sílvio *ver* Pio II
Pico della Mirandola (1463-1494), Giovanni, 84, 87
Pierre Favre S.J. (1506-1546), beato, 184
Piers Plowman (William Langland), 48, 49, 72
Pietismo, 46
Pilgrim's Progress, The [Peregrino, O] (John Bunyan), 185
Pio II [Enéas Sílvio Piccolomini (1405-1464)], papa, 76, 77, 91
Pio V [Antonio Ghislieri (1504-1572)], papa e Santo, 154
Pio VII [Barnaba Chiaramonti (1740-1823)], papa, 335
Pitágoras (580-495 a.C.), 100
Plain Account of the People Called Methodists, A [Um Relato Simples do Povo Chamado de Metodista] (John Wesley), 266, 267
Platão (428-348 a.C.), 54, 84, 94, 100
Platonistas de Cambridge *ver* Cambridge, Platonistas de
Plessis, Armand Jean du *ver* Richelieu e de Fronsac, cardeal-duque de
Poiret, Peter (1646-1719), 53
Pole, Reginald (1500-1558), cardeal, 144, 152, 179, 181
Poliziano, Angelo (1454-1494), 87
Pollaiuolo, Antonio del (1429-1498), 88
Pollaiuolo, Piero del (1443-1496), 88

Pombal, marquês de [Sebastião José de Carvalho e Melo (1699-1782)], 334
Pompadour, Madame de [Jeanne-Antoinette Poisson (1721-1764)], 334
Pope, Alexander (1688-1744), 50, 277, 279, 318
Presbiteriano, 196, 276
Previté-Orton, Charles William (1877-1947), 10
Prokop, Andreas (1380-1434), 75
Provoost, Samuel (1742-1815), bispo episcopaliano, 274
Puritano, 153, 185, 196, 201, 202, 204, 235, 236, 246, 276

Q

Quacker, 204
Quesnel, Pasquier (1634-1719), 248, 252
Quevedo, Francisco de (1580-1645), 228
Quincy III, Josiah (1772-1864), 257
Quinn, Dermot, 297, 298, 300
Quintiliano, Marco Fábio (35-95 A.D.), 84

R

Rabelais, François (1494-1553), 276, 277
Racine, Jean-Baptiste (1639-1699), 248
Rafael Sanzio (1483-1520), 88, 226
Rapin S.J., René (1621-1687), 189
Reservatum ecclesiasticum, 139
Reuchlin, Johann (1455-1522), 112
Revivalismo, 261, 265, 267
Revolta dos Camponeses, 126, 127
Ribera, José de (1591-1652), 226

Ricci, S.J., Lorenzo (1703-1775), 335
Ricci S.J., Matteo (1552-1610), 189
Richard de Middleton (1249-1302), 102
Richelieu e de Fronsac [Armand Jean du Plessis (1585-1642)], cardeal-duque de, 208, 246, 249
Rich, Richard (1496-1567), 148
Ridley, Nicholas (1500-1555), 151, 152
Ritschl, Albrecht (1822-1889), 46, 53
Robinson Crusoe (Daniel Defoe), 279, 280, 282, 283
Robinson, John (1576-1625), 198
Rodolphus Agricola (1444-1485), 93
Roger Bacon (1214-1294), 102
Rolle, Richard (1290-1349), 65
Romaine, William (1714-1795), 265
Romanos, Epístola aos (São Paulo), 114, 115
Roper, Margaret (1505-1544), 146
Rousseau, Jean-Jacques (1712-1778), 24, 290, 291, 310, 321, 323
Rubens, Peter Paul (1577-1640), 227
Ruiz-Domènec, José Enrique (1948-), 12
Runciman, Steven (1903-2000), 10
Ruskin, John (1819-1900), 56
Rust, George (†1670), 54
Rys, Henry de (1449-1485), 93

S

Sachsen, Moritz von (1521-1553), 135, 136, 137
Sadoleto, Jacopo (1477-1547), cardeal, 85, 179
Saggiatore, Il [Ensaiador, O] (Galileo Galilei), 101, 316
Saint-Cyran, abade de *ver* Abade de Saint-Cyran
Sainte-Beuve, Charles A. (1804-1869), 46

Saint-Évremond, Charles de (1613-1703), 277, 282
Salmerón S. J. (1516-1585), Alfonso, 187
Sanadon, S.J., Noel (1676-1733), 189
Sandys, John Edwin (1844-1922), sir, 241
Sarbiewski, S.J., Maciej Kazimierz (1595-1640), 189
Savonarola, Girolamo (1452-1498), 78, 87
Sceptical Chemist, The [Químico Cético, O], (Robert Boyle), 283
Schama, Simon (1945-), 12
Scheffler, Johann (1624-1677), 228, 238
Schwarcz, Lilia Moritz (1957-), 12
Schwenkfeld, Caspar (1490-1561), 125
Scott, Christina (1922-2001), 298, 299
Scott, James (1649-1685), o 1º duke de Monmouth, 276
Scotus, Johannes Duns *ver* Duns Scot, John
Scupoli, Lorenzo (1530-1610), 185
Seabury, Samuel (1729-1796), bispo episcopaliano, 27, 274
Servo Arbitrio, De [Do Arbítrio Cativo] (Martinho Lutero), 122, 123, 124
Seymour, Edward (1506-1552), 1º duque de Somerset, 150, 152
Shaftesbury, Anthony Ashley Cooper (1671-1713), terceiro conde de, 54, 281
Shakespeare (1564-1616), William, 227, 228
Shepard (1605-1649), Thomas, 202
Sherlock, Thomas (1678-1761), bispo anglicano, 284
Sickingen, Franz von (1481-1523), 118
Sigismundo I (1368-1437), imperador do Sacro Império, 68, 74

Sigismundo III (1566-1632), rei da Polônia e da Suécia, 216
Simon, Richard (1638-1712), 12, 252
Simpson, Sidrach (1600-1655), 203
Smith, Adam (1723-1790), 279
Smith, John (1618-1652), 54
Smyth, John (1570-1612), 198
Sociedade para a Promoção do Conhecimento Cristão, 256, 257, 258, 260
Socinus ver Sozzini, Fausto Paolo
Somerset, 1º duque de ver Seymour, Edward
Sozzini [ou Socinus], Fausto Paolo (1539-1604), 216, 218
Spee, Friedrich von (1591-1635), 228
Spengler, Oswald (1880-1936), 29, 30
Spenser, Edmund (1552-1599), 228
Spinoza (1632-1677), Baruch, 253
Sprat, Thomas (1635-1713), bispo anglicano, 55, 283
Stalin, Josef (1879-1953), 291
Stapulensis, Jacobus Faber ver D'Étaples Jacques Lefèvre
Stephen, Leslie (1832-1904), 266
Steuco [Eugubinus], Agostino (1497-1548), 54
Štítný, Tomáš de (1333-1405), 74
Stuart, Joseph T., 298, 299, 300, 307
Suárez S.J., Francisco (1548-1617), 317
Swift, Jonathan (1667-1745), 50, 279, 284

T

Tanucci, Bernardo (1698-1783), 335
Tartaglia, Niccolò (1500-1557), 99
Tauler, Johannes (1300-1361), 65
Tawney, R. H. [Richard Henry] (1880-1962), 278
Taylor, Jeremy (1613-1667), 55, 178
Tellier, François-Michel le (1641-1691), marquês de Louvois, 251, 252
Tennent, Charles (1711-1771), 264
Tennent, Gilbert (1703-1764), 264
Tennent, John (1707-1732), 264
Tennent Jr., William (1705-1777), 264
Tennent, William (1673-1746), 264
Tennyson (1809-1892), Alfred, 213
Teresa D'Ávila (1515-1582), Santa, 192, 222
Tertuliano, Quinto Sétimo Florens (160-220), 309
Teztel, Johann (1465-1519), 116
Thacker, Elias († 1583), 198
Thayer, John (1755-1815), 219
Theobald, Lewis (1688-1744), 277
Thomas Becket (1118-1170), Santo, 331
Thomas de York (1220-1269), 102
Thomassin, Louis (1619-1695), 288
Thorndike, Herbert (1598-1672), 55
Thorndike, Lynn (1882-1965), 79
Tillemont, Louis-Sébastien Le Nain de (1637-1698), 97
Tindal, Matthew (1657-1733), 284
Toledo y Pimentel, Fernando Álvarez de (1507-1582), 3º duque de Alba, 169
Tolkien, J. R. R. [John Ronald Reuel] (1892-1973), 298, 300
Tomás à Kempis (1380-1471), 59, 92
Tomás de Aquino (1225-1274), Santo, 188, 307, 316, 336
Toplady, Augustus Montague (1740-1778), 265
Toríbio Alfonso Mogrovejo (1538-1606), são, arcebispo, 230
Torquato Tasso (1544-1595), 228

Tour thro' the Whole Island of Great Britain, Divided into Circuits or Journies, A [Viagem por Toda a Ilha da Grã-Bretanha, Dividida em Circuitos e Trajetos, Uma] (Daniel Defoe), 285
Trapp, Joseph (1679-1747), 265
Traversari, O.S.B. Cam., Ambrogio (1386-1439), 76, 87
Travers, Walter (1548-1635), 196
Troeltsch, Ernst (1865-1923), 98, 278
Tuchman, Barbara (1912-1989), 10
Tunstall, Cuthbert (1474-1559), 147, 149, 151
Tycho Brahe (1546-1601), 99
Tyndale (1492-1536), William, 144

U

Unigenitus, bula (Clemente XI), 252
Unitarismo, 255
Urs von Balthasar, Hans *ver* Balthasar, Hans Urs von
Utretch, Adrian de *ver* Adriano VI, papa

V

Vadiscus sive Trias Romana [Vadiscus ou a Santíssima Trindade Romana] (Ulrich von Hutten), 121
Vainfas, Ronaldo (1956-), 12
Valentinois, Duque de *ver* Borgia, Cesare
Valla, Lorenzo (1407-1457), 94, 113
Vasari, Giorgio (1511-1574), 89
Vaudreuil S.S., Jean-Jacques Olier de (1608-1657), 231, 238
Vaughan, Henry (1621-1695), 54, 189
Vega, Félix Lope de *ver* Lope de Vega, Félix
Velásquez, Diego (1599-1660), 227

Venceslau IV (1361-1419), rei da Boêmia, 74
Vergerio, Pier Paolo (1370-1444), o Velho, 85
Vergerio, Pier Paolo (1498-1565), o Jovem, 178
Vergier de Haurrane, Jean du *ver* Abade de Saint-Cyran
Vermigli, Pietro Martire (1499-1562), 150
Verocchio, Andrea del (1435-1488), 88
Vesalius, Andreas (1514-1564), 99
Vicente de Paulo C.M. (1581-1660), São, 231
Vieira S.J., Antônio (1608-1697), padre, 334
Viète, François (1540-1603), 99
Vittorino da Feltre (1378-1446), 85, 86
Vives, Juan Luís (1492-1540), 98
Voegelin, Eric (1901-1985), 300, 306, 315, 337, 345
Von Balthasar, Hans Urs *ver* Balthasar, Hans Urs von
Vondel, Joost van den (1587-1679), 228, 238
Votis Monasticis, De [Votos Monásticos, Dos] (Martinho Lutero), 119

W

Wallis, John (1616-1703), 283
Walton, Izaak (1593-1683), 55
Warburton, William (1698-1779), bispo anglicano, 265, 284
Warham, William (1450-1532), arcebispo, 93
Watkin, E. I. [Edward Ingram] (1888-1981), 299
Watts, Isaac (1674-1748), 53

Weber, Max (1864-1920), 278
Wellesley, Arthur *ver* Wellington, duque de
Wellington [Arthur Wellesley (1759-1852)], duque de, 266
Wells, H. G. [Herbert George] (1866-1946), 30, 108
Wesley, Charles (1707-1788), 172, 260, 271
Wesley, John (1703-1791), 24, 124, 172, 258, 26-61, 263, 266-67, 270-71, 284, 310
Wesley, Samuel (1662-1735), 259
Whichcote, Benjamin (1609-1683), 54
Whitefield, George (1714-1770), 260-62, 264-65, 268-70, 284, 294
Whitehead, Alfred North (1861-1947), 240
White, William (1748-1836), bispo episcopaliano, 274
Whitgift, John (1530-1604), 197
Wicelius *ver* Witzel, Georg
Wilberforce, William (1759-1833), 294
Wilkins, John (1614-1672), bispo anglicano, 283
William III (1650-1702), rei da Inglaterra, 259
Williams, Roger (1603-1683), 200
Winthrop, John (1587/8-1649), 202, 203
Witelo, o Polaco (1230-1300), 102
Witzel [Wicelius], Georg (1501-1573), 135
Worthington, John (1618-1671), 54
Wosley, Thomas (1470-1530), cardeal, 142
Wrangel, Charles Magnus von (1730-1786), 270
Wren, Christopher (1632-1723), sir, 283
Württemberg, Ulrich von (1487-1550), 134, 135
Wyckham, William of (1320-1404), 142
Wycliffe, John (1328-1384), 32, 72, 73, 74, 75, 144, 145

Z

Zinzendorf, Nicolaus (1700-1760), 261
Žižska, Jan (1360-1424), 75
Zubarán, Francisco de (1598-1664), 226
Zumárraga, O.F.M., Juan de (1468-1548), arcebispo, 230
Zwingliano, 118, 151
Zwinglio, Ulrico (1484-1531), 130, 131, 132, 133, 134, 135, 157, 181

Do mesmo autor, leia também:

Dawson é reconhecido como uma das maiores autoridades na área de história da cultura ocidental. Nesta obra ele desafia a crença ingênua no progresso e argumenta que a civilização ocidental confronta-se com duas escolhas: reapropriar uma cultura cristã ou avançar em direção a expressões perigosas e alienadas de consumismo e totalitarismo. Para ele, nenhuma cultura pode florescer de verdade sem suas raízes religiosas.

Você encontra o início dessa história em
*A Formação da Cristandade: Das Origens na Tradição
Judaico-cristã à Ascensã e Queda da Unidade Medieval*

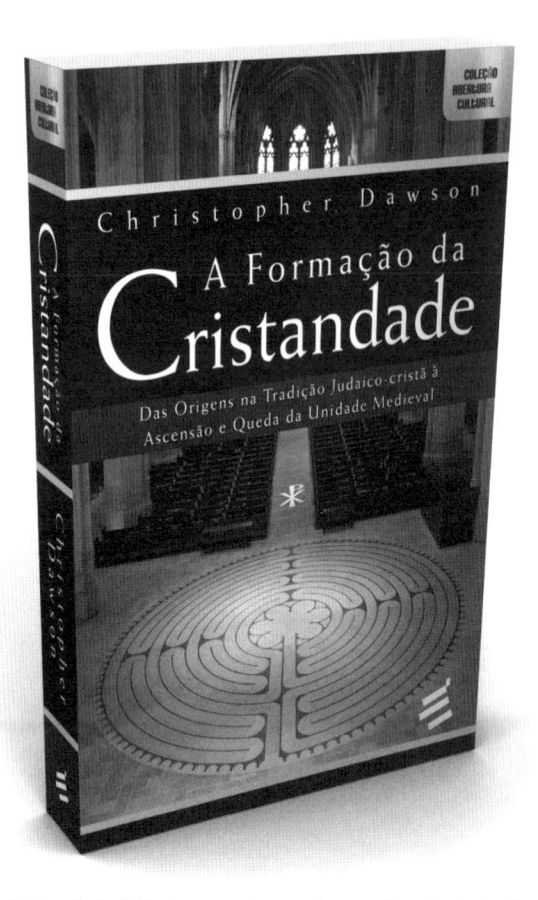

A Formação da Cristandade delineia o nascimento do mundo cristão desde as raízes judaicas e helenísticas até o colapso da cristandade medieval. A obra é dividida em três partes. Os objetivos e os fundamentos teóricos do estudo são apresentados na primeira, merecendo destaque as reflexões sobre a natureza, o desenvolvimento e a difusão da cultura. A segunda parte narra os primórdios da cultura cristã na Antiguidade. O ápice desse trabalho é a terceira parte, que trata da formação, do desenvolvimento e do declínio da cristandade na Idade Média. No epílogo, o autor discute o ideal de sociedade espiritual universal defendido pela cristandade, apontando questões de grande importância histórica para todos os que desejam entender as autênticas necessidades de nossa era ecumênica.

facebook.com/erealizacoeseditora twitter.com/erealizacoes instagram.com/erealizacoes youtube.com/editorae

issuu.com/editora_e erealizacoes.com.br atendimento@erealizacoes.com.br